# 诸子锦言录

二

钟基 编著

中华书局

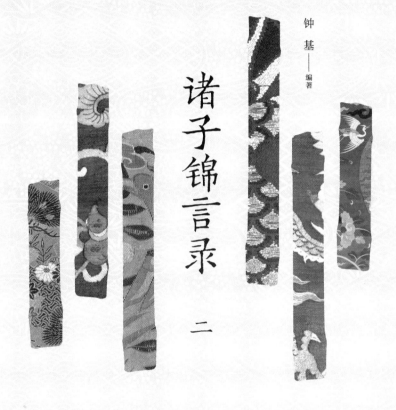

# 道家

# 鬻子

鬻子名熊，芈姓，楚国的祖先，生活在西周初年。据《史记·楚世家》记载，鬻熊曾经“子事文王”。而据《鬻子》一书记载，鬻熊年九十，周文王等均曾向其问政。

《鬻子》一书，疑系战国时期依托鬻熊之名而作。贾谊《新书·修政语》引有鬻子与文王、武王、成王的问对七则，可证《鬻子》成书当在先秦。《汉书·艺文志》道家类著录《鬻子》二十二篇，唐马总《意林》著录《鬻子》一卷六篇，而今传逢行珪注本《鬻子》则分十四篇，但篇名冗赘，不合古书之体。《鬻子》的内容主要是治国安民之道，强调君主要尊贤爱民，选贤任能，为民兴利除害，颇有儒家色彩。此姑从《隋书·经籍志》列在道家。

本书选文据中华书局《新编诸子集成续编·鬻子校理》。

## 撰吏

士民与之①,明上举之;士民苦之②,明上去之。

①与:赞同,认可。

②苦之:以之为苦,此处可以理解为讨厌。

**【译文】**

老百姓喜欢他,贤明的君上就举用他;老百姓讨厌他,贤明的君上就让他离开。

民者,至卑也,而使之取吏焉,必取所爱。故十人爱之,则十人之吏也;百人爱之,则百人之吏也;千人爱之,则千人之吏也;万人爱之,则万人之吏也。

**【译文】**

民众是最卑贱的,如果让他们选择官吏,一定会选择他们所喜爱的。因此有十人喜爱的人,就可以做管理十人的官吏;有一百人喜爱的人,就可以做管理一百人的官吏;有一千人喜爱的人,就可以做管理一千人的官吏;有一万人喜爱的人,就可以做管理一万人的官吏。

君子之谋,能必用道,而不能必见受;能必忠,而不能必入;能必信,而不能必见信。

**【译文】**

君子的谋略,一定是符合道德的,但不一定会被接受;一定是忠诚的,但不一定能被听进去;一定是诚信的,但不一定能被信任。

君子非人者，不出之于辞，而施之于行。

【译文】

君子如果要指责别人，不是用言辞来指出，而是用行动来展现。

## 贵道

昔之君子所以为功者，以其民也。力生于民，而功最于吏[1]，福归于君。

---

①最：会聚。

【译文】

昔日的君子建立功业所凭借的，是他的民众。力量产生于民众，而功劳则归于官吏，福禄归于君主。

## 道符

发政施令为天下福者，谓之道；上下相亲，谓之和；民不求而得所欲，谓之信；除去天下之害，谓之仁。仁与信，和与道，帝王之器。

【译文】

发政施令能够为天下造福的，叫做道；上下互相亲睦，叫做和；民众不必要求就能得到想要的，叫做信；消除天下的危害，叫做仁。仁与信，和与道，都是帝王的工具。

## 汤政

天地辟而万物生，万物生而人为政焉[①]。

①政：通“正”，长官。

**【译文】**

天地开辟之后万物就产生了，万物产生之后人就是万物之长。

## 周公

知善不行者，谓之狂；知恶不改者，谓之惑。

**【译文】**

懂得善却不去践行的人，是狂妄；懂得恶却不改正的人，是糊涂。

与杀不辜，宁失有罪。无有无罪而见诛[①]，无有有功而不赏。

①诛：责罚。

**【译文】**

与其杀害无辜的人，宁肯漏掉有罪的人。不要有无罪而被惩罚的人，不要有有功却没被赏赐的人。

## 佚文

欲刚，必以柔守之；欲强，必以弱保之。积于柔必刚，积于弱必强。

【译文】

想要刚，必须要坚守柔；想要强，必须要保持弱。柔积聚起来一定会变刚，弱积聚起来一定会变强。

强胜不若己，至于若己者刚。柔胜出于己者，其力不可量。

【译文】

强只能战胜不如自己的，对于像自己一样的则同样刚强。柔能战胜超过自己的，它的力量深不可测。

去名者无忧。

【译文】

不争名夺利的人没有忧愁。

兴国之道，君思善则行之，君闻善则行之，君知善则行之。

【译文】

使国家兴旺的办法，就是君主想到好的就去实行，听到好的就去实行，知道好的就去实行。

位敬而常之，行信而长之，则兴国之道也。

【译文】

在位敬业并且习以为常，行事诚信而且长期坚持，就是使国家兴旺的办法。

为人下者敬而肃，为人上者恭而仁，为人君者敬士爱民，以终其身，此道之要也。

【译文】

做下级的敬业而恭敬，做上级的在位恭顺而仁慈，做君主的尊敬士人爱护民众，终身如此，这是大道的要义。

治国之道，上忠于主，而中敬其士，而下爱其民。

【译文】

治理国家的办法，对上要忠诚于君主，在中间要尊敬士人，对下要爱护民众。

闻道志而藏之，知道善而行之，上人矣；闻道而弗取藏也，知道而弗取行也，则谓之下人也。

【译文】

听说了道就记住并藏在心里，明白了道就赞赏并实行它，这是上等人；听说了道而不选择留在心里，明白了道也不去选择实行，就可以说是下等人。

行者善，则谓之贤人矣；行者恶，则谓之不肖矣[①]。

①不肖：不成材，一般与“贤”对举。

【译文】

行为好的人，就称之为贤人；行为坏的人，就称之为不肖。

言者善，则谓之智矣；言者不善，则谓之愚矣。

**【译文】**

话说得好的，可以说他聪明；话说不好的，就可以说他愚蠢。

圣王在上，则使民有时，而用之有节，则民无疠疾矣[1]。

---

①疠(lì)疾：疫病，疾病。

**【译文】**

圣明的君王在上，就会按照一定的时令来役使民众，调用民力也会有所节制，这样民众就不会发病遭殃了。

# 老子

《老子》，先秦道家的代表性著作，传统说法认为是老子本人所撰，或称成于战国道家学者之手。全书共八十一章，分上、下两篇。上篇三十七章，为《道经》，下篇四十四章，为《德经》，因此又有《道德经》之名。

《老子》以“道”阐释宇宙万物的演变，认为世间万物都由“道”派生而来；提出“有无相生”的朴素辩证思想，认为矛盾双方可以相互转化；主张“无为而治”，并幻想人类社会回到“小国寡民”的原始状态。虽只有五千言，但论述精辟，思想深邃，对中国传统文化的形成和发展具有重大的影响。

本书选文据中华书局《中华经典藏书·老子》。

# 一章

## 道可道，非常道①；名可名，非常名②。

①道可道，非常道：前一“道”，名词，指浑然一体的宇宙本体、永恒存在的天地万物之源、运动不息而又对立转化的规律和法则。因此，又称为“一”。后一“道”，动词，阐述，解说。常道，指浑然一体、永恒存在、运动不息的大道。

②名可名，非常名：前一“名”，名词，道之名。后一“名”，动词，命名，称谓。常名，指浑然一体、永恒存在、运动不息的道之名。

**【译文】**

道是可以阐述解说的，但是并非完全等同于浑然一体、永恒存在、运动不息的大道；道名也是可以命名的，但是并非完全等同于浑然一体、永恒存在、运动不息的道之名。

## 无①，名天地之始②；有③，名万物之母④。

①无：指道。

②天地之始：天地的本初。

③有：指由道而产生的万物。

④万物之母：万物的本原，即无名之道是天地的本初，天地混沌初开，然后有万物的产生，才能制名，而道正是天下初始和万物产生的源头和动力，即母体。

**【译文】**

无，称天地的初始；有，称万物的本原。

## 二章

天下皆知美之为美，斯恶已①；皆知善之为善，斯不善已。

①斯恶已：就显露出丑了。斯，则，就。恶，丑陋，与美相反。已，表肯定的语气词，相当于“了”。

**【译文】**

天下都知道美之所以为美，就显露出丑了；都知道善之所以为善，就显露出不善了。

有无相生①，难易相成②，长短相形③，高下相倾④，音声相和⑤，前后相随，恒也。

①相生：互相依存。生，存。

②相成：相反相成。成，成就。

③形：比较，显现。

④倾：侧，依靠。

⑤音声相和：音与声互相和谐。音，组合音。声，始发声。和，和谐。

**【译文】**

有与无互相依存，难与易相反相成，长与短互相比较，高与下互相依靠，音与声互相和谐，前与后互相跟随，这是永恒的现象。

圣人处无为之事①，行不言之教②；万物作而弗始③，生而弗有④，为而弗恃⑤，功成而弗居⑥。夫唯弗居，是以不去⑦。

①圣人：老子所理想的具有道行的统治者。无为：不妄为，顺其自然，无为而治。

②不言：不用言词，不用发号施令。

③作：兴起。始：首倡。

④有：占有。

⑤恃：倚仗，依赖。

⑥居：当，任，据。

⑦去：离。与“居”相反。

**【译文】**

圣人用无为的方式处事，实行不言的教化；万物兴起而不首倡，生养万物而不占有，培育万物而不倚仗，功业成就而不居功。正因为不居功，因此他的功业不会泯没。

## 三章

不尚贤①，使民不争；不贵难得之货②，使民不为盗；不见可欲③，使民心不乱。

①尚贤：崇尚贤能之人。贤，贤能之人。“尚贤”是墨家的主张。《墨子·尚贤上》曰：“夫尚贤者，政之本也。”

②难得之货：指珠玉宝器。

③不见(xiàn)可欲：不炫耀贪欲的事物。见，同“现”，显现，炫耀。可欲，贪欲的事物。

**【译文】**

在上者不崇尚贤能之人，使百姓不争夺；不珍贵难得的财货，使百姓不为强盗；不炫耀贪欲的事物，使百姓思想不惑乱。

圣人之治，虚其心[①]，实其腹[②]，弱其志[③]，强其骨[④]。常使民无知无欲[⑤]，使夫智者不敢为也[⑥]。

①虚：空虚而无欲。

②实：充实，满足。

③弱：削弱，减损。

④强：增强，强健。

⑤无知无欲：没有心智，没有欲望。

⑥不敢为：不敢有所作为。

**【译文】**

圣人治理天下，要空虚百姓的心灵，满足百姓的饮食，削弱百姓的意志，强健百姓的筋骨。永远使百姓没有奸诈的心智，没有贪婪的欲望，使那些聪明的人不敢有所作为。

为无为[①]，则无不治。

①为无为：以无为的方式行事，即以顺应自然的方式处理事务。

**【译文】**

用无为的方式处理事务，那么天下就没有不大治的。

## 五章

多言数穷[1],不如守中[2]。

---

①多言:与“不言”相反,指政令繁多。数穷:屡次失败。

②守中:持守虚静。

**【译文】**

政令繁多而屡次失败,还不如坚守空虚无为。

## 七章

天长地久。天地所以能长且久者,以其不自生[1],故能长生[2]。

---

①不自生:不为自己而生。

②生:当作“久”,与前文相应。

**【译文】**

天地是长久存在的。天地所以能够长久存在,是因为天地不为自己而生,所以能够长久。

圣人后其身而身先,外其身而身存。以其无私,故能成其私[1]。

---

①成其私:成就自己。

【译文】

圣人把自身置于众人之后，却能得到大家的推崇而占先；把自身置于度外，却能保存自己。因为他无私，所以能够成就自己。

## 八章

上善若水[①]。水善利万物而不争，处众人之所恶[②]，故几于道[③]。

①上善若水：上善之人如同水一样。

②所恶（wù）：厌恶的地方。指低洼之处。

③几于道：近于道。

【译文】

上善的人如同水一样。水滋养万物而不与之争夺，汇聚在人们厌恶的低洼之地，因此近于大道。

居善地，心善渊，与善仁[①]，言善信，政善治，事善能，动善时。

①仁：当为“人”。

【译文】

最善之人，居处善于选择地方，思虑深邃宁静，结交善良之人，说话遵守信用，为政精于治理，处事发挥特长，行动把握时机。

夫唯不争，故无尤[①]。

①尤：过失。

**【译文】**

正因为不争夺，所以没有过失。

## 九章

持而盈之，不如其已[①]；揣而锐之[②]，不可长保。金玉满堂，莫之能守；富贵而骄，自遗其咎[③]。功遂身退，天之道也。

①已：停止。

②揣：捶击。

③咎：灾祸。

**【译文】**

把持而使它满盈，不如趁早停止；捶击而使它锐利，不能保持长远。金玉满堂，没有谁能守护；富贵而骄，自己招致祸患。功成身退，这是自然的规律。

## 十一章

三十辐共一毂[①]，当其无[②]，有车之用；埏埴以为器[③]，当其无[④]，有器之用；凿户牖以为室[⑤]，当其无[⑥]，有室之用。故有之以为利，无之以为用。

①辐：辐条，车轮上连接车毂与轮圈的木条。毂(gǔ)：车轮中心有

圆孔的圆木，其中插轴。

②无：这里指车毂中心的圆孔。

③埏埴（shān zhí）：制陶。埏，用水和土。埴，制陶的黏土。

④无：这里指陶器中空。

⑤户牖（yǒu）：门窗。

⑥无：这里指门窗中空。

**【译文】**

三十根辐条汇集到一个车毂上，有了车毂的中空，才能具有车的作用；把黏土放进模具做成器皿，有了器皿的中空，才能具有器皿的作用；开凿门窗以为房舍，有了门窗的中空，才能具有房舍的作用。因此，有了器物可以带来便利，器物中空才能发挥作用。

## 十二章

五色令人目盲[①]，五音令人耳聋[②]，五味令人口爽[③]，驰骋畋猎令人心发狂[④]，难得之货令人行妨。

---

①五色：青、黄、赤、白、黑，泛指多种颜色。

②五音：宫、商、角、徵（zhǐ）、羽，泛指多种音乐。

③五味：甜、酸、苦、辣、咸，泛指多种味道。爽：伤，败。

④畋猎：打猎。

**【译文】**

五色缤纷使人眼瞎，五音繁乱使人耳聋，五味混杂使人口伤，纵马驰骋围猎使人内心疯狂，金玉宝物使人德行败坏。

圣人为腹不为目[①]。

①目：代称色、音、味、畋猎、宝货等诸多欲望诱惑。

【译文】

圣人只为温饱生存，不求纵情声色。

## 十三章

宠辱若惊[①]，贵大患若身[②]。何谓宠辱若惊？宠为上，辱为下；得之若惊，失之若惊，是谓宠辱若惊。何谓贵大患若身？吾所以有大患者，为吾有身；及吾无身[③]，吾有何患？

①若：则，就。

②若：如。

③及：若，如果。

【译文】

得宠和受辱就感到惊恐不安，重视自己的身体如同重视祸患一样。为什么说得宠和受辱就感到惊恐不安？得宠为上，受辱为下；得到宠辱感到惊恐，失去宠辱也感到惊恐，这就是说得宠和受辱都感到惊恐不安。为什么说重视自己的身体如同重视祸患一样？我所以有祸患，是因为我有自身的私利；如果我没有自身的私利，我还有什么祸患？

贵以身为天下，若可寄天下；爱以身为天下，若可托天下。

【译文】

以珍贵自身的思想治理天下的人，就可以寄托天下；以爱惜自身的思想治理天下的人，就可以委托天下。

## 十四章

执古之道，以御今之有。

**【译文】**

掌握古来之道，用来驾御当今的具体事物。

## 十五章

夫唯不盈，故能蔽而新成[①]。

---

①蔽而新成：敝旧却能新生。蔽，通“敝”。

**【译文】**

正因为不满盈，所以敝旧却能新生。

## 十六章

致虚极，守静笃。

**【译文】**

达到极端的空虚无欲，坚守彻底的清静无为。

万物并作[①]，吾以观复[②]。

---

①并作：一起生长。

②观复：观察循环往复的规律。

**【译文】**

万物一起生长，我来观察其中循环往复的规律。

知“常”容[①]，容乃公，公乃全，全乃天[②]，天乃道，道乃久，没身不殆。

---

①常：永恒不变的规律。容：包容。

②天：天地自然。

**【译文】**

能够认识把握“常”就能包容，能够包容就能公正，能够公正就能普遍，能够普遍就能符合天地自然，能够符合天地自然就能符合道，能够符合道就能长久，终生没有危险。

## 十七章

信不足焉，有不信焉。

**【译文】**

一个人的诚信不够，别人自然不会相信他。

## 十八章

大道废，有仁义；智慧出[①]，有大伪[②]；六亲不和[③]，有孝慈[④]；国家昏乱，有忠臣。

①智慧：智谋，指圣智、巧利。

②大伪：巨大的虚伪奸诈。

③六亲：父母、兄弟、妻儿。

④孝慈：孝子慈父。

**【译文】**

大道废弃，才会提倡仁义；智谋出现，才会产生伪诈；六亲不和睦，才有孝子慈父；国家昏乱，才会出现忠臣。

## 十九章

绝圣弃智[①]，民利百倍；绝仁弃义，民复孝慈；绝巧弃利，盗贼无有。

①圣：睿智，聪明。

**【译文】**

杜绝和抛弃聪明巧智，百姓可以得到百倍的利益；杜绝和抛弃仁义，百姓可以恢复孝慈的天性；杜绝和抛弃巧诈私利，盗贼就不会存在。

见素抱朴[①]，少私寡欲，绝学无忧[②]。

①见（xiàn）：同“现”，显现。素：未染色的丝。抱：坚守。朴：未雕凿的木。

②学：指儒家所提倡的仁义礼智之学。

【译文】

显现并坚守朴素，减少私欲，杜绝世俗之学，就不会有忧患。

## 二十章

众人熙熙①，如享太牢②，如春登台③；我独泊兮④，其未兆⑤。

---

①熙熙：纵欲狂欢的样子。

②太牢：用牛、羊、猪三牲之肉做成食品，用于祭祀或盛筵，称为太牢。

③如春登台：如同春天登上高台，极目远望。

④泊：淡泊。

⑤未兆：没有征兆，无动于衷。

【译文】

众人都在纵欲狂欢，如同享用太牢的盛筵，如同春天登上高台极目远望；而我却独自淡泊宁静啊，无动于衷。

俗人昭昭①，我独昏昏②；俗人察察③，我独闷闷④。

---

①昭昭：明白、鲜亮的样子。

②昏昏：糊涂、暗昧的样子。

③察察：洁净、精明的样子。

④闷闷：浑浊、质朴的样子。

【译文】

世俗的人都活得明白鲜亮，而我却过得糊涂暗昧；世俗的人活得洁净精明，而我却过得浑浊质朴。

## 二十一章

孔德之容[1],惟道是从。

①孔:大。德:道的体现。容:容貌,模样。

**【译文】**

大德的模样,唯有跟随着道而变化。

## 二十二章

曲则全,枉则直,洼则盈,敝则新,少则得,多则惑。

**【译文】**

弯曲才能保全,委屈才能伸直,低洼才能盈满,破旧才能更新,少取才能多得,贪多反而惑乱。

不自见[1],故明;不自是,故彰;不自伐[2],故有功;不自矜[3],故长。

①见(xiàn):同"现",显现。

②伐:夸,自矜。

③矜:矜夸,骄傲。

**【译文】**

不自我表现,因此聪明;不自以为是,因此彰显;不自我炫耀,因此有功;不自我骄傲,因此长久。

夫唯不争，故天下莫能与之争。

【译文】

正因为不与人争，所以天下的人没有谁能与他争。

## 二十三章

同于道者，道亦乐得之；同于德者，德亦乐得之；同于失者，失亦乐得之。

【译文】

行为与道相同的人，道也乐意得到他；行为与德相同的人，德也乐意得到他；行为与失道失德相同的人，失道失德也乐意得到他。

## 二十四章

企者不立①，跨者不行。

①企：踮起脚跟。

【译文】

踮起脚跟的人难以久立，跨步走路的人难以远行。

自见者，不明；自是者，不彰；自伐者，无功；自矜者，不长。

【译文】

自我表现的人，不聪明；自以为是的人，不彰显；自我炫耀的人，没有功；自我矜夸的人，不长久。

余食赘行[①]，物或恶之[②]。

①赘行：指多余而无用的行为。

②物：鬼神。恶：厌恶。

**【译文】**

多余的饮食和行为，鬼神都会厌恶。

## 二十五章

人法地[①]，地法天，天法道，道法自然。

①法：效法。

**【译文】**

人效法地，地效法天，天效法道，道效法自然。

## 二十六章

重为轻根，静为躁君[①]。

①君：主宰，主体。

**【译文】**

稳重是轻率的根本，沉静是浮躁的主宰。

虽有荣观[①]，燕处超然[②]。

---

①荣:华美之居。观:观览之乐。

②燕:安。

**【译文】**

虽然有华美之居和观览之乐,却能安处其中而超然物外。

轻则失根,躁则失君。

**【译文】**

轻率就会丧失根本,浮躁就会丧失主宰。

## 二十七章

善行,无辙迹[①];善言,无瑕谪[②];善数,不用筹策[③];善闭,无关楗而不可开[④];善结,无绳约而不可解[⑤]。

---

①辙迹:车辙的痕迹。

②瑕谪:瑕疵,过失。

③筹策:计算的筹码。

④关楗(jiàn):门闩。

⑤绳约:绳索。

**【译文】**

善于行车的人,不留下车痕;善于言谈的人,没有瑕疵;善于计算的人,不用筹码;善于关门的人,没有门闩却不可开;善于捆绑的人,没有绳索却不可解。

圣人常善救人，故无弃人；常善救物，故无弃物。

**【译文】**

圣人善于经常救助他人，所以没有被抛弃的人；善于经常拯救万物，所以没有被抛弃的物。

善人者不善人之师，不善人者善人之资[①]。

---

①资：资用，借鉴的对象，犹所谓反面教材。

**【译文】**

善人是不善人的老师，不善人是善人的借鉴。

## 二十八章

知其雄，守其雌。

**【译文】**

深知自己雄强，却甘守雌柔。

大制不割[①]。

---

①割：害。

**【译文】**

完美的制度是不会伤害百姓的。

## 二十九章

夫物，或行或随①，或歔或吹②，或强或羸③，或载或隳④。

①行：前行。随：后随。

②歔：出气缓。吹：出气急。

③强：刚强。羸：羸弱。

④载：成就。隳：毁坏。

**【译文】**

世间万物，有前有后，有缓有急，有刚强有羸弱，有成就有毁坏。

圣人去甚①，去奢②，去泰③。

①甚：极端。

②奢：奢侈。

③泰：过分。

**【译文】**

圣人要清静无为，顺应自然，除去极端，除去奢侈，除去过分。

## 三十章

以道佐人主者，不以兵强天下。

**【译文】**

用道辅佐君王的人，不靠军队逞强于天下。

果而勿矜[①],果而勿伐[②],果而勿骄,果而不得已,果而勿强[③]。

---

①矜:矜夸。

②伐:炫耀。

③强:逞强。

**【译文】**

胜利了而不要矜夸,胜利了而不要炫耀,胜利了而不要骄傲,胜利是出于不得已,胜利了而不要逞强。

物壮则老,是谓不道,不道早已。

**【译文】**

事物发展到盛壮就会衰老,这就不符合道了,不符合道就会提早消亡。

## 三十一章

夫兵者,不祥之器,物或恶之,故有道者不处。

**【译文】**

兵器,是不吉祥的器具,连鬼神都厌恶它,因此有道的人远离而不用。

兵者不祥之器,非君子之器,不得已而用之,恬淡为上[①]。胜而不美,而美之者,是乐杀人。夫乐杀人者,则不可得志于天下矣。

---

①恬淡:宁静,安适。

【译文】

兵器是不吉祥的器具，不是君子所用的器具，万不得已才使用它，要以宁静安适为上。胜利了却不赞美，如果赞美胜利，就是喜欢杀人。那些喜欢杀人的人，不能在天下实现统治的愿望。

## 三十二章

知止可以不殆[①]。

①止：禁止，界限。不殆：没有危险。

【译文】

知道界限可以没有危险。

## 三十三章

知人者智，自知者明；胜人者有力，自胜者强。

【译文】

识别他人的人可谓智慧，了解自己的人可谓聪明；战胜他人的人称为有力，战胜自己的人称为刚强。

知足者富。

【译文】

知道满足就是富有。

## 三十五章

执大象[①],天下往,往而不害,安平泰[②]。

①大象:大道。象,道。

②安:乃,则。

**【译文】**

执守大道,天下百姓都来归往,归往而不伤害,就会平和而安宁。

道之出口,淡乎其无味,视之不足见[①],听之不足闻,用之不足既[②]。

①足:可。

②既:尽。

**【译文】**

道的讲述,平淡得没有味道,看它看不着,听它听不到,用它却用不尽。

## 三十六章

将欲歙之[①],必固张之[②];将欲弱之,必固强之;将欲废之,必固举之;将欲取之,必固与之。

①歙(xī):收敛。

②固:定。张:扩张。

【译文】

将要收敛它，必定扩张它；将要削弱它，必定强盛它；将要废弃它，必定举荐它；将要夺取它，必定给与它。

柔弱胜刚强。

【译文】

柔弱必胜刚强。

鱼不可脱于渊，国之利器不可以示人[①]。

---

①利器：锐利的武器，指赏罚，权谋。示：显示，炫耀。

【译文】

鱼不能离开深渊，国家的赏罚权谋不能向人炫耀。

## 三十七章

不欲以静，天下将自正。

【译文】

不产生私欲而宁静，天下将自己归于正道。

## 三十八章

上德无为而无以为，下德无为而有以为。

【译文】

上德的人顺应自然而无所作为，下德的人顺应自然而有作为。

大丈夫处其厚[1],不居其薄;处其实,不居其华[2]。

①厚:敦厚。

②华:虚华。

【译文】

大丈夫身处敦厚,而不居于浅薄,身处笃实,而不居于虚华。

## 三十九章

贵以贱为本,高以下为基。

【译文】

贵以贱作为根本,高以下作为基础。

至誉无誉。

【译文】

最高的声誉无须赞誉。

不欲琭琭如玉[1],珞珞如石[2]。

①琭琭(lù):光彩的样子,形容美玉。

②珞珞(luò):同"硌硌",坚硬的样子,形容石块。

【译文】

不愿像光彩的美玉,宁可如坚硬的石块。

## 四十章

反者[1],道之动;弱者[2],道之用。

①反:同“返”,复,循环。

②弱:柔弱,柔和。

**【译文】**

循环,是道的运动方式;柔弱,是道的运用特征。

天下万物生于有,有生于无。

**【译文】**

天下万物产生于有,有产生于无。

## 四十一章

明道若昧,进道若退,夷道若颣[1]。

①夷:平。颣(lèi):不平。

**【译文】**

光明的道好像暗昧,前进的道好像后退,坦直的道好像不平。

上德若谷,广德若不足,建德若偷[1],质真若渝。

①建:通“健”。偷:苟且。

**【译文】**

崇高的德好像低谷，广博的德好像不足，刚健的德好像苟且，质朴纯真好像污秽。

大白若辱[1]，大方无隅[2]，大器晚成。

①辱：污黑。

②隅：角，棱角。

**【译文】**

最洁白的好像污黑，最方正的好像无角，最宝贵的器皿最后完成。

大音希声[1]，大象无形，道隐无名。

①希声：无声。

**【译文】**

最美妙的音乐没有声音，最大的形象没有形体，大道幽隐没有名称。

## 四十二章

道生一[1]，一生二[2]，二生三[3]，三生万物。

①一：指道。道，混沌而成，独立无偶，故为“一”。

②二：指天地。天为阳，地为阴。

③三：指阳气、阴气、和气。

【译文】

道整体唯一，一产生天地，天地含有阳、阴二气，互相交冲而产生和谐之气，阴、阳、和三气产生了万物。

## 四十三章

天下之至柔，驰骋天下之至坚①。

①驰骋：使……奔驰，驱使。

【译文】

天下最柔软的东西，可以驱使天下最坚硬的东西。

不言之教，无为之益，天下希及之①。

①希：少。及：至，到达。

【译文】

不言的教诲，无为的好处，天下很少能够认识到做得到。

## 四十四章

甚爱必大费，多藏必厚亡。

【译文】

过分私爱必然要有重大的耗费，太多收藏必然会有厚重的损失。

知足不辱，知止不殆。

**【译文】**

知道满足就不会受到屈辱，知道休止就不会出现危险。

## 四十五章

大成若缺[1]，其用不弊[2]；大盈若冲[3]，其用不穷。

---

①成：善。

②弊：停止。

③冲：本为“盅”，空虚。

**【译文】**

最美好的东西好像残缺，但是它的作用不会停止；最充盈的东西好像空虚，但是它的作用不会穷尽。

大直若屈[1]，大巧若拙，大辩若讷[2]，大赢若绌[3]。

---

①屈：弯曲。

②讷（nè）：语言困难，口吃。

③绌（chù）：通“黜”。

**【译文】**

最正直的东西好像弯曲，最灵巧的东西好像笨拙，最雄辩的人才好像口吃，最大的赢利好像亏本。

静胜躁，寒胜热。

【译文】

沉静战胜浮躁，寒冷战胜炎热。

## 四十六章

天下有道，却走马以粪①；天下无道，戎马生于郊②。

———

①却：退回，放回。走马：跑马，战马。粪：肥田，施肥。这里泛指将马匹用于运肥、播种之类的农事。

②戎马：战马。生于郊：在荒郊野外生下马驹。

【译文】

天下有道，退回战马去运肥播种；天下无道，连怀孕的母马也要上战场，在荒郊野外生下马驹。

祸莫大于不知足，咎莫大于欲得①。

———

①咎：罪过。

【译文】

祸患没有比不知满足更大的了，罪过没有比贪得无厌更大的了。

知足之足，常足矣①。

———

①常足：永远满足。

【译文】

知道满足的这种满足，才会永远满足啊。

## 四十八章

无为而无不为。

**【译文】**

顺应自然不妄为，就能够无所不为。

取天下常以无事[①]，及其有事[②]，不足以取天下。

①取：为，治理。无事：无所事事，无妄为之事。

②有事：有所事事，严刑峻法之类苛政。

**【译文】**

治理天下经常凭借无所事事，等到有所事事，实行苛政，就不能够治理天下了。

## 四十九章

圣人常无心[①]，以百姓心为心。

①常无心：永远没有私心。

**【译文】**

圣人永远没有私心，把百姓的心作为自己的心。

善者，吾善之；不善者，吾亦善之，德善[①]。信者，吾信之；不信者，吾亦信之，德信。

---

①德：通“得”。

**【译文】**

善良的人，我善待他；不善良的人，我也善待他，这就得到了善良。诚信的人，我信任他；不诚信的人，我也信任他，这就得到了诚信。

## 五十章

出生入死。生之徒[①]，十有三；死之徒[②]，十有三；人之生，动之于死地[③]，亦十有三。夫何故？以其生生之厚[④]。

---

①生之徒：正常活着的人。

②死之徒：夭折死去的人。

③死地：死亡之地。

④生生之厚：养生的过分丰厚。

**【译文】**

出世为生，入土为死。天下正常活着的人，占十分之三；夭折死去的人，占十分之三；人活着，却行动在死亡之地，也占十分之三。这是什么缘故呢？因为他们养生过分丰厚奢侈，而糟蹋缩短了生命。

## 五十一章

生而不有，为而不恃，长而不宰，是谓“玄德”[①]。

---

①玄德：深妙的德性。

**【译文】**

生长万物而不占有，抚育万物而不自恃，长养万物而不主宰，这就叫“玄德”。

## 五十二章

塞其兑①，闭其门②，终身不勤；开其兑，济其事③，终身不救。

①兑：口，指嗜欲的感官。

②门：门径，指巧利的途径。

③济其事：成就世间的庶事。

**【译文】**

堵塞嗜欲的感官，关闭巧利的门径，终身不劳；打开嗜欲的感官，成就世间的庶事，则终身不可救药。

用其光①，复归其明②，无遗身殃。

①光：智力之光。

②明：内省之明。

**【译文】**

使用智力之光，回复内省之明，不要给自身留下祸殃。

## 五十四章

善建者不拔①，善抱者不脱②。

①拔:拔除。

②脱:脱离。

**【译文】**

善于建树的人不可拔除,善于抱持的人不会脱离。

## 五十五章

含德之厚,比于赤子。

**【译文】**

人饱含深厚的德,可以比得上初生的婴儿。

## 五十六章

知者不言[1],言者不知。

①知:同“智”。

**【译文】**

聪明的人不发号施令,发号施令的人不聪明。

挫其锐,解其纷,和其光,同其尘,是谓“玄同”[1]。

①玄同:玄妙混同的境界,即道的境界。

**【译文】**

挫折人们的锐气,解决人们的纠纷,混合他们辨识万物的智力之光,规范他们动作行为的世俗之尘，这就是“玄同”。

不可得而亲，不可得而疏；不可得而利，不可得而害；不可得而贵，不可得而贱。故为天下贵。

**【译文】**

对百姓不分亲，不分疏；不分利，不分害；不分贵，不分贱。所以，就被天下人尊重。

## 五十七章

以正治国①，以奇用兵②，以无事取天下③。

①正：正道。

②奇：奇谋。

③取：为，治理，管理。

**【译文】**

以无为正道治理国家，以诡异奇谋指挥战争，以无所事事管理天下。

天下多忌讳①，而民弥贫；人多利器②，国家滋昏；人多伎巧③，奇物滋起；法令滋彰④，盗贼多有。

①忌讳：禁忌，指戒律禁令。

②利器：锐利的武器，权谋。

③伎巧：技能智慧。

④滋彰：繁多显明。

【译文】

天下多禁忌，百姓就愈贫穷；人们多权谋，国家就愈混乱；人们多技巧，奇事就多发生；法令繁多显明，盗贼就多出现。

我无为，而民自化；我好静，而民自正；我无事，而民自富；我无欲，而民自朴。

【译文】

我无所作为，而百姓自我教化；我喜欢清静，而百姓自然端正；我无所事事，而百姓自己富足；我没有私欲，而百姓自然质朴。

## 五十八章

其政闷闷[①]，其民淳淳[②]；其政察察[③]，其民缺缺[④]。

---

①闷闷：质朴的样子。

②淳淳：淳厚知足的样子。

③察察：精明、严酷的样子。

④缺缺：欠缺、不满足的样子。

【译文】

一国的政治质朴，它的百姓就淳厚知足；一国的政治严酷，它的百姓就欠缺不满足。

祸兮，福之所倚[①]；福兮，祸之所伏[②]。

---

①倚：倚傍，依靠。

②伏：隐藏，潜伏。

**【译文】**

灾祸，是幸福倚傍的地方；幸福，是灾祸潜伏的地方。

方而不割，廉而不刿[①]，直而不肆，光而不耀。

①刿（guì）：伤。

**【译文】**

言行方正而不割伤人，性格刚强而不戳伤人，直率而不放肆，光鲜而不炫耀。

## 六十章

治大国，若烹小鲜[①]。

①烹小鲜：煎小鱼。烹，煎煮。鲜，鱼。

**【译文】**

治理大国，如同煎小鱼，不要多次翻动。

## 六十一章

牝常以静胜牡[①]，以静为下。

①牝（pìn）：雌性。牡：雄性。

【译文】

雌柔经常凭着静定战胜雄强，就是因为静定处于下方的缘故。

## 六十三章

为无为，事无事，味无味。

【译文】

做无为之为，行无事之事，品无味之味。

天下难事，必作于易；天下大事，必作于细。

【译文】

天下的难事，必须从容易的地方做起；天下的大事，必须从细小的地方做起。

轻诺必寡信，多易必多难。

【译文】

轻易承诺必然很少守信用，把事情看得太容易必然遭受很多困难。

## 六十四章

其安易持，其未兆易谋；其脆易泮[①]，其微易散。

①泮（pàn）：散。

【译文】

哪里形势安定，就容易把握；哪里事故尚无征兆，就容易谋划；哪里力量脆弱，就容易消解；哪里问题细微，就容易消散。

为之于未有，治之于未乱。

**【译文】**

处理在矛盾尚未出现的时候，治理在混乱尚未发生的时候。

合抱之木，生于毫末[①]；九层之台，起于累土[②]；千里之行，始于足下。

---

①毫末：细微的萌芽。

②累土：积累的泥土。

**【译文】**

合抱粗的大树，生长于细微的萌芽；九层高的楼台，起始于积累的泥土；千里的远行，开始于自己的脚下。

慎终如始，则无败事。

**【译文】**

如果像慎重对待开始一样对待结束，就没有失败的事情。

## 六十六章

江海所以能为百谷王者[①]，以其善下之[②]，故能为百谷王。

---

①百谷王：百川的首领，河流的汇聚之地。谷，即川。

②下之：处于其下。

**【译文】**

江海所以能够成为百川汇流的地方，是因为它善于处在低下的位置，所以，能够成为百川的首领。

圣人欲上民[1],必以言下之;欲先民[2],必以身后之。

①上民:处于民上,统治百姓。

②先民:处于民先,领导百姓。

**【译文】**

圣人要统治百姓,必须用言词对百姓表示谦下;要领导百姓,必须把自身放在百姓的后面。

## 六十七章

我有三宝,持而保之:一曰慈[1],二曰俭[2],三曰不敢为天下先。慈,故能勇;俭,故能广;不敢为天下先,故能成器长[3]。

①慈:慈爱。

②俭:俭啬。

③器长:万物之长。器,物。

**【译文】**

我有三种宝贝,守持而保存着:第一种叫慈爱,第二种叫俭啬,第三种叫不敢处于天下人的前面。慈爱,因此能够勇敢;俭啬,因此能够宽广;不敢处于天下人的前面,因此能够成为万物之长。

夫慈,以战则胜,以守则固。

**【译文】**

慈爱,用于进攻就胜利,用于守卫就稳固。

## 六十八章

善为士者①，不武②；善战者，不怒；善胜敌者，不与③；善用人者，为之下。

①士：卿士。这里指执政者，统帅。

②不武：不炫耀武力。

③不与：不相斗，不交战。

**【译文】**

善于当统帅的人，不炫耀武力；善于作战的人，不逞怒气；善于战胜敌人的人，不与敌人交战；善于用人的人，对人谦下。

## 六十九章

祸莫大于轻敌。

**【译文】**

灾祸没有比轻敌更大的了。

抗兵相若，哀者胜矣①。

①哀者：悲哀的一方，指受攻击、受侵略的一方。

**【译文】**

对抗的两军力量相当，一定是受侵略的悲哀一方胜利。

## 七十章

言有宗[①],事有君[②]。

①宗:根本,根据。

②君:主,主旨。

**【译文】**

说话要有根据,行事要有主旨。

## 七十一章

知不知,尚矣;不知知,病也。

**【译文】**

知道却自认为不知道,就最好了;不知道却自认为都知道,就是祸患。

圣人不病,以其病病。夫唯病病,是以不病。

**【译文】**

圣人没有祸患,是因为早已知道祸患就是祸患,认真对待,及时处置。正因为早已知道祸患就是祸患,认真对待,及时处理,所以就没有祸患。

## 七十二章

民不畏威,则大威至。

**【译文】**

如果百姓不畏惧暴力,那么就会有更大的暴力到来。

无狎其所居[1],无厌其所生[2]。夫唯不厌,是以不厌[3]。

①狎:通“狭”,狭窄,逼迫。

②厌:通“压”,压榨。

③厌:厌恶。

**【译文】**

不要逼迫百姓的处所,不要压榨百姓的生活。正因为不压榨百姓,因此百姓就不会厌恶他。

自知不自见[1],自爱不自贵。

①见:同“现”。

**【译文】**

自己知道而不自我表现,自我爱护而不自显高贵。

## 七十三章

勇于敢则杀[1],勇于不敢则活。

①勇于敢:勇于进取。敢,进取。杀:死。

**【译文】**

勇于进取就死,勇于谦让就活。

天之道,不争而善胜,不言而善应,不召而自来,繟然而善谋[1]。

①绁(chǎn):舒缓。

**【译文】**

自然的规律,不争夺而善于取胜,不说话而善于回应,不召唤而自己到来,舒展缓慢而善于谋划。

天网恢恢,疏而不失。

**【译文】**

天网宽大无边,稀疏而不遗漏。

## 七十五章

民之饥,以其上食税之多,是以饥;民之难治,以其上之有为[①],是以难治;民之轻死[②],以其上求生之厚[③],是以轻死。

①有为:无为的反面,有所作为。

②轻死:以死为轻,不怕死。

③求生之厚:养生丰厚,奉养奢华。

**【译文】**

百姓的饥荒,是因为在上者侵吞赋税太多,所以造成饥荒;百姓难以治理,是因为在上者胡作非为,所以难以治理;百姓不怕死,是因为在上者养生丰厚,所以百姓冒死犯上。

夫唯无以生为者[①],是贤于贵生。

①无以生为者：不以养生为要务的人，即生活淡泊清静的人。

**【译文】**

唯有生活淡泊清静的人，要比奉养奢华的人高明。

## 七十六章

人之生也柔弱，其死也坚强；草木之生也柔脆，其死也枯槁。故坚强者死之徒，柔弱者生之徒。

**【译文】**

人活着身体柔软，死后身体僵硬；草木生长时柔脆，死后变得干硬。因此，坚硬强大的东西属于死亡一类，柔软弱小的东西属于生存一类。

兵强则灭，木强则折。

**【译文】**

军队逞强就要失败灭亡，树木长大就要砍伐折断。

强大处下，柔弱处上。

**【译文】**

强大者处于下方，柔弱者处于上方。

## 七十七章

天之道，其犹张弓与？高者抑之，下者举之；有余者损之，不足者补之。

【译文】

自然的规律,大概就像拉开弓弦射箭吧?弦位高了就压低它,弦位低了就举高它;用力大了就减少它,用力不够就补足它。

天之道,损有余而补不足;人之道则不然,损不足以奉有余。

【译文】

自然的规律,是减少多余的而弥补不足的;社会的法则就不是这样,是减少不足的而供养有余的。

## 七十八章

天下莫柔弱于水,而攻坚强者莫之能胜,以其无以易之[①]。

---

①易:取代。

【译文】

天下没有比水更柔弱的了,但是冲击坚硬的东西没有能胜过水的,因为它是无可取代的。

弱之胜强,柔之胜刚,天下莫不知,莫能行。

【译文】

弱胜过强,柔胜过刚,天下人没有不知,却没有人能够实行。

受国之垢[①],是谓社稷主;受国不祥,是为天下王。

---

①垢:耻辱。

【译文】

承受国家的耻辱,才能称为国家的君主;承受国家的灾难,才能称为天下的君王。

## 七十九章

天道无亲[1],常与善人[2]。

---

①无亲:没有私亲。

②与:给与,帮助。

【译文】

自然的规律是没有私亲的,经常帮助善良的人。

## 八十章

小国寡民。

【译文】

使国家小,使百姓少。

甘其食,美其服,安其居,乐其俗。

【译文】

百姓都认为自己的饮食甜美,认为自己的衣服漂亮,认为自己的居所安适,认为自己的风俗快乐。

# 八十一章

信言不美[1],美言不信[2];善者不辩,辩者不善;知者不博,博者不知。

——

①信言:真实的话语。

②美言:华丽的言词。

**【译文】**

真实的话语不华丽,华丽的言词不真实;善良的人不巧辩,巧辩的人不善良;有真知的人未必广博,广博的人未必有真知。

圣人不积[1],既以为人[2],己愈有;既以与人,己愈多。

——

①不积:不积累财物。

②既:尽,全部。

**【译文】**

圣人不积累财物,尽力帮助他人,自己更富有;全部给与他人,自己更加多。

天之道,利而不害;圣人之道,为而不争。

**【译文】**

自然的法则,是利物而不害物;圣人的法则,是帮助而不争夺。

# 文子

《文子》，作者不详。《汉书·艺文志》道家类著录《文子》九篇，注云："老子弟子，与孔子并时，而称周平王问，似依托者也。"可知汉代已经认为"文子"只是伪托的一位作者。1973年，河北定州八角廊西汉中山怀王墓出土了竹简《文子》，可见其时已成书，王利器推测成书于汉惠帝时期，是汉初黄老思想的产物。

唐玄宗时，文子被赐号通玄真人，故《文子》一书也称《通玄真经》。今传本《文子》十二卷，内容方面杂取儒、墨、名、法诸家学说，以阐发老子的思想，对于《淮南子》影响非常大，是一部重要的道家著作。

本书选文据中华书局《新编诸子集成·文子疏义》。

## 道原

天下之事，不可为也，因其自然而推之①；万物之变，不可救也②，秉其要而归之③。

①推：推进。

②救：阻止。

③秉：掌握。

**【译文】**

天下的事情不能刻意造作施为，应当顺应自然之规律行事；万物的变化也是无法阻止的，掌握其要领则万变不离其宗。

所谓无为者，不先物为也；无治者，不易自然也；无不治者，因物之相然也。

**【译文】**

所谓“无为”，就是不超出事物的客观规律去为；所谓“无治”，就是不改变自然规律去治理；而所谓“无不治”，就是顺应事物相互作用的自然规律自然就治理好了。

夫事生者应变而动，变生于时，知时者无常之行。

**【译文】**

天下事务自然生成，顺应外界的变化而变，变化源于时机，了解了时机的变化，就不会有固定不变的行为。

水之性欲清，沙石秽之①；人之性欲平，嗜欲害之。

①秽：污染，玷污。

【译文】

水的本性是要清净，沙石污染了它；人的本性渴望平和，但嗜欲却损害了它。

欲刚者，必以柔守之；欲强者，必以弱保之。积柔即刚，积弱即强，观其所积，以知存亡。

【译文】

想要刚强，必须用柔弱去持守；想要强大，必须用柔弱来保持。积柔和弱到一定的程度，则会变得刚强，观察一个人或国家所积的，就能够知道其存亡了。

先唱者穷之路[1]，后动者达之原。

①唱：倡导，鼓动。

【译文】

倡导先行，就会走向穷途末路；后发而动，反而能够畅行无阻。

时之变，则间不容息，先之则太过，后之则不及。

【译文】

时机变化，往往只在瞬息之间，先于时机而动就过头了，晚于时机而动就又赶不上了。

日回月周，时不与人游，故圣人不贵尺之璧，而贵寸之阴。

**【译文】**

日月轮回，时不待人，所以圣人不看重直径盈尺的玉璧，而珍惜那一寸的光阴。

时难得而易失，故圣人随时而举事，因资而立功。

**【译文】**

光阴难得而易逝，所以圣人顺应时机而行事，依托条件而建立功业。

好憎繁多，祸乃相随。

**【译文】**

喜好和憎恶过多，祸患也就随之而至了。

## 精诚

令虽明，不能独行，必待精诚①。

①精诚：至诚，真心实意。

**【译文】**

法令虽明确，但不能只靠它去施政，还必须有至诚之心才行。

夫天道无私就也①，无私去也②。能者有余，拙者不足，顺之者利，逆之者凶。

①就：亲近。

②去：疏远。

**【译文】**

天道没有偏私，既不刻意亲近谁，也不刻意疏远谁。能行天道者，其功有余；不能行天道者，其功不足；顺应天道者，能得其利；违背天道者，就有凶险。

## 夫水浊者鱼噞[1]，政苛者民乱，上多欲即下多诈，上烦扰即下不定，上多求即下交争。不治其本而救之于末，无以异于凿渠而止水，抱薪而救火。

①噞（yǎn）：噞喁（yóng），鱼露出水面呼吸之状。

**【译文】**

水浑浊鱼就会群出水面呼吸，政治严苛百姓就会作乱，统治者欲望多那么百姓就多奸诈，统治者经常扰民那么百姓就不安定，统治者需求多那么百姓就多争夺。不治理根本而只抓其末节，这无异于通过挖渠来阻止水流，抱着木柴去救火。

## 听其音则知其风，观其乐即知其俗，见其俗即知其化。

**【译文】**

听百姓的声音就能知道一个国家的风气，看其乐舞就能知道这个国家的风俗，而察其风俗就知道这个国家对人民的教化如何。

## 天地之道，大以小为本，多以少为始。

**【译文】**

天地之道，“大”是以“小”为本的，“多”是从“少”开始的。

赈穷补急则名生，起利除害即功成。

**【译文】**

济贫救急就会声名鹊起，兴利除害就能功业有成。

圣人在上，则民乐其治；在下，则民慕其意，志不忘乎欲利人也。

**【译文】**

圣人在上位治理国家，人民就乐意受其治理；而圣人处下，人民就仰慕其心意，因为圣人的心志是从不忘给人民带来利益的。

名可强立[1]，功可强成。

---

①强：勉力，努力。

**【译文】**

名声可以通过努力来建立，功业可以通过努力来成就。

田者不强，囷仓不满[1]；官御不励[2]，诚心不精；将相不强，功烈不成；王侯懈怠，后世无名。

---

①囷仓：贮藏粮食的仓库。圆形的称为“囷”，方形的称为“仓”。

②官御：犹官吏。励：振奋，奋力。

**【译文】**

种田的人不努力耕作，粮仓就不丰满；做官的人不奋力工作，心意就不够专一；将相等高官不努力，功业就不会有成；王侯懈怠懒惰，就不会在后世留下美名。

不为不可成，不求不可得，不处不可久，不行不可复。

【译文】

不去做不能成功的事，不去求不可得的利，不居于不可久留之地，不做不可重复做的事。

## 九守

夫为义者，可迫以仁，而不可劫以兵[1]；可正以义，不可悬以利[2]。

①兵：强力，强制力。

②悬：诱惑。

【译文】

行仁义的人，可以用仁打动他去做一件事，而不能用强力胁迫他；可以用道义来端正其行为，而不能以利益去诱惑他。

君子死义，不可以富贵留也；为义者，不可以死亡恐也。

【译文】

君子为大义而死，无法用富贵来阻止他为义而死；践行道义之人，也无法用死亡恐吓他。

用心奢广，譬犹飘风暴雨[1]，不可长久。

①飘风暴雨：《淮南子·道应篇》："飘风暴雨，日中不须臾。"许慎注："言其不终日也。"

**【译文】**

运用心思过度，犹如狂风暴雨，是不能持久的。

天之道抑高而举下，损有余补不足。

**【译文】**

天道就是要贬抑高的而抬举低下的，减损有富余的而补充不足的。

矜者不立，奢者不长；强梁者死[1]，满溢者亡。

———

①强梁：强横凶暴。

**【译文】**

骄傲自大之人难以立世，奢靡不俭之人无法长久；强横凶暴之徒必死，自我满足者也必将灭亡。

夫物盛则衰，日中则移，月满则亏，乐终而悲。

**【译文】**

事物发展到极盛后就会走向衰亡，太阳升至中天后就会西斜，月亮圆满后就开始亏缺，快乐结束时就会感到悲伤。

## 符言

治不顺理则多责，事不顺时则无功。

**【译文】**

治理国家不因循道理就会招来许多责难，做事不顺应时势就会徒劳无功。

## 欲福先无祸，欲利先远害。

**【译文】**

想要求福先要避祸，想要得利先要避害。

## 其文好者皮必剥，其角美者身必杀，甘泉必竭，直木必伐。

**【译文】**

动物皮毛花纹美丽的必遭剥皮，兽类角长得好的必然被捕杀，甘甜清洌之泉必因汲水的人多而导致干涸，树木直而成材必然会遭到砍伐。

## 夫好事者未尝不中[①]，争利者未尝不穷[②]。

①中：伤。

②穷：困窘。

**【译文】**

好生事端之人没有不受伤的，争权夺利者没有不受困的。

## 善游者溺，善骑者堕，各以所好，反自为祸。

**【译文】**

擅长游泳的人常会被淹死，擅长骑马的人也常坠马身亡，他们各自都因为所喜好的事，反而给自己带来了祸患。

## 得在时，不在争；治在道，不在圣。

**【译文】**

得到的关键在于时机，而不在于争夺；治理国家的关键在于遵道行事，而不在于有超群的才智。

土处下，不争高，故安而不危；水流下，不争疾，故去而不迟。

**【译文】**

土地在低处，不去争高，所以能安定而没有在高处的危险；水流向低下之地，并不求快，所以不停流动而并不迟缓。

其施厚者其报美，其怨大者其祸深。

**【译文】**

施与他人恩惠多的人，得到的回报就会美好；而仇恨抱怨多的人，招来的祸害也会很深。

察其所以往者，即知其所以来矣。

**【译文】**

考察他过去做了些什么，也就知道他将来要遭遇什么了。

原天命即不惑祸福[①]，治心术即不妄喜怒，理好憎即不贪无用，适情性即欲不过节。

———

①原：探究，穷原竟委。这里指洞悉，懂得。

**【译文】**

洞悉天命就不会对祸福感到迷惑，端正心术就不会喜怒无常，理清好恶就不会贪求无用的东西，顺适天性就不会让欲望越过节度。

福莫大于无祸，利莫大于不丧。

**【译文】**

福气没有比无祸更大的，利益没有比不丧失东西更大的。

为善即劝[①],为不善即观[②]。

①劝:劝勉,鼓励。

②为不善即观:即“见不贤而内自省焉”之意。

**【译文】**

做了善事就要自我鼓励;看到不善的事,就要自我反省。

圣人不胜其心[①],众不胜其欲。君子行正气,小人行邪气。

①不胜其心:即不压制良心,顺着良心。

**【译文】**

圣人顺着良心行事,众人顺着欲望行事。君子行事以正气,而小人行事以邪思。

善怒者必多怨,善与者必善夺。

**【译文】**

喜欢发怒的人必然多生怨恨,喜欢施舍的人也必然容易取得。

誉见即毁随之,善见即恶从之。利为害始,福为祸先。不求利即无害,不求福即无祸。

**【译文】**

有了赞誉,毁谤就会随之而来;有了善,恶也与之相伴而生。利是害的起始,福是祸之先行。反之,不求利也就无害,不求福也就不会有祸。

通道者不惑，知命者不忧。

【译文】

通达得道的人不会困惑，知晓天命者无所忧虑。

古之存己者，乐德而忘贱，故名不动志；乐道而忘贫，故利不动心。

【译文】

上古那些善于保全自己的人，乐于德行而忘记自己的贫贱，所以名声不能动摇他们的志向；乐于得道而忘记了贫贱，所以利益也不能动摇他们的心意。

人有三怨：爵高者人妬之，官大者主恶之，禄厚者人怨之。夫爵益高者意益下，官益大者心益小，禄益厚者施益博，修此三者怨不作。

【译文】

人有三种招致怨恨的情况：爵位高的招别人妒忌，官职大的招君主厌恶，俸禄多的招别人怨恨。爵位越高的人意气越谦下，官职越大的人心思越谨慎，俸禄越多的人施舍越广博，努力做到这三条，怨恨就不会发生。

人之情，心服于德，不服于力。德在与，不在来。

【译文】

人之常情，是真心敬服有德之人，而不会屈服于武力。德重在施与，不在有回报。

欲尊于人者，先尊于人；欲胜人者，先自胜。

【译文】

想要获得别人的尊敬，就要先尊敬别人；想要战胜别人，就先要战胜自己。

德少而宠多者讥，才下而位高者危，无大功而有厚禄者微。

【译文】

德行不够却多有荣誉者，必遭世人讥讽；才能低下却占据高位者，必然身处危险；没有大功却享受厚禄者，必遭世人轻蔑。

再实之木，其根必伤；掘藏之家，其后必殃。夫大利者反为害，天之道也。

【译文】

两次结果的树木，其根系必然会受到损伤；盗掘坟墓的家庭，其后代必然会遭受灾殃。大利反而成为危害，这就是天道。

君子能为善，不能必得其福；不忍而为非，而未必免于祸。

【译文】

君子能做善事，但不能确保因此而得福；不忍心去做坏事，但不能确保因此而免祸。

德积则福生，怨积则祸生。

【译文】

积累德行，福就会产生；积累怨恨，祸就会产生。

天下虽大，好用兵者亡；国虽安，好战者危。

**【译文】**

拥有天下虽然很大，但是好用兵则必使国家衰亡；国家虽然安全稳固，但是好战则必将导致危险。

## 道德

学问不精，听道不深。

**【译文】**

学问如果不精深，闻道也不会透彻。

夫罪莫大于无道，怨莫深于无德，天道然也。

**【译文】**

罪过没有比无道更大的，招怨没有比无德更深的，天道本来如此。

君子无德则下怨，无仁则下争，无义则下暴，无礼则下乱。

**【译文】**

君子不施恩德百姓就会怨怒，不讲仁爱百姓就会争斗，不讲道义百姓就会粗暴，不讲礼仪百姓就会混乱。

世治则愚者不得独乱，世乱则贤者不能独治。

**【译文】**

如果社会安定，那么愚昧之人也无法独力作乱；如果社会混乱，那么贤德之人也无法独力做好。

夫欲上人者，必以其言下之；欲先人者，必以其身后之。

【译文】

想要处在别人之上，一定要先低声下气，待人谦和；想要处在他人之前，一定要先跟在别人身后学习。

世异则事变，时移则俗易，论世立法，随时举事。

【译文】

朝代不同那么情况也就会有变化，时代变迁那么风俗也就会有改变，要根据当世情况来制定法令，顺应时世变化来推进事业。

言而必信，期而必当。

【译文】

言既出则必有信行，与人相约必须按期到达。

有道德则夙夜不懈，战战兢兢，常恐危亡；无道德则纵欲怠惰，其亡无时。

【译文】

有道德的统治者会日夜不懈怠，谨慎小心兢兢业业，时常担心国家危亡；而无道德者会放纵欲望，懒惰怠政，他们的灭亡也就要不了多久了。

夫道德者，所以相生养也，所以相畜长也，所以相亲爱也，所以相敬贵也。

【译文】

那道德，就是让人们相生相养、相蓄相长、相亲相爱、相敬相贵的。

法烦刑峻[1],即民生诈。

①峻:严苛。

【译文】

如果法令繁多,刑罚严峻,那么百姓就会出现狡诈之事。

天下安宁,要在一人。

【译文】

要使天下安宁,关键就在于君王一身。

积德成王,积怨成亡,积石成山,积水成海,不积而能成者,未之有也。

【译文】

积累德行就能称王天下,积蓄怨恨则会招致灭亡,石头可以累积成山,水流可以汇聚成海,不经累积而成的事物,是没有的。

## 上德

圣人虚无因循,常后而不先,譬若积薪,燎后者处上。

【译文】

圣人崇尚恬静虚无,因循自然之道,常居人后而不争先,好比垒柴烧火,后放的柴反倒在最上面。

鸣铎以声自毁[1],膏烛以明自煎,虎豹之文来射[2],猿狖之捷来格[3]。

---

①铎：大铃。

②文：通“纹”。

③猿狖(yòu)：泛指猿猴。格：击打。

**【译文】**

大铃因能发声而导致自己被敲毁，蜡烛因能照明而导致自己被燃烧，虎豹等兽类因为花纹美丽而招来射杀，猿猴之类因为行动迅捷而招来击打。

末不可以强于本，枝不可以大于干。上重下轻，其覆必易。

**【译文】**

细枝末梢不能强于事物的根本，树枝不能比树干粗大。如果上重下轻，就容易颠覆。

一渊不两蛟，一雌不二雄；一即定，两即争。

**【译文】**

一个深渊中无法容纳两条蛟龙，一只雌性动物不能同时匹配两只雄性动物；定于一尊就能相安无事，一国二主就会争斗不休。

玉在山而草木润，珠生渊而岸不枯。

**【译文】**

山中埋藏着玉，草木也会润泽旺盛；水渊中生有宝珠，岸边的草木也不会干枯。

清之为明，杯水可见眸子；浊之为害，河水不见太山[①]。

①太山：即泰山。

**【译文】**

清就能看得分明，一杯水都能照见眼珠；浊就非常有害，一条黄河的水也照不见泰山。

兰芷不为莫服而不芳，舟浮江海不为莫乘而沉，君子行道不为莫知而止，性之有也。

**【译文】**

兰芷不会因为没人佩带就不芬芳，舟船漂浮于江海，不会因为没人乘坐就沉没，君子行道，不会因为没人知道就停止，这都是由其本性决定的。

以清入浊，必困辱；以浊入清，必覆倾。

**【译文】**

将清水注入浊水，清水也一定会变得浑浊；把浊水注入清水，清水也同样必定变得浑浊。

川广者鱼大，山高者木修，地广者德厚。

**【译文】**

大河之中鱼也大，高山之上树也高，土地辽阔则物产也就丰厚。

鱼不可以无饵钓，兽不可以空器召。

**【译文】**

钓鱼不可能不放诱饵就把鱼钓上来，捕猎野兽也不可能空着器具就把野兽引来。

山有猛兽，林木为之不斩；园有螫虫[①]，葵藿为之不采[②]；国有贤臣，折冲千里[③]。

①螫(shì)虫：毒虫。

②葵藿：野菜名。

③折冲：使战车后退，即退兵。冲，战车的一种。

**【译文】**

山中有猛兽，树木就因此而不被砍伐；园中有蜇人的毒虫，葵藿也因此而无人采摘；国家有贤臣，就能退敌于千里之外。

事或不可前规，物或不可预虑，故圣人畜道待时也。

**【译文】**

有的事情不能在未发生前就做好规划，有的事物也不能事先考虑到一切，所以圣人修养道德以等待时机的到来。

欲致鱼者先通谷[①]，欲来鸟者先树木；水积而鱼聚，木茂而鸟集。为鱼得者[②]，非挈而入渊也；为猿得者，非负而上木也，纵之所利而已。

①致：招致，招来。

②为鱼得者：《淮南子·说山训》作“为鱼德者”，即对鱼好的方式。

得，通“德”。

【译文】

想招来鱼就要先疏通好鱼游的水道，想招来鸟就要先种植树木；水多了鱼就会汇聚，林木茂盛鸟就会聚集。对鱼好的方式，不是拿着鱼放到深渊里；对猿好的方式，也不是背着猿爬到树上去；只是给他们创造有利的生长条件罢了。

使叶落者，风摇之也；使水浊者，物挠之也。

【译文】

树叶飘落，是由于有风吹动；水流浑浊，是由于有物搅动。

璧锾之器①，礛䃴之功也②；镆铘断割③，砥砺之力也④。

---

①锾：《道藏》本作“瑗”，指孔大边小的玉璧。

②礛䃴（jiān zhū）：也作“礛诸”，打磨玉石用的石头。

③镆铘：也作“莫邪”，宝剑名。

④砥砺：砂磨石。细者为砥，粗者为砺。

【译文】

玉璧之所以能够成器，靠的是石头的打磨；莫邪剑之所以锋利无比，靠的是磨刀石的磨砺。

狡兔得而猎犬烹，高鸟尽而良弓藏。名成功遂身退，天道然也。

【译文】

狡兔被逮到后，猎狗就该被主人烹煮来吃了；高飞的鸟儿被射光后，精良的弓箭就该被高挂收藏起来了。功成名就之后应当激流勇退，天道就是如此。

## 视于无有则得所见，听于无声则得所闻。

①视于无有则得所见，听于无声则得所闻：《老子·四十一章》："大音希声，大象无形。"两句意谓在无形之中才能看见真象，于无声之中才能听到真声。如在危机还没有明显迹象之时，就能有所察觉，即所谓"视于无有则得所见"。

**【译文】**

能在无形之中观察，才能真有所见；能在无声之中倾听，才能真有所闻。

## 目见百步之外，而不能见其眦[①]。

①眦：眼眶。

**【译文】**

眼睛能看到百步之远，却看不见自己的眼眶。

## 沟池潦即溢[①]，旱即枯；河海之源，渊深而不竭。

①潦：雨水大的样子。

**【译文】**

沟池中一下大雨就水会漫出来，天旱了就会干涸；但江海之水，却深不见底，用之不竭。

精泄者，中易残；华非时者[1]，不可食。

①华：果实。

**【译文】**

精气泄露，体内脏器也容易受损伤；不按时令结的果实，不能吃。

与死同病者，难为良医；与亡国同道者，不可为忠谋。

**【译文】**

得了必死之病的人，即使良医也难以医治好；实行必亡之道的国家，不能为之效忠谋划。

步于林者，不得直道；行于险者，不得履绳[1]。

①履绳：走直路。绳，墨绳。此处指直路之意。

**【译文】**

在树林中走路，不可能有笔直的道路；在险要之地行进，也不可能走得像墨绳般笔直。

日不并出，狐不二雄，神龙不匹[1]，猛兽不群，鸷鸟不双。

①神龙不匹：神龙不成双。匹，双也。

**【译文】**

太阳不会两个一同升起，狐狸没有两只雄的一起，神龙不会成双出现，猛兽不会成群而居，凶猛的鸟也不成双飞行。

三寸之管无当[①]，天下不能满；十石而有塞，百斗而足。

①当（dàng）：底，器物的底部。

【译文】

三寸的管子如果无底，怎么装也装不满；十石的容器如果有底，一百斗就能装满了。

循绳而断即不过，悬衡而量即不差。

【译文】

顺着墨绳锯木头就不会偏，提起秤来称重量就不会有差错。

是而行之，谓之断[①]；非而行之，谓之乱。

①断：高诱注《淮南子》："断，犹治也。"

【译文】

一切按照正确的方式做，就能治理好国家；按照错误的方式行事，国家必定生乱。

百星之明，不如一月之光；十牖毕开[①]，不如一户之明。

①牖：窗户。

【译文】

众多星星发出的光，比不上一个月亮发出的光；十扇窗户一起打开，也比不上一扇门打开的光亮。

日月欲明，浮云蔽之；河水欲清，沙土秽之；丛兰欲修，秋风败之；人性欲平，嗜欲害之。

**【译文】**

日月要发光，浮云却会遮蔽它；河水想变得清澈，沙土却弄脏了它；兰草想长得修长，秋风却使它凋残；人之性情想要平和，贪欲却损害它。

兽同足者相从游，鸟同翼者相从翔。

**【译文】**

腿脚一样的野兽一起游走，翅膀相同的鸟儿一起飞翔。

冬冰可折，夏木可结，时难得而易失。

**【译文】**

冬天的冰可以折断，夏天的树枝可以打结，时机难得而易失。

质的张而矢射集①，林木茂而斧斤入。

---

①质的：箭靶子。

**【译文】**

箭靶立起来就会招来众多的箭射击，树木一旦茂盛就会招致刀斧砍伐。

夫待利而登溺者，必将以利溺之矣。

**【译文】**

为求得利益才去救溺水者上岸的，也一定会因为利益而溺水。

水虽平，必有波；衡虽正，必有差。

**【译文】**

再平静的水，也一定会有波纹；再准的秤，也一定会有误差。

非规矩不能定方圆[①]，非准绳无以正曲直。用规矩者，亦有规矩之心。

---

①规：圆规。矩：矩尺。

**【译文】**

没有圆规和矩尺，就不能画出圆和方；没有墨线，就难以正确判定曲直。使用规和矩的人，内心也有规矩。

竹木有火，不钻不熏；土中有水，不掘不出。

**【译文】**

竹木可生火，但是不钻不会起火冒烟；土地中含水，但是不挖不会出水。

跬步不休[①]，跛鳖千里；累凷不止[②]，丘山从成。

---

①跬（kuǐ）步：半步。

②凷（kuài）：土块。

**【译文】**

不停地迈步行走，即使跛足的鳖也能行千里；不停地堆积土块，山丘也能因而堆成。

临河欲鱼，不若归而织网。

【译文】

站在河边空想怎样得到鱼，还不如回去织好了网来捕鱼。

行一棋不足以见知，弹一弦不足以为悲。

【译文】

下一步棋，不足以展现一个人的智慧；拨动一根琴弦，也不足以表达出内心的悲伤。

有荣华者，必有愁悴。

【译文】

拥有荣华富贵的人，必定也有他的忧愁和困苦。

鼓不藏声，故能有声；镜不没形，故能有形。

【译文】

鼓不藏其声音，所以敲起来咚咚作响；镜子不会掩藏物形，所以就会照出事物的形状。

金石有声，不动不鸣；管箫有音，不吹无声。

【译文】

金石会发声，但是不击打不会鸣响；管箫会出音，但不吹奏也不会有音调。

天行不已，终而复始，故能长久；轮得其所转，故能致远。

**【译文】**

天运行不止，循环往复，所以能够长久；车轮运转不已，所以能到达远方。

君子用事，小人消亡，天地之道也。

**【译文】**

贤能者在位做事，小人就会消失不见，这是天地之道。

天之道，裒多益寡①；地之道，损高益下；鬼神之道，骄溢与下；人之道，多者不与；圣人之道，卑而莫能上也。

———

①裒（póu）：减少，削除。

**【译文】**

天之道，是削减多余的以补充不足的；地之道，是减少高的以增加低的；鬼神之道，是让不满之人骄纵而帮助谦下之人；人之道，是对多余者不再给予；圣人之道，是谦卑处下而终不为上。

大道坦坦，去身不远；修之于身，其德乃真。

**【译文】**

大道宽广平坦，离人不远；以道的要求修身，才能达到真人之境。

地势深厚，水泉入聚；地道方广，故能久长；圣人法之，德无不容。

**【译文】**

地势深且厚，水流就聚积；地之道宏大宽广，所以就能长久；圣人效法地道，所以有无所不容的大德。

火之出也必待薪，大人之言必有信。有信而真，何往不成！

**【译文】**

点火必须要有柴薪方可，处高位者也必须言而有信。有信誉而又真诚，还有什么做不成呢！

欲不可盈，乐不可极。

**【译文】**

欲望不能过多，欢乐不可过度。

忿无恶言，怒无作色，是谓计得。

**【译文】**

忿恨时不口出恶言，恼怒时不满脸怒容，这就是正确的做法。

积薄成厚，积卑成高。

**【译文】**

薄的东西可以越积越厚，低矮的物体也能越积越高。

君子日汲汲以成辉，小人日怏怏以至辱①。

---

①怏怏：心不服气的样子。

**【译文】**

君子天天努力修养自身而光辉照人，小人天天心怀不服而终将招致困辱。

苟向善，虽过无怨；苟不向善，虽忠来恶。故怨人不如自怨，勉求诸人，不如求诸己。

**【译文】**

如果意在行善，即使做错了也不会招致怨恨；如果居心不良，即使做得尽心也会招人厌恶。所以怨别人不如怨自己，勉强要求别人，不如自己努力。

地平则水不流，轻重均则衡不倾。

**【译文】**

地面平坦，水就不会流动；轻重一样，秤就不会倾斜。

山致其高而云雨起焉，水致其深而蛟龙生焉，君子致其道而德泽流焉。

**【译文】**

山达到一定的高度，就会有云雨从这里兴起；水达到一定的深度，就会有蛟龙在这里出现；君子真正掌握了道，恩泽就能惠及众人。

夫有阴德者①，必有阳报；有隐行者②，必有昭名。

———

①阴德：暗中施德于人。

②隐行：同“阴德”。

**【译文】**

暗中施德于人者，必然会有显明的福报；暗中做了好事者，必然会得到昭著的名声。

树黍者不获稷，树怨者无报德。

**【译文】**

种黍的人不会收获稷，种下仇怨的人也不会得到好报。

## 微明

弦有缓急，然后能成曲；车有劳佚[1]，然后能致远。

①佚：同“逸”，安逸，安闲。

**【译文】**

拨弦须有缓急变化，方能奏成乐曲；驾车必须劳逸结合，才能到达远方。

愚者惑于小利而忘大害，故事有利于小而害于大，得于此而忘于彼。

**【译文】**

愚蠢的人被小利迷惑而忘了大害，所以事情往往在小的方面有利，而在大的方面却有害，人们总是得了利就忘记了害。

仁莫大于爱人，智莫大于知人；爱人即无怨刑，知人即无乱政。

**【译文】**

仁没有比爱人更大的了，智没有比知人更大的了；爱人就不会用令人怨恨的严刑峻法，知人善任就不会有混乱的政治。

江河之大溢，不过三日；飘风暴雨，日中不出须臾止[1]。

---

①须臾：片刻，一会儿。

【译文】

江河之水暴涨，不会超过三天；暴风骤雨，持续不到半天就会停息。

德无所积而不忧者，亡其及也。

【译文】

不积德却不忧虑的国家，败亡就会到来。

夫忧者，所以昌也；喜者，所以亡也。

【译文】

忧虑警惕者，国家就会昌盛；只图开心者，国家就走向灭亡。

言出于口，不可禁于人；行发于近，不可禁于远。

【译文】

话从口出，就不能禁止别人议论；行从脚下开始，就无法禁止别人走向远方。

事者，难成易败；名者，难立易废。

【译文】

事情总是难以成功而容易失败，名声总是难以树立却容易败坏。

凡人皆轻小害，易微事[1]，以至于大患。

①易:轻视。

**【译文】**

常人都轻视小的祸患,轻视小事情,以至于酿成大祸。

夫祸之至也,人自生之;福之来也,人自成之。

**【译文】**

那祸患的降临,都是人自己酿成的;福报的到来,也是人自己成就的。

智虑者,祸福之门户也;动静者,利害之枢机也[①],不可不慎察也。

①枢机:事物的关键。

**【译文】**

思考,是祸福产生的门户;行动,是利害形成的关键,不可不慎重考察。

道者敬小慎微,动不失时。

**【译文】**

得道之人总是谨小慎微,行事都不失时机。

积爱成福,积憎成祸。

**【译文】**

积累仁爱就会带来福报,积累怨恨则会招致祸患。

凡人之道，心欲小，志欲大；智欲圆，行欲方；能欲多，事欲少。

**【译文】**

大凡为人之道，心思要细密，志向要远大；知识要广博通达，行为要正直端方；能力要多一些，做的事要少一些。

心小者，禁于微也；志大者，无不怀也；智圆者，无不知也；行方者，有不为也；能多者，无不治也；事少者，约所持也。

**【译文】**

心细的人，就能杜绝刚露头的祸患；志向远大的人，就能胸怀天下；知识广博通达的人，就会无所不知；行为正直端方的人，就能有所不为；能力多的人，没有什么事做不好；事情少的人，是懂得抓住关键。

以政教化①，其势易而必成；以邪教化，其势难而必败。

①政：正，正道。

**【译文】**

以正道来教化人民，势必容易而且一定能成功；以邪道来教化人民，势必困难而且一定会失败。

明主之赏罚，非以为己，以为国也。适于己而无功于国者，不施赏焉；逆于己而便于国者，不加罚焉。

**【译文】**

英明的君主奖惩赏罚，并非为自己，而是为了国家。合于自己心意却无功于国家的人，不会加以奖赏；违背自己心意但有利于国家的人，也不加以惩罚。

知天而不知人，即无以与俗交；知人而不知天，即无以与道游。

**【译文】**

如果只知天命而不晓人事，就无法适应世俗；只知人事而不知天命，就无法合于天道。

君子惧失义，小人惧失利。

**【译文】**

君子害怕失去道义，小人害怕失去利益。

事或欲利之，适足以害之；或欲害之，乃足以利之。

**【译文】**

有的事本想对人有利，却恰恰伤害了别人；有的事看似对人有害，却恰恰有利于别人。

有功离仁义者即见疑[1]，有罪有仁义者必见信。

---

①见：表示被动，相当于“被”。

**【译文】**

有功劳却背离仁义之人就会被怀疑，有罪过却有仁义者就一定能得到信任。

人多欲即伤义，多忧即害智。

【译文】

人的欲望过多就有伤于道义，忧虑过多就有损于智慧。

用众人之所爱，则得众人之力；举众人之所喜，则得众人之心。

【译文】

如果任用民众所爱戴的人，就能获得民众效力；如果选拔民众所喜欢的人，就能得到民心拥护。

人以义爱，党以群强[①]。

①党：群体。《周礼·地官·大司徒》："五族为党。"郑玄注："党，五百家。"

【译文】

人们因为心存道义而相互关爱，群体因为团结协作而力量强大。

德之所施者博，即威之所行者远；义之所加者薄，则武之所制者小[①]。

①制：支配，控制。

【译文】

施德越广泛，其威望所能影响的地方也就越远；行义越微薄，其武力所能控制的范围也就越小。

见祥而不为善，则福不来；见不祥而行善，则祸不至。

**【译文】**

遇见吉兆却不再做善事，福就不会来；遇见凶兆却去做善事，祸就不会来。

人之将疾也，必先不甘鱼肉之味[1]；国之将亡也，必先恶忠臣之语。

①必先不甘鱼肉之味：意即生病之前，往往会胃口不好，即使鱼肉这样的美味食品，也不觉得好吃。

**【译文】**

人要得病时，一定会先觉得鱼肉不再美味；国家将要灭亡时，一定会先厌恶忠臣之良言。

与民同欲则和，与民同守则固，与民同念者知，得民力者富，得民誉者显。

**【译文】**

与人民的愿望保持一致，那么国家就会和谐；与人民一起防守，国家就会稳固；与人民的心意相通，就会相互了解；得到人民效力，国家就能富裕；受到人民称誉，名声就会显扬。

行有召寇，言有致祸。

**【译文】**

做事有可能招来仇寇，说话有可能招致祸患。

出言不当，驷马不追。

【译文】

不妥当的话一旦出口，驷马也难以追回。

## 自然

海不让水潦以成其大[①]，山材不让枉挠以成其崇[②]，圣人不辞其负薪之言以广其名[③]。

①水潦：雨水。

②枉挠：指弯曲不直的树木。

③负薪之言：背柴人的意见，代指卑微之人的意见。

【译文】

海因为不拒雨水，所以能成为大海；山林不排斥弯曲不直的树木，所以能成为高山；圣人能够听取卑微之人的言语，所以名气更大。

物莫不就其所利，避其所害。

【译文】

事物没有不接近对自身有利的，躲避对自身有害的。

物必有自然，而后人事有治也。故先王之制法，因民之性而为之节文。

【译文】

事物都有其必然的规律，然后事情才能按照规律来做好。所以先王制定法令制度时，都是依据人的本性而加以节制修饰。

道德者，则功名之本也，民之所怀也，民怀之则功名立。

**【译文】**

道德是建立功名的根本，是民心所向往的，做民心所向往的，功名就能建立起来。

知而好问者圣，勇而好问者胜。

**【译文】**

智慧而又喜欢向人请教的会成为圣人，勇敢而喜欢向人请教的就能取得胜利。

乘众人之智者，即无不任也①；用众人之力者，即无不胜也。

①无不任：没有什么任务是不能承担的，即什么事都能完成。

**【译文】**

善于运用众人智慧的人，就没有什么办不了的；善于利用众人力量的人，就没有什么不能战胜的。

圣人不耻身之贱，恶道之不行也①；不忧命之短，忧百姓之穷也。

①恶(wù)：羞耻，羞愧。

**【译文】**

圣人不为地位卑下而感到羞耻，却为大道未能实行而羞愧；不忧虑自己的寿命不长，却忧虑百姓生活的困顿。

夫同利者相死，同情者相成，同行者相助。

【译文】

利益相同的人可以互相效死，情意相同的人能够相互成就，同行之人相互帮助。

善用兵者，用其自为用；不能用兵者，用其为己用。用其自为用，天下莫不可用；用其为己用，无一人之可用也。

【译文】

善于用兵的人，善于调动人们为自身利益而战斗；而不善于用兵的人，总想利用人们为他的利益而战斗。善于调动人们为自身利益而战斗，那么天下就没有不可用的人；总想利用别人为自己的利益而战斗，那么天下就没有一人可用了。

## 下德

为治之本，务在安人；安人之本，在于足用；足用之本，在于不夺时；不夺时之本，在于省事；省事之本，在于节用；节用之本，在于去骄。

【译文】

治理国家的根本，在于努力使人民安定；安定人民的根本，在于使人民富足；使人民富足的根本，在于不占用农时；不占用农时的根本，在于精简政事；精简政事的根本，在于节约用度；而节约用度的根本，在于消除骄奢的行为。

善治国者，不变其故，不易其常。

【译文】

善于治理国家的人，不会轻易改变原来的治国方略，也不轻易更改制度习俗。

人性欲平，嗜欲害之，唯有道者能遗物反己。

【译文】

人的本性是追求平和，而欲望却会伤害这种平和，只有得道之人能遗弃外物，回到人性的本来状态。

夫纵欲失性，动未尝正，以治生则失身，以治国则乱人。

【译文】

放纵欲望就失去了人的本性，行为处事就不端正，用来养生会伤害身体，用来治理国家就会使人昏乱。

高不可及者，不以为人量；行不可逮者，不可为国俗。

【译文】

高不可及的智慧，不能作为衡量普通人的标准；高不可及的品行，也不能作为国家倡导的风俗。

兽穷即触[①]，鸟穷即啄，人穷即诈。

①触：用角顶撞。

【译文】

野兽被困就会用角乱撞，鸟被困时就会用嘴乱啄，人到困顿无路时就心生欺诈。

积力之所举,即无不胜也;众智之所为,即无不成也。

**【译文】**

积聚众人的力量来做事,就没有不能取胜的;用大家的智慧来做事,就没有做不成的。

善为政者积其德,善用兵者畜其怒。

**【译文】**

善于执政的人要积累德行,善于用兵者要积蓄战士的怒气。

## 上仁

君子之道,静以修身,俭以养生。

**【译文】**

君子的为人之道,修身追求宁静,养生讲究俭约。

非惔漠无以明德[1],非宁静无以致远,非宽大无以并覆[2],非正平无以制断。

①惔:淡薄。

②并覆:像天一样覆盖万物,这里指胸怀天下。

**【译文】**

不淡薄名利,就不能彰显德行;不宁心静气,就无法想得深远;心胸不宽广,就不会关怀天下;不中正公平,就无法做出正确决断。

以天下之目视,以天下之耳听,以天下之心虑,以天下之力争。

**【译文】**

用全天下的眼睛去观察,用全天下的耳朵去聆听,用全天下人的心智去思考,用全天下的力量去斗争。

夫乘舆马者,不劳而致千里;乘舟楫者,不游而济江海。

**【译文】**

乘坐马车的人,不必费力就能到达千里之远;乘船的人,不用下水游泳就能渡过江海。

其计可用,不羞其位①;其言可行,不责其辩②。

①羞:这里可以理解为嫌弃。

②辩:能言善辩。

**【译文】**

如果一个人的计策可用,就不必嫌弃他职位低;一个人的言论可行,就不必要求他能言善辩。

能尊生,虽富贵不以养伤身,虽贫贱不以利累形。

**【译文】**

懂得珍重生命的人,即使富贵也不会过分享受而伤害自身,即使贫贱也不会因为求利而使形体受累。

功约易成,事省易治,求寡易赡。

【译文】

功业简约就容易办成，事情稀少就容易办好，要求不多就容易满足。

食者，民之本也；民者，国之基也。

【译文】

食物，是百姓生存的根本，百姓，是国家存在的根基。

育孕不杀，鷇卵不探[1]，鱼不长尺不得取，犬豕不期年不得食。

①鷇（kòu）卵：待母鸟哺食的雏鸟。

【译文】

怀孕的动物不准捕杀，不准探取雏鸟与鸟卵，鱼没长到一尺长不准捕捞，狗和猪没养满一年不准杀来吃。

与民同苦乐，即天下无哀民。

【译文】

能与百姓同甘共苦，那么天下就没有境遇悲哀的人了。

夫太刚则折，太柔则卷，道正在于刚柔之间。

【译文】

事物太刚硬就容易折断，太柔软就容易卷曲，适中之道就是处于刚柔之间。

夫绳之为度也，可卷而怀也，引而申之，可直而布也，长而不横，短而不穷，直而不刚，故圣人体之。

【译文】

绳子作为一个丈量工具，可以卷起来揣在怀里，也可以拉开伸长，还可以拉直放置，拉得很长也不会横出斜逸，缩得很短也无法穷尽，拉得笔直却不会刚硬，所以圣人深入体会绳子所体现的智慧。

立在天下推己[①]，胜在天下自服，得在天下与之，不在于自取。

---

①推己：此谓天下之人都推重自己。

【译文】

君王能在其位，是因为天下百姓推重自己；能取胜，是因为天下百姓自愿服从；能获得，是因为天下百姓都愿意给他，而不是自己去夺取。

天之道，为者败之，执者失之。

【译文】

天道的法则，盲目行动就会失败，过于固执就会失去。

德过其位者尊，禄过其德者凶[①]。

---

①禄：俸禄，也指禄位。

【译文】

德行超过职位的人受人尊重，俸禄超过德行的人就很凶险。

圣人安贫乐道，不以欲伤生，不以利累己，故不违义而妄取。

**【译文】**

圣人安贫乐道，不会因为欲望伤害身体，也不因求利而牵累自己，所以不会违背道义而胡乱索取。

学而不厌，所以治身也；教而不倦，所以治民也。

**【译文】**

学习而不知满足，修养自身应该这样；教诲而不知疲倦，治理民众应该这样。

## 上义

根深即本固，基厚即上安。

**【译文】**

根系越深，枝干就越坚固；地基越厚实，上层就越安稳。

物至而观其变，事来而应其化，近者不乱即远者治矣。

**【译文】**

事物来了就观察其变化，根据事情的发展状况采取相应对策，如果近处不生乱，那么远处也能治理好。

治国有常，而利民为本。

**【译文】**

治理国家有常道，要以有利于百姓为根本。

苟利于民，不必法古；苟周于事，不必循俗。

**【译文】**

如若有利于百姓，不一定非要效法古人；如果符合做事需要，也不一定要因循旧俗。

衣服器械，各便其用；法度制令，各因其宜。

**【译文】**

衣服器具等，要便于使用；法令制度等，要因事制宜。

夫制于法者，不可与达举；拘礼之人，不可使应变。

**【译文】**

那些固执于成法的人，无法与他们一起做通达的事；拘泥于礼仪的人，不能让他去应付新的变化。

法生于义，义生于众适，众适合乎人心。

**【译文】**

法源自义，义源自民众所向，民众所向就合乎人心。

夫法者，天下之准绳也。

**【译文】**

法，是治理天下的准绳。

犯法者，虽贤必诛；中度者[①]，虽不肖无罪。

---

①中度：合于法度。

【译文】

违反了法令，即使是贤人，也要惩罚；行事合于法度，即使没有才能的人，也不能给他判罪。

义者，非能尽利于天下之民也，利一人而天下从之；暴者，非能尽害于海内也，害一人而天下叛之。

【译文】

道义，并不能使天下每个人都受益，但只要有一个人受益，就会让天下人都服从；暴虐，也并不能让四海之内的人都受害，但只要有一个人受害，就会引起天下人的背叛。

人有厚德，无间其小节①；人有大誉，无疵其小故。

---

①间：非议，诋毁。

【译文】

德行深厚的人，就不要非议他的某些小过失；对于声望很高的人，也不要去诋毁他的小错误。

夫人情莫不有所短，诚其大略是也①，虽有小过，不以为累也。

---

①诚：如果。

【译文】

人之常情是每个人都会有短处，如果这个人主要方面是好的，即使有小的罪过，也不必在意。

今志人之所短[1]，忘人之所长，而欲求贤于天下，即难矣。

---

①志：记。

**【译文】**

如今总是记着别人的短处，而忘记别人的长处，这样还想从天下找到贤才，就很难了。

百川并流，不注海者不为谷；趋行殊方[1]，不归善者不为君子。

---

①趋行殊方：走的方向各不相同。

**【译文】**

同时奔流的千百条河流，不流入大海的，就不会形成深谷；不同行为取向的人，不回归善道的，就不能称其为君子。

善言贵乎可行，善行贵乎仁义。

**【译文】**

善言贵在能够实行，善行贵在符合仁义。

夫君子之过，犹日月之蚀，不害于明。

**【译文】**

君子的过错，就像日蚀和月蚀一样，不会损害其光明。

智者不妄为，勇者不妄杀。

**【译文】**

智慧之人不会胡作非为，勇敢之人不会胡乱杀人。

趣舍同①,即非誉在俗②;意行均③,即穷达在时。

①趣舍:取舍。趣,通“取”。

②俗:这里指公众舆论。

③意行:意志、心思与行为。

**【译文】**

行为取舍相同的人,受到责难还是赞誉,取决于公众舆论;意志行为相同的人,处境通达还是穷困,取决于对时机的把握。

事周于世即功成,务合于时即名立。

**【译文】**

所做的事符合当世的需要,就能成就功业;所做之事顺应了时势的发展,就能树立名声。

时之至也,即间不容息。

**【译文】**

时机一旦到来,就一刻也不容错过。

杀无罪之民,养不义之主,害莫大也;聚天下之财,赡一人之欲,祸莫深焉;肆一人之欲,而长海内之患,此天伦所不取也。

**【译文】**

杀戮无辜的百姓,养活不讲道义的君主,没有比这个害处更大的了;聚集天下的财货,满足一个人的欲求,这是最深的祸害;让一个人放肆其欲望,给举国上下造成灾难,这是上天道德所不认可的。

不贵难得之货，不重无用之物。

**【译文】**

不要看重难得的财货，不要重视无用的东西。

耕者不强，无以养生；织者不力，无以衣形；有余不足，各归其身。

**【译文】**

耕田的人如果不努力耕作，就无法活命；纺织的人不努力织布，就没有衣穿；生活宽裕还是匮乏，都决定于自身。

衣食饶裕，奸邪不生；安乐无事，天下和平。

**【译文】**

百姓衣食宽裕，就不会出现奸计邪谋；百姓都能安乐无忧，天下就会和乐太平。

兵之胜败，皆在于政。

**【译文】**

战争的胜败，关键在于国家的政治。

上视下如子，必王四海；下事上如父，必正天下。

**【译文】**

国君能像关心自己的儿子那样关心人民，必定能在四海之内称王；人民能像对待自己的父亲那样对待国君，那国君必定能够匡正天下。

## 上礼

先王之制，不宜即废之；末世之事，善即著之。

**【译文】**

先王定下的制度，如果不合时宜就要废止；衰世所做的事情，如果是好的就要继承发展。

得道则举，失道则废。

**【译文】**

依道而行就能成功，不依道而行就会失败。

夫物未尝有张而不弛，盛而不败者也。

**【译文】**

天下的事物没有只张不弛的，也没有长盛不衰的。

非修礼义，廉耻不立。民无廉耻，不可以治。不知礼义，法不能正。

**【译文】**

不推行礼义，百姓就没有廉耻之心。百姓没有廉耻之心，就无法治理。百姓不懂得礼义，法令也无法矫正他们。

无法不可以为治，不知礼义不可以行法。

**【译文】**

没有法令，国家就无法治理；百姓不懂礼仪，法令就无法实施。

小不能制大，弱不能使强，天地之性也。

【译文】

小的制约不了大的，弱的支配不了强的，这是天地的自然特性。

夫有余则让，不足则争；让则礼义生，争则暴乱起。故多欲则事不省，求赡则争不止。

【译文】

财货有余时人们会谦让，财货不足时人们就争夺；谦让就产生礼仪，争夺就引发暴乱。所以人的私欲多了事情就少不了，要求多了纷争也就不断。

石上不生五谷，秃山不游麋鹿，无所荫蔽也。

【译文】

石头上长不出五谷，光秃的山上也不会有麋鹿栖息，原因在于没有土壤和树木作为条件。

以政治国①，以奇用兵②。先为不可胜之政，而后求胜于敌。

---

①政：正，正道。

②奇：反常，诡诈。

【译文】

治国要合乎正道，用兵要用奇计。先追求不可战胜的政治，然后再求能战胜敌人。

# 鹖冠子

《鹖冠子》，作者不详。《汉书·艺文志》道家类著录《鹖冠子》一篇，注云："楚人，居深山，以鹖为冠。"据此可推知，《鹖冠子》的作者是一位隐居深山的楚国人，大概因为喜欢以鹖鸟羽毛为冠饰，所以称为"鹖冠子"，因而其著作也称为《鹖冠子》。黄怀信先生据鹖冠子曾为赵人庞煖之师的记载，考证鹖冠子曾游学并定居于赵国。

今传本《鹖冠子》共三卷十九篇，黄怀信先生认为《世贤》《武灵王》两篇当系《汉书·艺文志》所载的《庞煖》书，不属于《鹖冠子》的内容，系后人将其合编。《四库全书总目》称《鹖冠子》一书"虽杂刑名，而大旨本原于道德，其文亦博辨宏肆"，颇得其实。

本书选文据中华书局《新编诸子集成续编·鹖冠子校注》。

## 博选

所谓人者，恶死乐生者也。

**【译文】**

人之常情，总是厌恶死亡而喜欢活着的。

神明者，以人为本者也。

**【译文】**

神明，是以人为根本的。

信符不合[①]，事举不成。不死不生[②]，不断不成。

---

①信符不合：古代以竹木或金石为符，一分为二，双方各执其一，合之为证，如果不合，就难以取信于人。

②不死不生：无旧物之死，则亦无新物之生。

**【译文】**

取信的凭证如不相合，事情就做不成。没有死就没有生，不当机立断就难以成功。

## 著希

希人者无悖其情[①]，希世者无缪其宾[②]。

---

①希人：希冀得到人才。悖：悖乱，违逆。

②希世：希冀得到世人之称誉。缪（miù）：诈伪。

**【译文】**

希冀得到人才，就不能违逆人之常情；希冀获得世人之称誉，就不能欺骗宾客。

夫君子者，易亲而难狎[①]，畏祸而难却[②]，嗜利而不为非[③]，时动而不苟作。

①狎：戏谑，玩狎。

②却：退却。指君子守义不屈。

③嗜(shì)：嗜好，喜好。

**【译文】**

君子这种人，容易亲近却不乱开玩笑，畏惧灾祸却不会轻易退却，喜好利益却不为非作歹，顺时而动而不随意行事。

体虽安之，而弗敢处，然后礼生；心虽欲之，而弗敢信[①]，然后义生。

①信：放任，听任。

**【译文】**

身体虽然安于这样，但却不敢处于这样的状态，礼仪便由此而产生；内心虽然希望这样，但却不敢听任放纵这种欲望，道义便由此而产生。

上有随君[①]，下无直辞，君有骄行[②]，民多讳言[③]。

① 随君：跟随、随从，这里指那些偏听跟自己意见、爱好相同的观点

的君主。

② 骄行：骄横之行。

③ 讳言：忌讳之言。

**【译文】**

如果居上位的君主偏听跟自己意见、爱好相同的观点、主张，则居下位的臣民就没人直言上谏；如果君主有骄横跋扈之行，则百姓就会害怕而多有忌讳。

## 天则

寒者得衣，饥者得食，冤者得理，劳者得息，圣人之所期也。

**【译文】**

贫寒之人有衣穿，饥饿之人有饭吃，蒙冤之人能够得到申辩处理，劳苦之人能够得到歇息，这是圣人所热切期盼成就的功业。

夫裁衣而知择其工，裁国而知索其人，此固世之所公哉。

**【译文】**

裁制衣服，要选择手艺好的裁缝；治理国家，要寻求贤才，这本就是天下之人的共识啊。

同而后可以见天，异而后可以见人，变而后可以见时，化而后可以见道。

**【译文】**

人们于相同之处，可以发现天然本性；于不同之处，可以发现具体个性;于变化之中,可以察觉春、夏、秋、冬四时之推移;于造化的自然化育中,可以体悟生物之道。

临利而后可以见信,临财而后可以见仁,临难而后可以见勇,临事而后可以见术数之士。

**【译文】**

面临利益,才可以看出一个人的信用;面临财货,才可以看出一个人的仁德;面临危难,才可以看出一个人的勇敢;面临疑难之事,才可以看出一个人是不是真有才智的能人。

为而无害,成而不败,一人唱而万人和,如体之从心,此政之期也。

**【译文】**

有所作为,而不伤害其民;有所成就,而不败坏其事;一人提出倡议而万众附和、响应,就如同身体听从心的指使,这是圣王为政所期盼达成的理想效果。

举善不以窅窅[①],拾过不以冥冥[②]。

---

①窅(yǎo)窅:深远,幽暗。

②拾:拾捡。过:过错。冥冥:隐晦不明。

**【译文】**

不要在别人的善行还不明显时就去宣扬,不要在别人的过错还不明显时就去指摘。

一叶蔽目，不见太山；两豆塞耳，不闻雷霆。

【译文】

一片树叶就能遮蔽眼睛，使之看不见泰山；两颗小豆就能塞住耳朵，使之听不见雷声。

为之以民，道之要也。唯民知极，弗之代也。

【译文】

顺应民心来推行政治，这是为政之道的关键所在。民心向背就是评判标准，没有什么其他标准能够替代它。

田不因地形[1]，不能成谷；为化不因民，不能成俗。

①田：耕种。

【译文】

种地如果不能顺应土地特性，就不能种出粮食；推行教化如果不能顺应百姓，就不能真正形成风俗。

## 环流

惟圣人究道之情，唯道之法公政以明。

【译文】

只有圣人才洞悉大道的实情，只有符合大道的法度才公正而明晰。

法贵如言。

【译文】

法治最重要的是严格按照法令所说的执行。

美恶相饰[1]，命曰复周[2]，物极则反，命曰环流[3]。

①饰：表现，显示。指美、恶一相比较，各自的特征更加明显。

②复周：犹相反相成。复，回复。周，循环。

③环流：循环流转。

【译文】

美恶对比，美的就显得更美，恶的就显得更恶，这就叫相反相成；事物发展到极致，就会向相反的方向转化，这就叫循环流转。

## 道端

天下之事，非一人之所能独知也；海水广大，非独仰一川之流也。

【译文】

天下之事，不是靠一个人的智慧就能独自了解的；海水浩瀚无涯，不是仅靠一条河流之水就能形成的。

事不任贤，无功必败。

【译文】

做事如果不选贤任能，就会没有功劳而且必将失败。

张军卫外，祸反在内；所备甚远，贼在所爱。

**【译文】**

陈列大军防御外敌，结果灾祸反而发生在内部；远远地就严密防备，结果窃国之贼反而是自己所宠之人。

君道知人，臣术知事。

**【译文】**

君主治国之道，关键要知人善任；臣下事君之术，关键要懂得办事。

富者观其所予，足以知仁；贵者观其所举，足以知忠。

**【译文】**

家产富裕的人，要观察他们都施舍给什么人，这样就足以了解其是否仁爱；地位尊贵的人，要观察他们举荐了些什么人，这样就足以了解其是否忠诚。

贫者观其所不取，足以知廉；贱者观其所不为，足以知贤。

**【译文】**

家境贫寒的人，要观察他们不贪取什么，这样就足以了解其是否廉洁；地位低贱的人，要观察他们不妄为什么，这样就足以了解其是否贤德。

为人君亲其民如子者，弗召自来。

**【译文】**

做君主的，如果能像亲近爱护自己的孩子一样亲近爱护百姓，那么天下百姓不用召唤，自己就会跑来归附。

贤君循成法，后世久长；惰君不从①，当世灭亡。

①惰：轻慢，不敬。

【译文】

贤明之君遵循既定的法度，因此后代还能享国长久；而轻慢的君主不愿意遵循既定法令，当世就会发生国灭身亡的悲剧。

## 近迭

富则骄，贵则羸①。

①羸：盈满，多。这里指志得意满，盛气凌人。

【译文】

人若富有，则容易流于骄纵傲慢；人若高贵，则容易流于盛气凌人。

兵者，百岁不一用，然不可一日忘也，是故人道先兵。

【译文】

军队战备，有可能一百年都用不上一次，但却一天都不能忽略忘记它，所以治国之道要优先考虑军队战备。

主道所高，莫贵约束①；得地失信，圣王弗据。

①约束：规章，法令。这里指军中号令严明，令行禁止。

【译文】

为将之道，没有比号令严明、令行禁止更重要的了；如果占据了土地却丧失了信誉，圣明的君王是不做这种事的。

地大者国实[1]，民众者兵强。

①国实：国库充实。指经济富庶。

**【译文】**

疆域辽阔的国家，经济富庶；人口众多的国家，军队战斗力强。

欲知来者察往，欲知古者察今。

**【译文】**

要想预知未来，可以通过考察历史来推测；要想了解古代，也可以通过考察当今来推知。

择人而用之者王，用人而择之者亡。

**【译文】**

先考核选拔人才而后再任用他们，这样的君主能够称王天下；先任用人而后再考核选拔他们，这样的君主就会导致国家灭亡。

## 王铁

仁于取予[1]，备于教道，要于言语[2]，信于约束。

①仁于取予：即在索取和给予时，要讲究仁道。索取时，要给别人留够，不要贪多；给予时，要照顾困难的人，不要吝啬。

②要：简要，简约。

**【译文】**

取予之际要仁道，教化之道要齐备，布告政令要简要，法令规章要守信。

失道则贱敢逆贵，不义则小敢侵大[1]。

①义：宜。

**【译文】**

如果正道沦丧，那么低贱者也敢违逆尊贵者；如果不顾是否合宜，那么力量小者也敢侵犯力量大者。

民心不徙，与天合则。

**【译文】**

民心坚定不移的趋向，与天道法则是一致的。

## 泰鸿

毋易天生，毋散天朴；自若则清，动之则浊。

**【译文】**

不要改变天赋之性，不要让质朴本色消散；如能自适其性则能保持本性清净，如果胡作非为则会玷污本性。

先定其利，待物自至；素次以法[1]，物至辄合。

①素：预先。

【译文】

预先设定事物天性所趋之利，然后等待事物自己趋利而来；预先布列与事物天性相协之法则，事物来了自然能与此法则相适应。

法者，天地之正器也，用法不正，玄德不成。

【译文】

所谓法，是匡正天下的工具，如果用法不公正，那么大道自然化物的玄德便会遭到破坏而难成其功。

## 泰录

行其道者有其名，为其事者有其功。

【译文】

践行大道的人自然会有相应的名声，做某项事业的人自然会有相应的功效。

招高者高，招庳者庳[①]。

①庳（bì）：矮小。这里指才德低劣。

【译文】

招揽才德高明之人的君主，自然就高明；招揽才德低劣之人的君主，自然也就低劣。

影则随形，响则应声。

**【译文】**

影子总是随形而动，回音总是应声而至。

## 世兵

得失不两张，成败不两立。

**【译文】**

得失不可并存，成败不能并立。

君子不惰，真人不怠。

**【译文】**

君子不会懒惰，存养真性之人不会懈怠。

明将不倍时而弃利，勇士不怯死而灭名。

**【译文】**

明智的将领不会违背天时良机而放弃有利形势，勇敢的战士不会因为害怕死亡而辱没威名。

夫得道者务无大失，凡人者务有小善。

**【译文】**

得道之人努力追求没有大的过失，而凡庸之人则努力追求获取小利。

水激则旱[1]，矢激则远。

---

①激：此指水流遇到阻挡。旱：通“悍”，迅猛。这里指水流遇到阻挡

而腾涌飞溅。

**【译文】**

水流遇到阻挡，就会溅得很高；弓箭张满发射，就会飞得很远。

列士徇名①，贪夫徇财。

①列士：有志之士。列，同“烈”。徇：同“殉”。

**【译文】**

有志之士为名而死，贪婪之人为财而死。

## 备知

有知者不以相欺役也，有力者不以相臣主也。

**【译文】**

才智之士不以其智欺诈奴役他人，强力之人不以其力迫使他人为臣。

## 兵政

赏以劝战，罚以必众①。

①罚以必众：就是通过惩罚来迫使众人必须做到，做不到就要严罚，也即令行禁止的意思。

**【译文】**

用奖赏来勉励战士勇敢作战，用惩罚来迫使众人必须做到。

天不能使人，人不能使天，因物之然，而穷、达存焉。

**【译文】**

天不能够主宰役使人，人也不能够主宰役使天，顺应物之本然天性，自然会形成穷困、通达的不同形态。

财之生也，力之于地，顺之于天；兵之胜也，顺之于道，合之于人。

**【译文】**

生产财富，就要既努力耕种田地，又顺应天时气候；夺取胜利，就既要遵循作战规律，又善于团结众人。

## 学问

法令者，主道治乱[1]，国之命也。

---

①道：通“导”。

**【译文】**

所谓法令，是主导国家治乱的关键，是国家的命脉。

不提生于弗器[1]，贱生于无所用。

---

①提：取，取用。

**【译文】**

人之所以不取用它，是因为事物自身不是个器具；人之所以轻视它，是因为它自身没有什么作用。

贵贱无常，时使物然。

**【译文】**

物的贵贱并不固定，是时机使得事物这样的。

## 天权

人者，莫不蔽于其所不见，鬲于其所不闻[①]，塞于其所不开，诎于其所不能[②]，制于其所不胜。

①鬲：通“隔”，阻隔。

②诎：委屈。

**【译文】**

人，没有不因自己未曾见过的事物而有所遮蔽的，没有不因自己不曾听闻的事物而有所隔障的，没有不因自己不够开通而导致闭塞的，没有不因自己无能为力而感到委屈的，没有不被自己不能战胜的事情所制约的。

兵者，涉死而取生，陵危而取安。

**【译文】**

战争，就是要在死中求生，在危中求安。

凡事者，生于虑，成于务，失于惊[①]。

①惊：繁体字作“驚”，疑为“驁”之讹。驁，骄傲，傲慢。

【译文】

大凡做一件事情，始于周密的谋划思考，通过努力才能取得成功，而骄傲自满则会导致失败。

## 能天

德万人者谓之俊，德千人者谓之豪，德百人者谓之英。

【译文】

才智超出万人之上的人，可以称其为俊杰之士；才智超出千人之上的人，可以称其为豪杰之士；才智超出百人之上的人，可以称其为英杰之士。

## 武灵王

克德者不诡命，得要者其言不众。

【译文】

能够恪守道德的人，不会违背天命；善于把握要领的人，话不会很多。

# 列子

列子，名御寇，也作“圄寇”“圉寇”，战国郑人。钱穆在《先秦诸子系年》中认为，列子生卒年份约在前450至前375年，先于庄子，故多为《庄子》所称引。

《汉书·艺文志》道家类著录《列子》八篇，但今所传《列子》一书历来争议颇多，大体认为非列子自著，而是魏晋时期的伪托之作。《列子》是道家学派的重要著作之一，在哲学基础及修身之术方面，《列子》和《老子》《庄子》一样，都主张至虚无为，而在面对生死的态度上，《列子》既反对老子的贵身长生，也否定庄子超越生死的逍遥，而主张纵欲享乐。《列子》中的寓言语工句琢而意味深长，颇具文学价值。

本书选文据中华书局三全本《列子》。

## 天瑞

天地无全功，圣人无全能，万物无全用。

**【译文】**

天地没有完备的功效，圣人没有完备的能力，万物没有完备的用途。

天有所短，地有所长，圣有所否[①]，物有所通。

①否（pǐ）：《周易》中的卦名，原意指天地不交而万物不通，引申为阻塞、困滞。

**【译文】**

天有短处，地有长处，圣人有困滞的时候，万物有通达的时候。

生者，理之必终者也。终者不得不终，亦如生者之不得不生。而欲恒其生，画其终[①]，惑于数也[②]。

①画：截止。

②数：自然的法则。

**【译文】**

一切有生之物，按照自然法则必将终结。终结的不得不终结，正如存在的不得不存在。而想要使生命成为永恒，妄图截止这种终结，是不懂得自然法则啊。

人胥知生之乐，未知生之苦；知老之惫，未知老之佚[①]；知死之恶，未知死之息也。

---

①佚:安逸。

**【译文】**

人们都知道活着的快乐,却不知道活着的痛苦;都知道年老的疲惫,却不知道年老的安逸;都知道死亡的可恶,却不知道死亡是一种休息。

静也虚也,得其居矣;取也与也,失其所矣。

**【译文】**

清静、虚无,就掌握了道之所在;索取、给予,就丧失了道之所在。

物损于彼者盈于此,成于此者亏于彼。

**【译文】**

事物在那里亏损,就会在这里充盈;在这里完成,就会在那里毁坏。

间不可觉,俟至后知。

**【译文】**

变化的间隙不可察觉,只有等到变化发展的结果出现之后才会明白。

## 黄帝

夫至信之人,可以感物也。

**【译文】**

最诚信的人,可以感化万物。

凡重外者拙内。

【译文】

凡是看重外物的人内心就会笨拙。

至言去言，至为无为。齐智之所知，则浅矣。

【译文】

最高深的言论是摈弃言论，最卓绝的行为是无所作为。只局限于个人的智巧所知，那就失之浅薄了。

大白若辱[1]，盛德若不足。

---

①辱：谓黑。

【译文】

一生清白的人应该觉得仍有污点，道德高尚的人应该仍以谦恭卑下自居。

行贤而去自贤之行，安往而不爱哉？

【译文】

品行高尚而又能去掉自以为高尚之心的人，到什么地方不受人敬重呢？

强，先不已若者；柔，先出于已者。

【译文】

依靠刚强，只能战胜不如自己的；依靠柔弱，却能战胜超过自己的。

不胜而自胜，不任而自任。

**【译文】**

虽然不是有意战胜却自然就已战胜，虽然不是有意胜任却自然就已胜任。

强胜不若己，至于若己者刚[①]；柔胜出于己者，其力不可量。

①刚：应为“戕”（qiāng），残害，含有“折”义。

**【译文】**

靠刚强胜过不如自己的，等到它与自己相当就会遭殃；靠柔弱胜过超过自己的，力量便不可估量。

兵强则灭，木强则折。柔弱者生之徒，坚强者死之徒。

**【译文】**

兵马强大就会被消灭，树木强硬就会被折断。柔弱是生存的道路，坚强是死亡的途径。

## 周穆王

一体之盈虚消息，皆通于天地，应于物类。故阴气壮，则梦涉大水而恐惧；阳气壮，则梦涉大火而燔爇[①]；阴阳俱壮，则梦生杀。甚饱则梦与，甚饥则梦取。

①燔（fán）：烧。爇（ruò）：烧。

**【译文】**

人体的充盈或亏虚，消停或滋长，都与天地相通，与外界事物相应。

因此阴气旺盛，就会梦见涉足大水而感到恐惧；阳气旺盛，就会梦见穿过大火而被烧灼；阴阳之气都旺盛，就会梦见生死相杀。吃得过饱就会梦见付出给予，肚子饥饿就会梦见索取掠夺。

昼想夜梦，神形所遇。

**【译文】**

日有所思，夜有所梦，是精神、形体与外界接触的结果。

## 仲尼

无乐无知，是真乐真知；故无所不乐，无所不知，无所不忧，无所不为。

**【译文】**

无乐无知，才是真乐真知；所以无所不乐，无所不知，无所不忧，无所不为。

得意者无言，进知者亦无言①。用无言为言亦言，无知为知亦知。

①进知：什么都知道。进，通“尽”。

**【译文】**

领会真意的人无需言说，什么都知道的人也无需言说。将无言当作表述，也算是一种言说；将无知当作知道，也算是一种有知。

外游者，求备于物；内观者，取足于身。取足于身，游之至也;求备于物,游之不至也。

【译文】

向外游览,就会要求外物的完备;反观内心,从自身之中就能获得满足。从自身获得满足,是游的最高境界;向外物要求完备,是不够理想的游览境界。

物不至者则不反。

【译文】

事物不发展到极点就不会走向它的反面。

知而亡情,能而不为,真知真能也。

【译文】

通理而无情,能干而无为,这才是真正的智识、真正的能干。

## 汤问

物之终始,初无极已。始或为终,终或为始。

【译文】

事物的终结与开始,本是没有什么界定的。开始或许就是终结,终结或许就是开始。

虽我之死,有子存焉;子又生孙,孙又生子;子又有子,子又有孙:子子孙孙,无穷匮也,而山不加增,何苦而不平?

【译文】

就算我死了,还有儿子在啊;儿子又生孙子,孙子又有儿子;孙子的儿子又有他的儿子,他的儿子又有孙子:子子孙孙,无穷无尽,而山不会再增高了,还愁不能挖平吗?

均,天下之至理也。

**【译文】**

均衡,是天下最高的真理。

## 力命

可以生而生,天福也;可以死而死,天福也。

**【译文】**

应当生存而得到生存,是上天赐予的福分;应当死亡而得到死亡,也是上天赐予的福分。

迎天意,揣利害,不如其已。

**【译文】**

与其迎合天意,揣摩利害,还不如任其自然,趁早罢手。

信命者,亡寿夭;信理者,亡是非;信心者,亡逆顺;信性者,亡安危。

**【译文】**

相信天命的人,无所谓长寿夭折;相信天理的人,无所谓是非对错;相信本心的人,无所谓逆境顺境;相信天性的人,无所谓安危祸福。

死生自命也,贫穷自时也。怨夭折者,不知命者也;怨贫穷者,不知时者也。当死不惧,在穷不戚,知命安时也。

【译文】

死生定自天命,贫穷源于时机。抱怨短命夭折的人,不懂得天命;抱怨贫穷困苦的人,不懂得时机。面对着死亡而不恐惧,身处于穷困而不悲戚,是洞达天命随遇而安的表现。

其使多智之人量利害,料虚实,度人情,得亦中,亡亦中。其少智之人不量利害,不料虚实,不度人情,得亦中,亡亦中。

【译文】

假使让足智多谋的人去衡量利害,预料虚实,揣度人情,行事正确的是一半,失误的也是一半。假使让愚笨无计的人不衡量利害,不预料虚实,不揣度人情,行事正确的也是一半,失误的也是一半。

## 杨朱

名乃苦其身,燋其心[1]。

①燋(zhuó):同“灼”,烧灼。

【译文】

名声这东西让人身体劳苦,心情焦躁。

百年,寿之大齐[1]。得百年者千无一焉。

①大齐(jì):大限。

**【译文】**

一百岁，是人生寿命的大限。能够活到一百岁的，一千个人里很难挑出一个。

遑遑尔竞一时之虚誉，规死后之余荣；偊偊尔顺耳目之观听[1]，惜身意之是非；徒失当年之至乐，不能自肆于一时。

①偊偊（yǔ）：谨慎貌。顺：一作慎。

**【译文】**

惶惶不安地去竞得一时的虚名，还得谋算着死后留下的荣耀；在人生路上谨慎小心地观察聆听，顾惜着身心的是是非非；徒然丧失了有生之年的最大快乐，不能给自己片刻的肆意放纵。

万物所异者生也，所同者死也。生则有贤愚、贵贱，是所异也；死则有臭腐、消灭，是所同也。虽然，贤愚、贵贱非所能也；臭腐、消灭亦非所能也。

**【译文】**

万物的差异在于生命的过程，万物的共同点则在于死亡的终点。活着的时候分作贤明和愚昧、尊贵与卑贱，这就是差异；死了以后都要腐臭、消亡，这就是相同。即便如此，贤明愚昧、尊贵卑贱也不是自己能够做主的；同样，腐臭、消亡也不是自己能够做主的。

十年亦死，百年亦死。仁圣亦死，凶愚亦死。生则尧舜，死则腐骨；生则桀纣，死则腐骨。

【译文】

活十年是一死，活上一百年也是一死。仁人圣贤会死，凶顽愚劣的人也会死。活着的时候是尧舜，死后不过是腐骨；活着的时候是桀纣，死后一样也是腐骨。

善乐生者不窭[①]，善逸身者不殖[②]。

①窭(jù)：贫寒。

②殖：货殖，经商。此处含有发财、富有的意思。

【译文】

善于使生命得到快乐的人不会让贫穷伤生，善于使身心得到安逸的人不会为发财而累垮。

生相怜，死相捐[①]。

①捐：捐弃，舍弃。

【译文】

活着的时候互相怜爱，死去以后捐弃释怀。

去废虐之主[①]，熙熙然以俟死，一日、一月、一年、十年，吾所谓养。拘此废虐之主，录而不舍[②]，戚戚然以至久生，百年、千年、万年，非吾所谓养。

①废虐：残毁。废，大。主：主导，主因。

②录：检束，约束。

【译文】

摒除残害身心的根本原因，欢欢喜喜一直到死，哪怕只活上一天、一月、一年、十年，也算是我所谓的养生。拘泥在残害身心的事情里，甘愿受束缚也不加以摒弃，悲悲戚戚地活上很久，哪怕是一百年、一千年、一万年，也不算是我所谓的养生。

治身以及家，治家以及国。

【译文】

治理好自身才能治理好家，治理好家才能治理好国。

夫善治外者，物未必治，而身交苦；善治内者，物未必乱，而性交逸。

【译文】

善于治理外物的人，外物未必治理得好，而自己却累得心力交瘁；善于治理内心的人，外物未必会发生混乱，而本性却自然得以安逸。

既生，则废而任之，究其所欲，以俟于死。将死，则废而任之，究其所之，以放于尽。无不废，无不任，何遽迟速于其间乎①？

---

①遽（jù）：惶恐。

【译文】

既然已经活着，不如听之任之，尽量满足所有的欲望，以等候死亡的到来。即将死亡的时候，也要听之任之，让生命愿意去哪儿就去哪儿，直到命终。没有什么舍弃不下的，也没有什么不能放任的，何苦为生死之间的迟缓或迅疾而惶恐担忧呢?

吞舟之鱼,不游枝流[①];鸿鹄高飞,不集洿池[②]。

①枝流:即支流。指小河。

②洿(wū)池:池塘。

**【译文】**

吞得下舟船的大鱼,不在小河里游弋;高飞于苍天的鸿鹄,不在水塘边栖集。

将治大者不治细,成大功者不成小。

**【译文】**

将要治理大事务的人不处理小事情,成就大功业的人不建立小事业。

生民之不得休息,为四事故:一为寿,二为名,三为位,四为货。

**【译文】**

人们之所以得不到休息,是为了四件事的缘故:一是为长寿,二是为名誉,三是为地位,四是为财货。

不逆命,何羡寿?不矜贵,何羡名?不要势,何羡位?不贪富,何羡货?此之谓顺民也[①]。天下无对[②],制命在内。

①顺民:顺从自然本性的人。

②对：对手，敌手。

【译文】

不违逆天命，何必羡慕长寿？不看重显贵，何必羡慕声名？不追求权势，何必羡慕地位？不贪图富贵，何必羡慕财富？这就叫做顺从自然本性的人。他们天下无敌，命运完全由自己控制。

无厌之性，阴阳之蠹也[①]。

①蠹（dù）：蛀虫。引申以喻世间祸害。

【译文】

贪得无厌的本性，是天地间的祸害。

## 说符

知持后，则可言持身矣。

【译文】

只有懂得保持谦退后让，才可以谈修身的道理。

枉直随形而不在影，屈申任物而不在我，此之谓持后而处先。

【译文】

影子的歪曲正直取决于形躯动作而不取决于它本身，人们处世境遇的窘迫顺利取决于外物而不取决于自我，这就叫做保持谦退才能获得领先。

人而无义，唯食而已，是鸡狗也。

**【译文】**

生而为人却无情无义，只知道填饱肚子，简直就是鸡狗。

人不尊己，则危辱及之矣。

**【译文】**

一个人如果不尊重自己，那么危难和耻辱就要到来了。

圣人不察存亡而察其所以然。

**【译文】**

圣人不考究存亡兴废的表面现象，而是着重研究造成这种现象的内在原因。

色盛者骄，力盛者奋。

**【译文】**

血气方刚的人容易骄傲，体力充沛的人容易逞强。

贤者任人，故年老而不衰，智尽而不乱。故治国之难在于知贤而不在自贤。

**【译文】**

贤明的人善于任用他人，所以即便上了年纪，治事的能力也不会衰退，即便智力用尽，思想也不会混乱。所以治理国家难就难在知贤善任，而不是自认贤明。

得时者昌，失时者亡。

**【译文】**

顺应时势的就昌盛，违逆时势的就败亡。

## 投隙抵时[1]，应事无方，属乎智。

①投隙：钻空子。抵时：行动及时。

**【译文】**

迎合时机，抓住机遇，应对事变，不拘成法，才是智慧的表现。

## 察见渊鱼者不祥，智料隐匿者有殃。

**【译文】**

眼力能察见深渊里游鱼的人不吉祥，智慧能预料藏匿之事的人有灾殃。

## 夫知言之谓者，不以言言也。

**【译文】**

所谓领会言谈中的深意，就是不用言语来表达。

## 夫忧者所以为昌也，喜所以为亡也。

**【译文】**

忧虑会带来未来的昌盛，喜悦会导致今后的灭亡。

## 胜非其难者也，持之，其难者也。

**【译文】**

取得胜利并不是一桩难事，保持胜果，才是最困难的。

善持胜者以强为弱。

【译文】

善于保持胜利的人总是把自己的强视作弱。

圣人之言先迕后合[1]。

①迕(wǔ):违反。

【译文】

圣人的话语往往先与现实悖逆,后来才会应验。

未尝闻身治而国乱者也,又未尝闻身乱而国治者也。

【译文】

不曾听说有人自身修养完善而国家混乱不堪的,也不曾听说过自身修养不好而国家治理得井井有条的。

爵高者,人妒之;官大者,主恶之;禄厚者,怨逮之[1]。

①逮:及,到。

【译文】

爵位高的,人们妒忌他;官衔大的,君主猜忌他;俸禄厚的,怨恨就会临头。

凡知则死之,不知则弗死,此直道而行者也。

【译文】

凡是理解自己的人就为他而死,不理解自己的人就不为他付出,这是遵循正道的人们的做法。

利出者实及,怨往者害来。

**【译文】**

将利益施给别人,实惠自会到来;将怨恨发泄给别人,祸害就会降临。

贤者慎所出。

**【译文】**

贤明的人对自己的言行举止十分小心谨慎。

行善不以为名,而名从之;名不与利期,而利归之;利不与争期,而争及之:故君子必慎为善。

**【译文】**

做善事不是为了求名,而名誉却随之而来;名誉不曾与利益相约,而利益却归附而来;利益不曾与争斗相约,而争斗却会自己到来:所以,君子做善事务必要小心谨慎。

# 庄子

庄子名周，战国时宋人，生活年代在战国中期，大约与梁惠王、齐宣王、楚威王同时，确切的生卒年则难于考证。据《史记·老子韩非列传》记载，庄子曾担任漆园吏。据《庄子》记载，庄子与惠施是知己好友，情谊极深。

《庄子》在先秦时期应该就已成书，《汉书·艺文志》著录《庄子》五十二篇，今传三十三篇本是魏晋时期郭象删定的，包括内篇七，外篇十五，杂篇十一。司马迁称庄子“其学无所不窥，然其要本归于老子之言”，庄子大体上继承了老子的学说，但又有其个性鲜明的哲学、艺术特色，达到了哲理性和文学性的完美结合，在中国思想史和文学史上均有重大而深远的影响。

本书选文据中华书局三全本《庄子》。

# 内篇

## 逍遥游

水之积也不厚,则其负大舟也无力。

**【译文】**

水如果积聚得不深厚,那就没有力量负载起大船。

小知不及大知,小年不及大年①。

①年:年寿。

**【译文】**

小智不能了解大智,寿命短的不能了解寿命长的。

朝菌不知晦朔①,蟪蛄不知春秋②。

①朝菌:一种朝生暮死的虫。晦朔:每月的第一天为朔,最末一天为晦。这里指平明与黑夜。

②蟪蛄:寒蝉,春生夏死,夏生秋死。

**【译文】**

朝菌不知昼夜交替,蟪蛄不知春秋季节的变化。

举世而誉之而不加劝①,举世而非之而不加沮②,定乎内外之分,辩乎荣辱之境。

①劝：努力，勉励。

②沮：沮丧，消极。

**【译文】**

即使全社会都夸赞他，他也不会受到激励；全社会都非议他，他也不会沮丧。他能认定自我和外物的区别，辨别光荣和耻辱的界限。

至人无己①，神人无功②，圣人无名③。

①无己：即忘掉自己，与万物化而为一。

②无功：谓无意求功于世间。

③无名：指无心汲汲于名位。至人、神人、圣人即是庄子理想中修养最高的人物。

**【译文】**

至人无己，神人无功，圣人无名。

## 齐物论

大知闲闲①，小知间间②；大言炎炎③，小言詹詹④。

①闲闲：广博的样子。

②间间(jiān)：琐细分别的样子。

③炎炎：盛气凌人的样子。

④詹詹：小辩不休的样子。

**【译文】**

大智者看上去显得非常广博，小智者却十分琐细；高论者盛气凌人，争论者小辩不休。

物无非彼，物无非是[①]。自彼则不见，自知则知之。故曰彼出于是，是亦因彼。

①是：此。

**【译文】**

以我观物，则万物都是"彼"；以物自观，则万物皆为"此"。用彼方的观点来观察此方，则丝毫不见此方的是处；用此方的观点来自视，则只知自己尽是是处。所以说彼方是由于和此方相对待而产生的，此方也是由于和彼方相对待而产生的。

天下莫大于秋豪之末[①]，而太山为小[②]；莫寿于殇子[③]，而彭祖为夭。天地与我并生，而万物与我为一。

①秋豪：即"秋毫"，秋天鸟兽新生的毫毛，其末甚微。

②太山：即泰山。

③殇子：死于襁褓中的婴儿。

**【译文】**

天下没有比秋毫之末更大的东西，而泰山却是小的；没有人比夭亡的幼子更长寿，而活了八百岁的彭祖才是短命的。天地与我同时存在，万物与我浑然一体。

梦饮酒者，旦而哭泣；梦哭泣者，旦而田猎。方其梦也[1]，不知其梦也。

①方：正当。

**【译文】**

夜里梦见饮酒作乐的人，早晨起来或许就会遇到伤心事而哭泣；夜里梦见哭泣的人，早晨起来或许就会高兴地打猎。正当人在做梦的时候，不知道自己是在做梦。

有大觉而后知此其大梦也[1]。而愚者自以为觉，窃窃然知之[2]。

①大觉：最清醒的人，指圣人。

②窃窃然：明察的样子。

**【译文】**

只有非常清醒的圣人，才明白人的一生好像是一场大梦。而愚昧的人却自以为清醒，好像对是非知道得很清楚。

忘年忘义，振于无竟[1]，故寓诸无竟。

①振：振动鼓舞，这里有“逍遥”之意。竟：又作“境”，境界。

**【译文】**

忘掉岁月与义理，就能逍遥于无物无是非的境界，因此也就能终身寄寓于无物无是非的境界了。

# 养生主

吾生也有涯，而知也无涯，以有涯随无涯，殆已！已而为知者，殆而已矣。

**【译文】**

人的生命是有限的，而情识是无穷的，以有限的生命去追逐无穷的情识，那就很危险了！业已危险而仍汲汲追逐情识，那就更加危险了！

为善无近名，为恶无近刑；缘督以为经①，可以保身②，可以全生③，可以养亲④，可以尽年⑤。

①缘：循，顺应。督：人的脊脉，是骨节空虚之处。经：常。

②保身：谓不使形躯遭受刑戮。

③全生：谓保全自然本性。

④养亲：谓不残生伤性，以辱双亲。

⑤尽年：享尽天年。

**【译文】**

做了好事不贪图名誉，做了坏事不遭受刑戮；把顺应自然的中虚之道作为养生的常法，便可以使形躯不遭受刑戮，可以保全自然本性，可以不残生伤性，以辱双亲，可以享尽天年。

良庖岁更刀①，割也；族庖月更刀②，折也。

①岁：一年。更：换。

②族庖：指技术一般的庖人。

【译文】

好的厨师一年换一把刀,因为他们是用刀割筋肉;普通的厨师一个月换一把刀,因为他们是用刀砍骨头。

以无厚入有间[1],恢恢乎其于游刃必有余地矣[2]。

---

①无厚:没有厚度。间:间隙,空隙。

②恢恢:宽绰的样子。

【译文】

用没有厚度的刀刃切入有缝隙的骨节,宽宽绰绰,刀刃的游动运转肯定有足够的余地。

## 人间世

夫道不欲杂,杂则多[1],多则扰,扰则忧,忧而不救[2]。

---

①多:多事。

②不救:不可挽救。

【译文】

学道应当专心致志,而不可使心志杂乱,心杂就会多事,多事就会自扰,自扰就有忧患,有忧患就会不可救药。

名也者,相札也[1];知也者,争之器也[2]。二者凶器,非所以尽行也。

①札：通“轧”，倾轧。

②器：工具。

【译文】

名，只能成为人们互相倾轧的祸根；智，只能成为人们互相争斗的工具。这二者都是凶恶的器具，不可以作为处世的正道。

以火救火，以水救水，名之曰益多。

【译文】

用火来救火，用水来救水，只会增益其多。

无听之以耳而听之以心，无听之以心而听之以气。

【译文】

不要用耳朵去听，而要用心灵去体会；不要用心灵去体会，而要用气息去感应。

凡交[1]，近则必相靡以信[2]，远则必忠之以言。

①交：国与国之间的交往。

②近：邻近的国家。靡：顺。信：信用。

【译文】

大凡国与国之间的交往，邻近的国家就一定用信用去求顺，远道的国家就一定用忠信去结信。

传其常情[1]，无传其溢言，则几乎全[2]。

①常情：真实无妄之言。

②全：谓免祸全身。

**【译文】**

传达真实之言，不要传达过分的言词，那就差不多能够免祸全身了。

其作始也简，其将毕也必巨。

**【译文】**

许多事情开始时只露出征兆，到最后就酿成了大祸。

汝不知夫螳蜋乎？怒其臂以当车辙[1]，不知其不胜任也，是其才之美者也[2]。戒之，慎之！

①怒：奋举。当：抵挡。辙：车轮辗过的痕迹，此处引申为车轮。

②是：自是，自负。

**【译文】**

你不知道那螳螂吗？奋力举起臂膀去抵挡车轮的前进，它不知道自己不能胜任，这是因为把自己的本领看得太大的缘故。要警戒，要谨慎！

来世不可待[1]，往世不可追也[2]。

①待：期待。

②追：追回。

**【译文】**

未来的社会是不可期待的，过去的社会是无法追回的。

山木自寇也[1],膏火自煎也[2]。桂可食[3],故伐之;漆可用,故割之。人皆知有用之用,而莫知无用之用也。

---

①自寇:自招砍伐。

②膏:油脂。

③桂:肉桂,其皮辛香,可供调味。

**【译文】**

山上的树木自己招来砍伐之祸,油脂燃的火熬干了自己。桂树可供调味食用,所以砍伐它;漆树可以用,所以刀割它。人们都知道有用的用处,却不知道无用的作用。

## 德充符

自其异者视之,肝胆楚越也;自其同者视之,万物皆一也。

**【译文】**

从事物的相异方面去观察,肝和胆就好像楚国和越国那样相距遥远;从事物的相同方面去观察,万事万物都是一样的。

人莫鉴于流水而鉴于止水[1],唯止能止众止。

---

①鉴:镜子,这里用作动词,照。止水:静止的水。

**【译文】**

人们不能在流水中照到自己,而只能从静止的水中照到自己,只有静止的水才能留住求照者。

知不可奈何而安之若命,唯有德者能之。

**【译文】**

知道事情的无可奈何而能安下心来接受命运的安排,只有有道德的人才能做到这点。

德有所长,而形有所忘。人不忘其所忘,而忘其所不忘,此谓诚忘[①]。

①诚:真,确实。

**【译文】**

德性充实过人,形体上的丑陋就会被人遗忘。人们不遗忘他们所应当遗忘的形体,反而遗忘他们所不应当遗忘的德性,这才是真正的遗忘。

有人之形,无人之情。有人之形,故群于人[①];无人之情,故是非不得于身。

①群于人:能与常人共处。

**【译文】**

圣人虽然具有常人的形貌,却没有世人那种偏好的情感。具有常人的形貌,所以能与常人共处;没有世人那种偏好的情感,所以是非不会扰乱他的身心。

## 大宗师

古之真人,不逆寡[①],不雄成[②],不谟士[③]。若然者,过而弗悔[4]，当而不自得也[5]；若然者，登高不栗[6]，入水不濡[7]，入火不热。是知之能登假于道者也若此[8]。

①逆：拒绝。寡：少。

②雄：夸耀。成：成功。

③谟（mó）：谋。士：同“事”，事情。

④过：过失。

⑤当：得当。

⑥栗：害怕。

⑦濡：沾湿。

⑧知：见识。登假：升到。

【译文】

古代的真人，不因为少而拒绝，不夸耀成功，不谋虑世事。像这样的人，事有差失不懊悔，事情合宜也不自得；像这样的人，登高不害怕，下水不觉沾湿，入火不感到炽热。这是他的认识达到了大道的境界才能这样忘怀生死安危。

其耆欲深者[1]，其天机浅[2]。

①耆：通“嗜”，嗜好。

②天机：天然的灵性。浅：低下，迟钝。

【译文】

那嗜好欲望深重的人，他的天然的灵性就迟钝。

泉涸，鱼相与处于陆，相呴以湿[1]，相濡以沫[2]，不如相忘于江湖。与其誉尧而非桀也，不如两忘而化其道[3]。

---

①呴(xǔ)：嘘气，哈气。引申为滋养。

②濡：沾湿。

③化其道：与大道化而为一。

**【译文】**

泉水干枯了，鱼就共同困处在陆地上，用湿气相互滋润，用唾沫相互沾湿，就不如在江湖里彼此相忘而自在。与其称誉尧而非难桀，就不如善恶两忘而与大道化而为一。

夫大块载我以形[1]，劳我以生，佚我以老[2]，息我以死[3]。故善吾生者，乃所以善吾死也。

---

①大块：指大地，也可指造物或自然之道。

②佚：安逸。

③息：安息。

**【译文】**

大自然赋予我形体，是要让我生时勤劳，老时安逸，死后休息。所以把我的生看成美事的，也必须把我的死同样看成美事。

得者时也[1]，失者顺也[2]，安时而处顺，哀乐不能入也，此古之所谓县解也[3]；而不能自解者，物有结之。

---

①得：生。

②失：死。

③县解：犹言“解人于倒悬”，即超乎死生。县，通“悬”。

【译文】

我生下来，是应时而生，我死去，是顺时而去，安于时遇而顺应自然，悲哀和欢乐的情绪就不能侵入内心，这就是古人所说的解脱了一切的牵累；而不能自我解脱的人，那是有外物束缚着他。

相与于无相与，相为于无相为。

【译文】

相交出于无心，相助出于无为。

# 外篇

## 骈拇

小惑易方[①]，大惑易性[②]。

---

①易方：谓迷失东西南北。

②易性：谓丧失真常之性。

【译文】

小的迷惑会使人迷失东西南北，大的迷惑会使人丧失真常之性。

夫不自见而见彼，不自得而得彼者，是得人之得而不自得其得者也，适人之适而不自适其适者也[①]。夫适人之适而不自适其适，虽盗跖与伯夷，是同为淫僻也。

①适：安适。

【译文】

不是任其自性去看而要超出本性地多看，不是按自性应得去得而是妄得，这就是超出本性的妄得而不自得，使别人安适而不自求安适了。使别人安适而不自求安适，无论是盗跖还是伯夷，都同是邪僻的行径。

# 胠箧

彼窃钩者诛，窃国者为诸侯，诸侯之门而仁义存焉。

【译文】

那些偷窃衣钩微物的人便遭刑杀，而盗窃国家的人反倒成为诸侯，诸侯的门里就有仁义了。

子独不知至德之世乎？……甘其食，美其服，乐其俗，安其居，邻国相望，鸡狗之音相闻，民至老死而不相往来。若此之时，则至治已。

【译文】

你不知道至德的时代吗？……那时人们吃得很香甜，穿得很美观，生活得很顺意，相邻的国家能互相看得见，鸡鸣狗叫的声音能互相听得着，人民之间直到老死也不互相往来。像这样的时代，就是高度的太平了。

天下皆知求其所不知，而莫知求其所已知者。

【译文】

天下的人只知道追求他们所不知道的知识，而并不知道探求他们分内已经认识的事物。

## 在宥

世俗之人，皆喜人之同乎己而恶人之异于己也。同于己而欲之[①]，异于己而不欲者，以出乎众为心也。夫以出乎众为心者，曷常出乎众哉[②]！因众以宁所闻[③]，不如众技众矣。

①欲：喜爱。

②曷常：即何尝。

③宁：安，坚信。

**【译文】**

世俗的人，都喜欢别人赞同自己而厌恶别人不赞同自己。赞同自己就喜欢，不赞同自己就不喜欢，其用意在于超乎众人之上。那些想超过众人的人，何尝能出众呢！依据大众的认同来坚信自己的见闻，那么不如大众的才智太多了。

## 天地

天地虽大，其化均也[①]；万物虽多，其治一也[②]。

①均：均等，无偏私。

②治：谓自得为治，即纯任万物自由生存、发展。

**【译文】**

天地虽然广大，它们施泽万物却均等而无偏私；万物虽然繁杂，但都按照自身的规律生存、发展。

无为为之之谓天，无为言之之谓德，爱人利物之谓仁，不同同之之谓大，行不崖异之谓宽，有万不同之谓富。

**【译文】**

无心治理而让万物自由发展就叫做自然天成，无心教化就叫做顺应天性，给所有的人和物以恩泽就叫做仁，万物不同而能同归于大道就叫做大，行为不自异于众人就叫做宽，包举千差万别的物类就叫做富。

有机械者必有机事[①]，有机事者必有机心[②]。机心存于胸中，则纯白不备[③]；纯白不备，则神生不定[④]；神生不定者，道之所不载也。

---

①机事：机巧之事。

②机心：机巧之心。

③纯白：纯真朴素的自然本性。备：完备。

④生：同“性”。

**【译文】**

有机械的人必定有机巧之事，有机巧之事必定有机巧之心。如果机巧之心存在于胸中，那么纯真朴素的自然本性就不完备了；自然本性不完备，精神就不会安定；精神不安定的人，是不能载道的。

知其愚者，非大愚也；知其惑者，非大惑也。大惑者，终身不解[①]；大愚者，终身不灵[②]。

①解:觉悟。

②灵:知晓。

**【译文】**

知道自己愚昧的人,就不是最愚昧的;知道自己迷惑的人,就不是最迷惑的。最迷惑的人,终身都不会觉悟;最愚昧的人,终身都不会明白。

## 天道

夫虚静、恬淡、寂漠、无为者,天地之平而道德之至[①],故帝王、圣人休焉[②]。

①平:准则。

②休焉:谓使心息虑。

**【译文】**

虚静、恬淡、寂漠、无为,就是天地的准则和道德的最高境界,所以帝王、圣人都使心息虑。

朴素而天下莫能与之争美。

**【译文】**

朴素就使天下没有人能和他相争比美。

意之所随者,不可以言传也。

**【译文】**

寄寓在外的意思,实际上是不能用语言文字来表达的。

知者不言[①]，言者不知。

①知：同“智”。

**【译文】**

聪明的人不说话，说话的人不聪明。

## 天运

夫鹄不日浴而白[①]，乌不日黔而黑[②]。黑白之朴，不足以为辩[③]；名誉之观，不足以为广。

①鹄：又作“鹤”。日浴：天天洗澡。

②黔：黑色。这里作动词，谓染黑。

③辩：通“辨”，分别。

**【译文】**

鹤不用天天洗澡也是洁白的，乌鸦不用天天染色也是乌黑的。乌黑与洁白都是自然本色，不必去分辨谁美谁丑；名誉仅仅是外饰，不足以增广本性。

## 刻意

不刻意而高[①]，无仁义而修，无功名而治，无江海而闲，不道引而寿，无不忘也，无不有也，澹然无极而众美从之[②]。

①高：谓行为高尚。

②澹然：恬淡无心的样子。无极：谓不滞于一偏，即不刻意为高、为修、为治、为闲、为寿。

**【译文】**

不磨砺心志而能行为高尚，不谈论仁义而能修身，不追求功名而能治理天下，不隐逸江湖海滨而能处闲，不导气引体而能长寿，一切完全无心，一切都会自然而然地得到，心境恬淡虚旷而没有什么偏好，那么万美都会来依附。

圣人休休焉则平易矣[①]，平易则恬惔矣。平易恬惔，则忧患不能入，邪气不能袭，故其德全而神不亏。

①圣人休休焉则平易矣：当作"圣人休焉，休则平易矣"。休，息心。

**【译文】**

圣人息心于恬淡虚无之境，遇到艰难险阻就能化为平坦容易，平坦容易就会心境恬淡了。平易恬淡，那么忧患就不能侵入，邪气就不能袭扰，因此他的自然本性完整而精神不受亏损。

悲乐者，德之邪；喜怒者，道之过；好恶者，德之失。故心不忧乐，德之至也；一而不变[①]，静之至也；无所于忤[②]，虚之至也；不与物交，惔之至也；无所于逆，粹之至也。

①一：谓专守玄虚之道。

②于：即"与"。忤(wǔ)：乖违，抵触。

【译文】

悲哀和欢乐，都是违背纯真本性的邪恶表现；高兴和愤怒，都是有悖大道的罪恶行为；喜欢和憎恶，都会使人丧失自然本性。因此内心没有忧虑和欢乐，就是保持自然本性的最佳境界；专守玄虚之道而不变，就是保持寂静心态的最佳境界；与物无所违逆，就是保持虚无心态的最佳境界；不与外物交往，就是保持恬淡心态的最佳境界；顺从万物而不逆，就是保持纯净心态的最佳境界。

形劳而不休则弊[①]，精用而不已则劳[②]，劳则竭。水之性，不杂则清，莫动则平，郁闭而不流[③]，亦不能清，天德之象也。故曰：纯粹而不杂，静一而不变，惔而无为，动而以天行，此养神之道也。

---

①弊：疲弊，疲困。

②精：精神。

③郁闭：滞积。

【译文】

形体过分劳累而不休息就会疲弊，精神运用而不停歇就会劳损，劳损就会枯竭。水之本性，不混杂就清澈，不搅动就平静，滞积而不流动，也就不可能清澈，这符合天道自然无为之德。所以说，纯净而不混杂，虚静专一而不随物变化，恬淡而无为，依乎天理而运行，这就是修身养神的妙道。

众人重利，廉士重名，贤人尚志，圣人贵精。

【译文】

普通人注重财利，廉洁之士注重名声，贤人崇尚高尚的志向，圣人注重精神的完足。

## 缮性

当时命而大行乎天下，则反一无迹；不当时命而大穷乎天下，则深根宁极而待，此存身之道也[1]。

①存身：保全自然性命。

**【译文】**

遇上了时运而大道通行于天下，就返回到完美纯全的境界而不露任何迹象；如果不逢时运、大道不行而自己受困于世上，就深固自然之本、保守至极之性而等待着，这就是保全自然性命的方法。

道固不小行，德固不小识。小识伤德，小行伤道。故曰：正己而已矣[1]。

①正己：端正自己。

**【译文】**

大道本来就不会局限于狭隘地实行，德性完美的人本来就不会留意于是非的识别。是非的识别会损害德性，狭隘地实行会损伤大道。所以说：端正自己就行了。

古之所谓得志者，非轩冕之谓也，谓其无以益其乐而已矣。

**【译文】**

古时候所说的得其快意，并不是指官位爵禄，而是说无以复加的欣悦罢了。

不为轩冕肆志，不为穷约趋俗[①]，其乐彼与此同[②]，故无忧而已矣。

①穷约：困穷潦倒。趋俗：屈己以附世俗。

②彼：指轩冕。此：指穷约。

**【译文】**

不要为官位爵禄放纵心志，也不要因困穷潦倒而屈己以附世俗，身居高官显爵和困穷潦倒的快乐是相同的，所以没有忧愁就可以了。

丧己于物[①]，失性于俗者[②]，谓之倒置之民[③]。

①物：指意外得来之物。

②俗：俗思。

③倒置之民：谓本末易位，轻重失所的人。

**【译文】**

丧失自身于偶然得来之物，迷失真性于俗思的人，就叫做本末易位的人。

## 秋水

井鼃不可以语于海者[①]，拘于虚也[②]；夏虫不可以语于冰者[③]，笃于时也[④]；曲士不可以语于道者，束于教也[⑤]。

---

①鼃(wā):同"蛙",两栖动物。

②虚:通"墟",指所居之处。

③夏虫:夏生夏死的昆虫。

④笃(dǔ):专守。可引申为拘限。

⑤教:指不合大道的俗教、俗学。

**【译文】**

对井底之蛙不能谈论大海,因为它受住处的限制;对夏天的虫子不能谈论冰,因为它受生长时间的限制;对孤陋寡闻的人不能谈论大道,因为他受俗学的束缚。

大知观于远近,故小而不寡,大而不多,知量无穷①;证向今故②,故遥而不闷③,掇而不跂④,知时无止;察乎盈虚,故得而不喜,失而不忧,知分之无常也;明乎坦涂,故生而不说⑤,死而不祸,知终始之不可故也⑥。

---

①量:物量。

②向:察明。故:同"古"。

③闷:厌倦。

④掇(duō):拾取。跂(qǐ):求。

⑤说:通"悦",欣悦。

⑥终始:指死生。故:通"固",固定。

**【译文】**

有大智慧的人远近都观照得到,因而小的东西不觉得小,大的东西不觉得大,这是因为他知道物量是没有穷尽的;验证察明了古今变化无穷的情形，所以对流逝的遥远的过去并不厌倦，对拾掇可得的来日无所企望，这是因为他知道时序是没有止期的；看清楚了事物盈亏的道理，所以得到时并不感到欣喜，失去时也不感到忧伤，这是因为他知道得失是没有一定的；明白了死生是人所行走的平坦道路，所以对生不感到喜悦，死了也不认为是祸患，这是因为他知道死生是不固定的。

人之所知[①]，不若其所不知；其生之时，不若未生之时；以其至小，求穷其至大之域，是故迷乱而不能自得也。

①所知：所知道的事。

**【译文】**

一个人所知道的事情，总不如他不知道的事情多；人有生命的时间，也远不如没有生命的时间长；拿自己极其渺小的生命和知识，力求去穷尽广大无际的领域，因此就迷乱而无所得。

自细视大者不尽，自大视细者不明。

**【译文】**

从小的角度看待大的事物，就看不完整；从大的角度看待小的事物，总看不分明。

可以言论者，物之粗也；可以意致者[①]，物之精也；言之所不能论，意之所不能察致者，不期精粗焉。

①意致：意识到的。

【译文】

可以用语言论述的，是事物中粗糙的部分；可以用心意感觉到的，是事物中精细的部分；至于语言所不能论述、心意所不能领会的事物，那就不限于精细粗大了。

以道观之，物无贵贱；以物观之，自贵而相贱；以俗观之，贵贱不在己。

【译文】

从道的角度看，事物没有贵贱之分；从事物本身的角度来看，万物都以自己为贵而以他物为贱；从世俗的角度看，贵贱不是事物本身所固有的。

以功观之，因其所有而有之，则万物莫不有；因其所无而无之，则万物莫不无。

【译文】

从事物的功用来看，顺着万物有用的一面而认为它是有用的，那么万物就都有用；顺着万物无用的一面而认为它是无用的，那么万物就都无用。

以趣观之，因其所然而然之，则万物莫不然；因其所非而非之，则万物莫不非。

【译文】

从事物的趣向上看，顺着万物值得肯定的一面而肯定它，那么万物都正确；顺着万物否定的一面而否定它，那么万物都是错的。

知道者必达于理，达于理者必明于权[1]，明于权者不以物害己。

①权：权变，应变。

**【译文】**

明白大道的人必然通达万物的消息盈虚的道理，通达于此理的人必然知道怎样应变，知道应变的人就不会让万物伤害自己了。

无以人灭天，无以故灭命[1]，无以得殉名。

①故：有心而为叫做故。命：自然天性。

**【译文】**

不要人为地做事而毁灭天然，不要有心地造作而毁灭天性，不要为追求虚名而丧失本性。

夫水行不避蛟龙者，渔父之勇也；陆行不避兕虎者[1]，猎夫之勇也；白刃交于前，视死若生者，烈士之勇也；知穷之有命，知通之有时，临大难而不惧者，圣人之勇也。

①兕（sì）：雌性犀牛。

**【译文】**

在水中行走不躲避蛟龙，这是渔父的勇敢；在陆地上行走不躲避犀牛和老虎，这是猎人的勇敢；刀剑横在面前，视死如生，这是壮烈之士的勇敢；明白困窘不得志是命运的安排，明白通达得志是时机使然，遇着大难而不惧怕，这是圣人的勇敢。

子非鱼，安知鱼之乐？

**【译文】**

你不是鱼，怎么会知道鱼的快乐呢？

## 至乐

至乐无乐，至誉无誉。

**【译文】**

最大的快乐是忘掉快乐，最大的荣誉是忘掉荣誉。

褚小者不可以怀大[①]，绠短者不可以汲深[②]。

①褚(zhǔ)：装衣之袋。怀大：包藏大物。

②绠(gěng)：汲水用的绳索。汲深：汲取深井之水。

**【译文】**

衣袋小就不能包藏大物件，绳索短就不能汲取深井之水。

## 达生

达生之情者[①]，不务生之所无以为[②]；达命之情者，不务知之所无奈何[③]。

①达：通达，懂得。生：生命。情：实情，真谛。

②务：追求。

③知：当为“命”字之误。

**【译文】**

通达生命实情的人，不追求性分所不应有的身外之物；通达命运实情的人，不追求命中注定无法得到的东西。

凡外重者内拙。

**【译文】**

凡是看重外物的人，其内在的心思就笨拙。

人之所取畏者[①]，衽席之上[②]，饮食之间，而不知为之戒者，过也。

---

①取畏：自取戕害。

②衽(rèn)席之上：指色欲之事。衽，卧席。

**【译文】**

世人自取灾祸的是色欲之事、饮食之事，而不知道对它们有所警戒，这是很大的过错。

忘足，屦之适也；忘要[①]，带之适也；知忘是非，心之适也；不内变，不外从，事会之适也[②]；始乎适而未尝不适者[③]，忘适之适也。

---

①要：通“腰”。

②事会：所遇之事，所值之会。

③始：本。

【译文】

只要把脚忘掉，鞋子是会合适的；只要把腰忘掉，腰带是会合适的；只要忘掉是非，内心就会感到舒适；内心纯一而不变，对外应物而不知所从，所遇之事、所遇之会就都能安适；本性安适而无往不安适，便是忘掉了安适的安适。

## 山木

物物而不物于物①，则胡可得而累邪！

①物物：视外物为物。物于物：为外物所役使。于，被。

【译文】

把外物看作是物而不被它所役使，那又怎么会受到牵累呢！

人能虚己以游世，其孰能害之！

【译文】

如果人能像空船一样虚己游于世上，那谁还能够伤害他呢！

自伐者无功①，功成者堕②，名成者亏。

①伐：自我夸耀。

②堕：败。

【译文】

自我夸耀的人是不会成功的，功成不退的人就会招来失败，声名彰著的人就会招来损亏。

夫以利合者，迫穷祸患害相弃也[1]；以天属者，迫穷祸患害相收也。

①迫：逼近。

**【译文】**

由利结合的，在困难灾祸迫近时就会相互抛弃；由天性相连的，在困难灾祸迫近时就会相互容纳。

君子之交淡若水，小人之交甘若醴[1]；君子淡以亲，小人甘以绝[2]。

①醴（lǐ）：甜酒。

②绝：断绝。

**【译文】**

君子之交清淡如水，小人之交甘美如甜酒；君子相交淡泊而亲切，小人相交虽甘甜却易断绝。

行贤而去自贤之行[1]，安往而不爱哉！

①后“行”：当为“心”字之误。

**【译文】**

品行高尚而又能去掉自以为高尚之心的人，到什么地方而不受人敬重呢！

## 田子方

哀莫大于心死，而人死亦次之。

**【译文】**

最大的悲哀莫过于心死，而形体的死亡却是次要的。

## 知北游

生也死之徒，死也生之始，孰知其纪[①]！人之生，气之聚也；聚则为生，散则为死。若死生为徒，吾又何患[②]！

①纪：指生与死的终极。

②患：忧虑。

**【译文】**

生就是意味着死，死就是意味着生的开始，谁能知道生与死的终极呢！人的生死，不过是气的一时聚散罢了；气聚合就得生，气消散就是死。如果死与生是一对亲密的朋友，我又何必忧虑呢！

万物一也，是其所美者为神奇，其所恶者为臭腐；臭腐复化为神奇，神奇复化为臭腐。故曰："通天下一气耳。"

**【译文】**

万物是没有什么差别的，世人都以生为神奇而赞美它，以死为臭腐而厌恶它；臭腐可以转化为神奇，神奇可以转化为臭腐。所以说："臭腐和神奇通为一气。"

天地有大美而不言[1]，四时有明法而不议[2]，万物有成理而不说[3]。

---

①美：指覆载万物的功德。

②明法：谓四时变化的规律。

③成理：谓万物生长的规律。

**【译文】**

天地有覆载万物的美德而不言说，四季有变化的规律而不议论，万物有生长的规律而不说明。

人生天地之间，若白驹之过郤[1]，忽然而已。

---

①白驹：即骏马。郤：通“隙”，缝隙。

**【译文】**

人生活在天地之间，就像骏马驰过缝隙，不过片刻的功夫罢了。

圣人处物不伤物。不伤物者，物亦不能伤也。唯无所伤者，为能与人相将迎[1]。

---

①人：当为“之”字之误。之，指物。

**【译文】**

圣人与外物相处而不伤害外物。不伤害外物的人，外物也不能伤害他。只有无所伤害的人，才能与外物相送相迎。

无知无能者，固人之所不免也。夫务免乎人之所不免者，岂不亦悲哉！至言去言，至为去为。齐知之所知，则浅矣[1]。

---

①浅：浅陋，拙劣。

**【译文】**

有所不知，有所不能，这本来就是不可避免的。世人却总要去追求性分以外的知识，去做性分以外的事情，岂不是很可悲的吗？最好的言论是无言，最大的作为是无为。要以自己的所知去齐同天下之人，使之无所不知，这种做法就太浅陋了。

# 杂篇

## 庚桑楚

知止乎其所不能知，至矣。

**【译文】**

人的智能到不能再知道的程度就停止下来，这就达到了最高的境界。

一雀适羿[1]，羿必得之，威也；以天下为之笼，则雀无所逃。

---

①适：经过，飞过。

**【译文】**

有一只鸟雀飞过羿，羿必然会获取它，这靠的是善射的威力；把天下作为笼子，那么鸟雀是无法逃脱的。

非以其所好笼之而可得者,无有也。

【译文】

不用其喜好而能笼络人心,那是没有的事。

## 徐无鬼

狗不以善吠为良,人不以善言为贤。

【译文】

狗不因为善于叫唤就是好的,人不因为会说教便是贤人。

## 外物

去小知而大知明,去善而自善矣①。

①去善:去掉自以为善的心理。

【译文】

抛弃小聪明才能显出大智慧,去掉自以为善的心理才能自然有善。

夫尊古而卑今,学者之流也①。

①流:偏见。

【译文】

尊尚古代而卑视当今,这是不明大道的读书人的偏见。

荃者所以在鱼①,得鱼而忘荃;蹄者所以在兔②,得兔而忘蹄;言者所以在意,得意而忘言。

①荃(quán):通“筌”,一种捕鱼的竹器。

②蹄:一种捕兔的工具。

**【译文】**

使用捕鱼的竹笼是为了捕鱼,捕到鱼就忘记了竹笼;使用捕兔的网具是为了捕兔,捕到兔就忘记了网具;使用语言是为了表达意思,明白了意思就忘记了语言。

## 寓言

言无言,终身言,未尝言;终身不言,未尝不言。

**【译文】**

如果讲的是不带主观成见的话,那么虽然终身说话,却好像没有说话;如果能悟透万物之理,即使终身没有说话,却未尝没有收到说话的功效。

有自也而可[①],有自也而不可;有自也而然,有自也而不然。

①自:根由。

**【译文】**

可以是有原因的,不可以也是有原因的;这样是有原因的,不这样也是有原因的。

物固有所然,物固有所可。

【译文】

一切事物本来就有它成为这样的原因，本来就有它可以这样的原因。

## 让王

余立于宇宙之中，冬日衣皮毛，夏日衣葛絺[①]；春耕种，形足以劳动；秋收敛，身足以休食；日出而作，日入而息，逍遥于天地之间而心意自得。

———

①葛：指用葛纤维织成的布。絺（chī）：精细的葛布。

【译文】

我立足于宇宙之中，冬天穿皮毛，夏天穿细布；春天耕田种地，形体足以胜任这种劳动；秋天收获，身体可以充分休养安食；太阳出来就去劳作，太阳落山就休息，自由自在地生活于天地之间，心情悠然自得。

养志者忘形，养形者忘利，致道者忘心矣。

【译文】

修养意志的人忘掉了形体，保养形体的人忘掉了利禄，求道的人连心神也忘掉了。

知足者不以利自累也，审自得者失之而不惧，行修于内者无位而不怍[①]。

———

①怍（zuò）：惭愧。

【译文】

知足的人，不会因为逐利而使自己受累；明辨于分内与分外界限的人，不会因为失去身外之物而感到忧惧；修养内德的人，不会因为没有禄位而感到惭愧。

身在江海之上，心居乎魏阙之下。

【译文】

身体虽然隐居在江海之上，可内心却眷恋着朝廷的富贵。

内省而不穷于道[①]，临难而不失其德，天寒既至[②]，霜雪既降，吾是以知松柏之茂也[③]。

---

①内省(xǐng)：反省内心。

②天：当为"大"字之误。

③松柏之茂：比喻君子品德的高尚。

【译文】

反省内心而无愧于大道，面临危难而不失掉德行，严寒到来，霜雪降落，我这才知道松树和柏树的茂盛。

古之得道者，穷亦乐，通亦乐，所乐非穷通也。道德于此，则穷通为寒暑风雨之序矣。

【译文】

古时得道的人，穷困也快乐，通达也快乐，他们的快乐并不在于穷困或通达。道德的修养一旦达到这个境界，那就会把穷通的变化，看成像寒暑风雨的循序变化一样自然。

## 盗跖

好面誉人者，亦好背而毁之。

**【译文】**

喜欢当面夸奖别人的人，也喜欢背后毁谤别人。

人上寿百岁，中寿八十，下寿六十，除病瘦死丧忧患[1]，其中开口而笑者，一月之中不过四五日而已矣。

---

①瘦：当为“瘐”字之误。瘐，病。

**【译文】**

人长寿的是百岁，中寿的是八十岁，短寿的是六十岁，除去疾病、死亡、忧患以外，其中开口而笑的时间，一个月之中不过四五天罢了。

势为天子，未必贵也；穷为匹夫，未必贱也。贵贱之分，在行之美恶。

**【译文】**

势大为天子，不一定就尊贵；穷困为平民，不一定就卑贱。高贵和卑贱的区别，在于德行的美丑。

## 渔父

同类相从，同声相应，固天之理也。

**【译文】**

同类相依从，同声相应和，这本来是自然的常理。

好经大事[①]，变更易常，以挂功名[②]，谓之叨[③]；专知擅事[④]，侵人自用[⑤]，谓之贪；见过不更[⑥]，闻谏愈甚[⑦]，谓之很[⑧]；人同于己则可，不同于己，虽善不善，谓之矜[⑨]。此四患也。

---

①经：理，经营。

②挂：谋取。

③叨（tāo）：贪婪。

④专知：专用私智。知，通“智”。擅事：擅自行事。

⑤侵人：侵凌别人。自用：刚愎自用。

⑥过：过错。更：改正。

⑦谏：劝谏，规劝。

⑧很：执拗不听从。

⑨矜：自负，自以为贤能。

**【译文】**

喜欢经营大事，改变常规，用来谋取功名，叫做贪多；专用私智，独擅行事，侵凌别人，刚愎自用，叫做贪婪；有错不改，听到规劝反而变本加厉，叫做执拗；别人赞同自己就肯定，如果不赞同自己，即使是好也不以为好，叫做自负。这就是四种祸患。

真者，精诚之至也。不精不诚，不能动人。故强哭者，虽悲不哀；强怒者，虽严不威；强亲者，虽笑不和。真悲无声而哀，真怒未发而威，真亲未笑而和。真在内者，神动于外，是所以贵真也。

**【译文】**

所谓真，是精纯诚实的最高境界。不精纯不诚实，就不能动人。所以勉强哭泣的人，虽然表面上悲痛却并不哀伤；勉强发怒的人，虽然表面上严厉却并不威严；勉强亲热的人，虽然满面笑容却并不和善。真正的悲痛没有声音却很哀伤，真正的发怒没有发作却很威严，真正的亲热没有笑容却很和善。真诚蕴含在内，精神就会表露于外，这便是以真为可贵的原因。

圣人法天贵真，不拘于俗。

【译文】

圣人取法自然，贵重纯真，不受世俗约束。

## 列御寇

巧者劳而知者忧，无能者无所求①，饱食而敖游②，泛若不系之舟③，虚而敖游者也。

①无能者：指悟道圣人。

②敖：嬉游。

③泛：漂浮不定的样子。

【译文】

有技巧的人不免辛劳，有智慧的人常要忧虑，只有悟道的圣人无所希求，吃饱了饭随处遨游，像无缚系的船一样漂浮不定，这就是内心虚静而随处遨游的人啊！

凡人心险于山川，难于知天。

**【译文】**

人心比山川还要险恶，比天还难于了解。

## 天下

公而不当[①]，易而无私[②]，决然无主[③]，趣物而不两[④]，不顾于虑，不谋于知，于物无择，与之俱往。

---

①当：崔湌本作“党”。

②易：平易。

③决然：缺然，空虚的样子。

④不两：谓与物为一。

**【译文】**

公正而不结党，平允而不偏私，空虚而无主见，随物变化而不生己见，不用思虑，不求智谋，对于万物不作主观好恶的选择，随着万物一起发展变化。

天能覆之而不能载之，地能载之而不能覆之，大道能包之而不能辩之。知万物皆有所可，有所不可。故曰：选则不遍，教则不至，道则无遗者矣。

**【译文】**

天能覆盖万物而不能承载万物，地能承载万物而不能覆盖万物，大道能包容万物而不能辨别万物。知道万物都有肯定的一面，也都有否定的一面。所以说：有所选择就不能做到周遍，施以教诲就不能做到全面，顺从大道就不会有所遗漏了。

一尺之捶，日取其半，万世不竭[①]。

①“一尺之捶”三句：谓有限的物质，可以被无限地分割。此命题具有非常科学的辩证法思想。捶，木棍。

**【译文】**

一尺长的木棍，每天截取它的一半，一万年都不能取尽。

# 黄帝四经

《黄帝四经》，一般认为成书于战国时期，假托黄帝之名而作。《汉书·艺文志》有著录，《隋书·经籍志》已不见记载。1973年，湖南长沙马王堆三号墓出土了名为《经法》《十大经》《称》《道原》的四篇古佚书，经专家鉴定，即为失传已久的《黄帝四经》。

“四经”中，《经法》论述治国的法则，《十大经》多论用兵之法及黄帝传说，《称》论述朴素的辩证法，《道原》则阐述“道”的本原，即事物的客观规律。《黄帝四经》上承老子思想，下启黄老学派，填补了从老子到黄老、法家思想发展中的一段空白，具有很高的文献价值。

本书选文据中华书局三全本《黄帝四经·关尹子·尸子》。

# 经法

## 道法

生有害，曰欲，曰不知足。

**【译文】**

人一旦出生就会有患害发生，这些患害就是欲望，就是不知满足。

动有事，事有害，曰逆，曰不称[①]，不知所为用[②]。

---

①不称（chèn）：不量力而行。指所做的事情与自己的力量不相称。称，相称。

②用：指所做事情的作用、目的。

**【译文】**

人一旦行动就要做事，做事有时会带来患害，这些患害就是做事违逆正理，就是不量力而行，就是做事而不知道做事的目的所在。

事必有言，言有害，曰不信[①]，曰不知畏人，曰自诬[②]，曰虚夸，以不足为有余。

---

①不信：不讲信用。

②自诬：自我欺骗。诬，欺骗。

**【译文】**

做事必须讲话，讲话有时会带来患害，这些患害就是说话不讲信用，就是不知道敬畏别人，就是自我欺骗，就是自我虚夸，就是力所不及却大言力量有余。

公者明，至明者有功；至正者静[1]，至静者圣[2]；无私者知[3]，至知者为天下稽[4]。

①至正者：思想最为正确的人。静：内心清静，没有杂念。

②圣：最为明智叫做“圣”。

③知：同“智”，智慧。

④稽：通“楷”，楷模，榜样。

**【译文】**

公正的人明智，最明智的人能够建立功业；思想最为正确的人能够做到清静，最为清静的人也就最为睿智；无私的人有智慧，最有智慧的人可以成为天下人的榜样。

称以权衡[1]，参以天当[2]，天下有事，必有巧验[3]。

①权衡：称量物体轻重的器具。权，秤砣。衡，秤杆。这里用“权衡”比喻法度。

②天当：自然规律。当，恰当，不偏不倚。这里指不偏不倚的自然规律。

③巧验：检验，验证。巧，通“考”。

**【译文】**

要用法度来审定是非，同时还要参照自然规律，那么天下的事情，都可以得到有效的验证了。

## 国次

功成而不止，身危又央[1]。

①又：通“有”。央：通“殃”。

**【译文】**

功成名就之后如果继续贪求不已，那么自身就会遇到危险和灾难了。

## 君正

人之本在地，地之本在宜[1]，宜之生在时，时之用在民，民之用在力，力之用在节[2]。

①宜：指适宜的农作物。

②节：节制，节度。

**【译文】**

人类生存的根本在于土地，使用土地的根本在于种植适宜的庄稼，适宜庄稼的生长在于准确把握种植季节，准确把握、使用季节的关键在于百姓，使用百姓的关键在于让他们各尽其力，使用民力的关键在于要掌握好节度。

节民力以使[1]，则财生。

①节：有节制地，适度地。

**【译文】**

适度地使用民力，就能有效地创造财富。

## 精公无私而赏罚信[1]，所以治也。

①精公：至公，最公正。精，完美，最好。赏罚信：赏罚必行。信，信实，必定。

**【译文】**

至公无私而赏罚必行，这就是治理天下的原则。

## 无父之行，不得子之用[1]；无母之德[2]，不能尽民之力。

①子：儿子。这里比喻百姓。

②母：母亲。这里比喻君主。

**【译文】**

君主如果没有父亲一样的慈爱行为，就不可能去使唤百姓；如果没有母亲一样的恩情，就不可能使百姓尽心尽力。

## 号令阖于民心[1]，则民听令。

①阖：合乎，符合。

**【译文】**

号令符合民心，那么百姓就会听从号令。

# 六分

观国者观主，观家者观父。能为国则能为主[1]，能为家则能为父。

①为国：治理国家。为，治理。为主：当君主。为，当。

**【译文】**

考察一个国家的好坏，主要是考察其君主；考察一个家庭的好坏，主要是考察其父亲。能够治理一个国家的人才能够当君主，能够主持一个家庭的人才能够当父亲。

王天下者之道，有天焉[1]，有地焉[2]，又人焉[3]。参者参用之[4]，然后而有天下矣。

①天：指天时。

②地：指地利。

③又：通“有”。人：指人和。

④参（sān）者：指天时、地利、人和三种因素。参，同“三”。参用之：结合在一起去使用它们。参，合在一起。

**【译文】**

想称王于天下的君主，要考虑到天时、地利、人和三个方面的因素。只有把这三个方面的因素结合起来运用，然后才能够占有整个天下。

## 四度

逆则失本，乱则失职，逆则失天，暴则失人。

【译文】

大逆不顺就会使国家失去生存根本，混乱不堪就会使臣下失去自己的职守，违背节令就会失去天时，残酷暴戾就会失去民心。

静则安，正则治，文则明，武则强。

【译文】

君主与臣下安宁了，那么国家就会安定；贤人与不贤的人职位恰当了，那么社会就会太平；搞好文治，那么政令就会清明；建立武功，那么国家就会强大。

参于天地，阖于民心，文武并立，命之曰上同[①]。

①上同：上同于天道。一说指民众上同于君主，即民众与君主同心同德。

【译文】

参考天时地利，顺应百姓心愿，文治武功并举，这样做就叫做符合了天道。

毋止生以死，毋御死以生[①]。

①御：抵御，抗拒。

【译文】

既不要用死亡的手段去阻止那些应该生存的事物去生存，也不要用生存的手段去抗拒那些应该死亡的事物去死亡。

名功相抱[1]，是故长久；名功不相抱，名进实退，是胃失道[2]，其卒必有身咎[3]。

①相抱：相符。

②胃：通“谓”。

③卒：最终。咎：麻烦，灾难。

【译文】

名声与功绩相符，这样才能长存久安；名声与功绩不相符，名声日盛而功绩日减，这叫做违背了天道，最终必有祸患。

## 论

明以正者，天之道也；适者[1]，天度也[2]；信者，天之期也[3]；极而反者，天之生也[4]；必者，天之命也。

①适者：适度，恰如其分。

②天度：上天的法则。度，法度。

③期：契约，规定。

④生：通“性”，性质。

【译文】

万物都具有自己明显而正确的原则，这是自然规律决定的；万物都要把握好恰当的度，这就是自然规律制定的法度；万事万物都要做到真诚无欺，这是自然规律所规定的；事物发展到极端就会向相反的方面转化，这是自然规律所制定的原则；万事万物都具有各自的发展必然性，这是由自然规律决定的。

顺之所在，胃之生国[①]。

①胃：通“谓”。

**【译文】**

凡是顺应规律做事的国家，就是充满生机的国家。

## 亡论

三凶：一曰好凶器[①]，二曰行逆德，三曰纵心欲。

①好凶器：喜欢战争。凶器，指兵器。这里代指战争。

**【译文】**

三件凶险的事情：一是喜欢发动战争，二是违背天理、倒行逆施，三是放纵欲望、随意妄为。

昧天下之利[①]，受天下之患；抹一国之利者[②]，受一国之祸。

①昧：贪图。

②抹：通“昧”，贪图。国：指诸侯国。

【译文】

贪图整个天下的财利，就会承受整个天下人施加给他的灾难；贪图一国的财利，就会承受整个国家施加给他的灾难。

## 论约

功洫于天[①]，故有死刑；功不及天，退而无名[②]；功合于天，名乃大成。

---

①功：事情。这里指做事情。洫（yì）：同“溢”，溢满，过度。

②退：衰退。

【译文】

做事超过了天道所规定的度，就会发生败亡之祸；做事达不到天道所规定的度，便会事业衰败而无功无名；做事符合天道所规定的度，才能成就大功大名。

不循天常[①]，不节民力，周迁而无功[②]。

---

①天常：天道，天理。常，永恒不变的天道。

②周迁：活动，行动。

【译文】

不遵守天道，不节约民力，其结果便是一切行为都无所成功。

养死伐生，命曰逆成[①]；不有人僇[②]，必有天刑。

①逆成：违背了常规。成，成规，常规。

②僇(lù)：通“戮”，杀戮。

**【译文】**

去养育、帮助那些应该死亡的事物而去讨伐、杀害那些应该生存的事物，这叫做违反常规；这样做如果没有受到人事的刑戮，就一定会受到上天的惩罚。

## 名理

已若不信[①]，则知大惑矣[②]；已若必信，则处于度之内也。

①若：通“诺”，承诺。

②知：同“智”，智慧。

**【译文】**

已经承诺了却不守信用，那么这是智慧中的最大迷惑；已经承诺了就一定要坚守信用，这种行为就符合了法度。

# 十大经

## 观

人静则静，人作则作[①]。

①作：劳作。

**【译文】**

人们冬闲的时候需要休息了就让他们休息，农忙的时候需要劳作了就让他们劳作。

当天时，与之皆断[1]；当断不断，反受其乱。

①与：跟从，顺应。

**【译文】**

遇到恰当的天时，就要顺从天时立刻做出决断；应该做出决断的时候而没有做出决断，反而会受到天谴而自取灾难。

## 果童

有任一则重，任百则轻；人有其中[1]，物又其刑[2]，因之若成[3]。

①人有其中：据《淮南子·主术训》中的“人有其才，物有其形”，本句应为“人有其才”。“中”为“才”字之误。

②又：通“有”。刑：通“形”，形状。

③因：顺应。若：乃，就。

**【译文】**

有的人只承担一个职务就感到任务太重，有的人承担一百个职务还觉得很轻松；人有不同的才能，物有不同的形状，只有顺应着他们的不同才能和形状去使用他们才能成功。

## 姓争

顺天者昌，逆天者亡。

**【译文】**

顺应天道行事的人就会繁荣昌盛，违逆天道的人就会失败衰亡。

静作得时，天地与之；静作失时，天地夺之[1]。

①夺之：抛弃他。夺，夺去他的一切。

**【译文】**

动静合乎时宜，就会得到天地的帮助；动静不合时宜，就会被天地所抛弃。

居则有法[1]，动作循名，其事若易成[2]。

①居：安静的时候。

②若：乃，就。

**【译文】**

安静无事的时候遵循应有的法则，有所行动的时候遵守自己的名分，事情就容易成功。

## 雌雄节

先者恒凶，后者恒吉。

**【译文】**

先行动的人常常会遇到凶险，后行动的人常常具有吉祥的结果。

## 兵容

兵不刑天[①]，兵不可动；不法地[②]，兵不可昔[③]；刑法不人[④]，兵不可成。

---

①刑天：效法天道。刑，通“型”，效法。

②法地：效法大地。

③昔（cuò）：通“措”，使用，安排。

④刑：通“型”，效法。这里的“刑”是前文“刑天”的省略。“法”是前文“法地”的省略。

**【译文】**

出兵打仗的时候如果不去顺应天时，军队就不可以行动；如果不去效法地利，军队就无法做出恰当安排；效法天时、地利而不重视人事，军队也无法取得成功。

## 成法

百言有本[①]，千言有要[②]，万言有蒽[③]。

---

①本：根本，主旨。

②要：主题。

③惠(zǒng):通“总”,总纲。

**【译文】**

讲一百句话,其中必须有一个主旨;即使讲一千句话,其中也必须有一个主题;哪怕是讲一万句话,其中同样要有一个总纲。

## 三禁

天有恒日[①],民自则之[②],爽则损命[③],环自服之[④],天之道也。

---

①天有恒日:上天有永恒不变的太阳。此处以“恒日”比喻永恒不变的规律。

②则:效法。

③爽:出差错,违背。

④环:通“还”,反过来。服:承担。之:代指违背规律的后果。

**【译文】**

上天有永恒的法则,人们自然要去效法它,如果违背它就会伤害自己的生命,反过来还是自己去承担违背规律的后果,这就是大自然的规律。

## 前道

壹言而利之者[①],士也;壹言而利国者,国士也。

---

①利之者:对百姓有利的人。之,代指百姓。

**【译文】**

一句话就能够使百姓获利的人，这叫做贤士；一句话就能够使整个国家获利的人，这叫做国士。

## 行守

天有恒干[①]，地有恒常。

---

①恒干：永恒的规律。干，主干。

**【译文】**

上天具有永恒的规律，大地具有永恒的法则。

天亚高[①]，地亚广[②]，人亚荷[③]。

---

①亚：同“恶”，讨厌。高：高傲。

②广：大，自大。

③荷：通“苛”，苛刻，暴虐。

**【译文】**

上天讨厌高傲的人，大地讨厌自大的人，人们讨厌暴虐的人。

有人将来，唯目之瞻[①]。言之壹，行之壹，得而勿失；言之采[②]，行之𢿄[③]，得而勿以[④]。

---

①唯目之瞻：要用眼睛仔细观察他。瞻，看，观察。

②采：通“彩”，华美。

③ 戺（xī）：通“熙”，嬉戏，不认真。

④勿以：不要任用他。以，用。

**【译文】**

如果有人来了，就要用眼睛仔细去观察他。如果这个人的言语和行动是一致的，就不要失去他而要重用他；如果他说得很漂亮，行动却不认真负责，即使把他留下来也不宜重用他。

言者，心之符也[①]；色者，心之华也[②]；气者[③]，心之浮也[④]。

———

①符：标志，标识。

②色者，心之华也：这两句是说，表情是思想开出的花朵，比喻表情是内心的表现。色，表情。心之华也，是内心的表现。华，花。

③气：气质。

④浮：表露。

**【译文】**

语言，是人内心的标识；表情，是人内心的表现；气质，是人内心的显露。

直木伐，直人杀。

**【译文】**

树木长得太直了就容易被砍伐，为人太刚直了就容易被杀害。

## 名刑

来自至，去自往。

【译文】

应该出现的事物就让它自然而然地出现，应该消失的事物就让它自然而然地消失。

不臧故[①]，不挟陈[②]。

①臧：通“藏”，藏在，放在。故：过去的事情。

②陈：陈旧的事情。

【译文】

不要把过去的事情放在心里，不要去纠缠已往的东西。

乡者已去[①]，至者乃新，新故不翏[②]，我有所周[③]。

①乡：过去，从前。这个意义又写作“向”。

②翏(jiū)：通“摎”，纠缠，干扰。

③周：和调，适应。

【译文】

过去的事物就让它过去，新生的事物就任其新生，无论是新生的事物还是消失的事物，都不能扰乱我们的平静心境，这是因为我们能够顺应着事物变化而变化的缘故。

## 称

自光者[①]，人绝之；骄洫人者[②]，其生危，其死辱翳[③]。

---

①自光者:自以为无比伟大的人。光,大。

②骄洫(yì):骄溢,傲慢,蛮横。洫,同"溢",溢满,骄傲。

③繄(yì):句尾语气词,相当于"也""兮"。

**【译文】**

自以为无比伟大的人,人们都会唾弃他,傲慢骄横的人,生前会遇到危险,死后会受到羞辱。

## 时若可行,亟应勿言[①];时若未可,涂其门[②],毋见其端[③]。

---

①亟:很快,马上。应:做出反应,也即马上行动。

②涂:同"塗",堵塞。

③见:同"现",表现。

**【译文】**

行动的时机到了,就马上行动而不必声张;行动的时机未到,就要闭门不出,不露声色。

## 细事不察[①],不得言大。

---

①细事:小事。察:明白。

**【译文】**

小事情还没有弄明白,就不要去奢谈做大事。

## 实谷不华[①],至言不饰,至乐不笑。

———

①华：同“花”。

**【译文】**

饱满的谷粒上面是看不到鲜花的，至理名言是不需要华丽的辞藻去修饰的，真正的喜悦是不会表现在欢声笑语上的。

毋先天成①，毋非时而荣②；先天成则毁，非时而荣则不果③。

———

①毋先天成：不要先于天时而去追求成功。意思是，当时机还未成熟的时候，不要急于建功立业。

②荣：花，开花。

③不果：结不出果实。

**【译文】**

不要先于天时去追求成功，就像植物不要在不适当的时候开花一样；先于天时的成功会很快被毁掉，在不适当季节开的花是不会结出果实的。

昏而休，明而起，毋失天极①，厩数而止②。

———

①毋失天极：不要违背了自然原则。极，最高原则。

②厩：通“究”，达到。数：度数。

**【译文】**

夜晚要休息，白天要劳作，不要违背自然规律，达到了适当的度就应该适可而止。

天下有参死[①]:忿不量力[②],死;耆欲无穷[③],死;寡不辟众[④],死。

①参(sān)死:三种死于非命的原因。参,同"三"。

②忿:因泄愤而与人争斗。

③耆:通"嗜",嗜欲。

④辟:通"避",避开。

**【译文】**

天下有三种死于非命的原因:因泄愤而争斗却又不自量力的,会死于非命;欲壑难填的,会死于非命;以寡敌众的,会死于非命。

惑而极反[①],失道不远。

①极:通"亟",赶快,马上。反:同"返",返回,改正。

**【译文】**

迷惑的人能够很快觉悟而马上改过,这样的话背离大道还不算太严重。

两虎相争,奴犬制其余[①]。

①奴:通"驽",无能的,劣等的。余:指争斗后的疲惫状态。

**【译文】**

二虎相互争斗,劣犬也能够在它们疲惫不堪的时候制服它们。

# 子华子

子华子，见于《吕氏春秋·贵生》，高诱注云："子华子，古体道人。无欲，故全其生。"一说魏人，一说宋人，不可详考。从《吕氏春秋》的引文看，思想接近道家，注重养生。

《子华子》一书，《汉书·艺文志》不载，然《吕氏春秋》引之，则先秦时或有其书。《宋史·艺文志》记载程本撰《子华子》十卷，一般认为是后世伪托之作。清人严可均《全上古三代秦汉三国六朝文》据《吕氏春秋》辑得数条，当系先秦古本《子华子》。

本书选文据《全上古三代秦汉三国六朝文》。

王者乐其所以王，亡者亦乐其所以亡。

**【译文】**

王者乐于做让他能够称王的事情，亡国之君也乐于做让他亡国的事情。

# 关尹子

关尹子，姓尹名喜，因守函谷关，故称关尹，后世尊称为“关尹子”。一说关尹为“关令尹”的合读，是守关官职的名称。据《史记·老子韩非列传》记载，老子过函谷关，尹喜请老子为其著书，所著即《道德经》。

《关尹子》一书，一般认为是后人伪托之作，成书年代颇有争议。顾炎武认为此书成于魏晋时期，也有学者认同其中或有一部分是原书遗文，一部分为后人伪造。《关尹子》是一部较为重要的道家典籍，它继承了老子的重道思想，主张治国要顺应自然规律，随时因俗，灵活变通；在修身处世方面，提倡学习，主张清静、守柔、谦退、不可固执己见等。

本书选文据中华书局三全本《黄帝四经·关尹子·尸子》。

## 宇篇

不以一格不一[①],不以不一害一[②]。

①格:抵触,格斗。这里引申为否认。

②害:伤害。这里引申为否认。

**【译文】**

不会因为万物的本质一致而去否认万物的差异性,也不会因为万物的差异性而去否认万物本质的一致性。

闻道之后,有所为、有所执者,所以之人;无所为、无所执者,所以之天。

**【译文】**

听到了一点大道的理论之后,就想按照自己的意志有所作为、有所占有,这是一条走向人为境界的道路;不按照自己的意志做事、不占有任何事物,这是一条走向天道境界的道路。

圣人力行,犹之发矢,因彼而行,我不自行;圣人坚守,犹之握矢,因彼而守,我不自守。

**【译文】**

圣人的勤奋力行,就好像发射出去的箭一样,是顺应着弓弩的力量而勤奋力行,并不是按照自己的喜好而勤奋力行;圣人的坚持不变,就好像握在手中的箭一样,是顺应着手的握力而坚持不变,并不是按照自己的意愿而坚持不变。

天下之物，无不成之难，而坏之易。

**【译文】**

天下所有的功业，都是想建立很困难，而损坏起来却很容易。

舍源求流，无时得源，舍本就末，无时得本。

**【译文】**

舍弃源头而在水流中寻找，是永远也找不到源头的；舍弃根本而在细枝末叶上寻找，是永远也找不到根本的。

处明者不见暗中一物，而处暗者能见明中区事①。

①区事：微小的事物。区，小，细微。

**【译文】**

处于明处的人看不见暗处的任何一件东西，而处于暗处的人能看见明处的任何细微事物。

小人之权归于恶①，君子之权归于善，圣人之权归于无所得②。

①权：权谋，谋划。

②无所得：保持内心的空净。

**【译文】**

小人心里想的都是如何干坏事，君子心里想的都是如何做好事，而圣人则保持内心的空净。

# 极篇

圣人之治天下，不我贤愚，故因人之贤而贤之，因人之愚而愚之；不我是非，故因事之是而是之，因事之非而非之。

**【译文】**

圣人在治理天下的时候，不以主观的好恶去判定别人是贤人是愚人，因此要根据某人的贤良本质而把他视为贤人，根据某人的愚蠢无能而把他视为愚人；圣人不以主观的好恶去判定事情是正确还是错误，因此要根据事情的正确性而判定它是正确的，根据事情的错误性而判定它是错误的。

圣人不以一己治天下，而以天下治天下；天下归功于圣人，圣人任功于天下[①]。

①任功于天下：听任天下百姓自己去建功立业。圣人不干涉百姓生活，听任百姓自由发展生产。

**【译文】**

圣人不会依据个人的意志去治理天下，而是依据天下百姓的意志去治理天下；天下百姓把功劳归之于圣人，而圣人则是听任天下百姓自己去建功立业。

知我无我，故同之以仁；知事无我，故权之以义；知心无我，故戒之以礼；知识无我，故照之以智；知言无我，故守之以信。

【译文】

了解自我而又能够做到无我，因此能够以仁爱的态度去对待所有的人；懂得做事而又能够做到无我，因此能够以正义的原则去灵活处理各种事务；懂得心理而又能够做到无我，因此能够用礼仪来规范自己的心理；懂得知识而又能够做到无我，因此能够用智慧来观照这些知识；了解言语而又能够做到无我，因此能够用诚信去要求自己的言语。

利害心愈明，则亲不睦；贤愚心愈明，则友不交；是非心愈明，则事不成；好丑心愈明①，则物不契②。

———

①好丑：美丑。好，美。

②物：万物。这里主要指人。不契：不和。契，合，和谐。

【译文】

分辨利与害的心越明确，亲人之间的关系就越发不会和睦；区别贤良与愚昧的心越明确，朋友之间的关系就越发不好相处；区分正确与错误的心越明确，事情就越发难以办成；分别美好与丑陋的心越明确，人与人之间就越发不会和谐。

## 符篇

万物之来，我皆对之以性，而不对之以心。

【译文】

当万物出现在我们面前的时候，我们要用不作分别的美好天性去应对它们，而不要用有善有恶、注重分别的人心去应对它们。

人勤于礼者，神不外驰，可以集神[①]；人勤于智者，精不外移，可以摄精[②]。

①集：聚集，积蓄。

②摄（shè）：保养，养护。

**【译文】**

勤于学习礼节的人，他的精神就不会向外驰求，这样就能够积蓄精神；勤于获取智慧的人，他的精气就不会向外分散，这样就能够养护精气。

仁则阳而明[①]，可以轻魂[②]；义则阴而冥[③]，可以御魄[④]。

①阳：指阳气。

②轻魂：使魂变得轻盈。魂变得轻盈，就可以上升于天。

③阴：指阴气。冥：消失。

④御魄：节制魄。

**【译文】**

仁爱会使自身的阳气变得明朗，可以使自己的魂变得轻盈；正义会使自身的阴气逐渐消失，可以使自己的魄得到节制。

## 鉴篇

无一心[①]，五识并驰[②]，心不可一；无虚心[③]，五行皆具[④]，心不可虚；无静心，万化密移[⑤]，心不可静。

---

①一心：专一的心。

②五识：指眼、耳、鼻、舌、身的认识能力。并驰：都一起向外追逐名利。

③虚心：空无一物的心。也即心里不挂记任何事情。

④五行：泛指万物。万物都是由五行构成的。皆具：都出现在眼前。

⑤万化密移：各种变故就会不知不觉地改变着自己的心情。密，不知不觉。移，改变。

**【译文】**

如果没有一颗专一的心，各种认识能力就会纷纷向外追逐名利，那么心就没有办法专一了；如果没有一颗虚静的心，各种事物都会呈现在眼前，那么心就没有办法做到虚静了；如果没有一颗安静的心，千变万化的事物就会不知不觉地改变着人的心境，那么心就没有办法安静下来了。

## 勿以我心揆彼[①]，当以彼心揆彼。

---

①揆（kuí）：窥测，揣度。

**【译文】**

不要站在我们自己思想的角度去揣度别人的思想，而是要站在别人思想的角度去揣度别人的思想。

## 能制一情者[①]，可以成德；能忘一情者，可以契道[②]。

---

①一情：指最初的少量情感。

②契：契合，符合。

**【译文】**

能够制止最初的少量情感的人，就可以成就自己的美德；能够忘却最初少量情感的人，其言行就可以符合大道了。

## 釜篇

是或化为非，非或化为是；恩或化为雠[①]，雠或化为恩，是以圣人居常虑变[②]。

①雠(chóu)：仇恨，怨恨。

②居常：处于正常的情况下。虑变：考虑到突发的变故。

**【译文】**

正确的事情也许会变为错误的事情，错误的事情也许会变为正确的事情；感恩也许会变为仇恨，仇恨也许会变为感恩，因此圣人即使在正常的情况下，也要考虑到突发的变故。

人之少也，当佩乎父兄之教[①]；人之壮也，当达乎朋友之箴[②]；人之老也，当警乎少壮之说[③]。

①佩：牢记，听从。

②达：明白，听从。箴(zhēn)：告诫，劝告。

③警：告诫。这里是“被告诫”的意思。

**【译文】**

一个人在年轻的时候，应当听从父辈、兄长的教诲；到了壮年的时候，应当听取朋友的劝诫；到了老年的时候，应当听听少壮人的话以提醒自己。

## 药篇

勿轻小事，小隙沉舟[1]；勿轻小物，小虫毒身；勿轻小人，小人贼国[2]。

---

①小隙：小的缝隙。

②贼：伤害，祸害。

**【译文】**

不要忽略小事情，小的缝隙能够导致大船的沉没；不要忽略小事物，小的虫子能够使人中毒；不要忽略小人，小人能够危害国家。

能周小事[1]，然后能成大事；能积小物，然后能成大物；能善小人，然后能契大人[2]。

---

①周：周全处理，妥善安排。

②契：契合，配合。大人：品德高尚的人。

**【译文】**

能够周全地处理好小事，然后才能够做成大事；能够不断地积累小事物，然后才能够成就大事物；能够妥善地安排小人，然后才能够配合好品德高尚的人。

未有当繁[1]，简可；当戒[2]，忍可；当勤[3]，惰可。

---

①当繁：一定要用繁琐的办法去处理的事情。

②当戒：这两个字前面承上省去“未有”二字。没有遇到应当需要特

别警惕的事情。

③当勤：这两个字前面承上省去“未有”二字。没有遇到必须辛苦对待的事情。

**【译文】**

如果没有遇到一定需要繁琐办法才能做成的事情，那么简单处理就可以了；如果没有遇到需要特别警惕的事情，那么稍微忍耐一下就可以了；如果没有遇到必须辛苦对待的事情，那么懒散一点就可以了。

智之极者，知智果不足以周物[①]，故愚；辩之极者，知辩果不足以喻物[②]，故讷[③]；勇之极者，知勇果不足以胜物，故怯。

---

①果：真的，确实。周物：解决一切事情。周，完全，全部。

②喻物：说明所有的事物。喻，说明。

③讷（nè）：不善言谈。

**【译文】**

具有最高智慧的人，知道仅仅依靠智慧确实不可能解决一切事情，因此有时就显得愚笨一些；具有最好辩论技巧的人，知道仅仅依靠辩论确实不可能说明全部事物，因此有时就显得不善言谈一些；具有最大勇气的人，知道仅仅依靠勇气确实不可能战胜所有敌对事物，因此有时就显得胆怯一些。

虽应物，未尝有物；虽养我，未尝有我。

**【译文】**

虽然要应对外物，但心里不要总是惦记着外物；虽然要保养自身，但心里不要总是惦记着自身。

谛毫末者[1],不见天地之大;审小音者[2],不闻雷霆之声。

①谛:弄清楚。这里指看清楚。毫末:毛的尖端。比喻细小。毫,长而尖锐的毛。

②审:弄清楚。这里指听清楚。

**【译文】**

一心要看清楚细小物体的人,就无法看清楚广大的天地;一心要听清楚细微声音的人,就无法听到雷霆的声音。

见大者亦不见小,见迩者亦不见远[1];闻大者亦不闻小,闻迩者亦不闻远。

①迩者:近处的物体。迩,近。

**【译文】**

一心观察巨大物体的人就无法看清细小的物体,一心观察近处物体的人就无法看清远处的物体;一心谛听宏大声音的人就无法听到细小的声音,一心谛听近处声音的人就无法听到远处的声音。

无所见[1],故能无不见;无所闻,故能无不闻。

①无所见:不把自己的视力集中在任何一个固定的物体上。

**【译文】**

不把自己的视力固定在任何一种物体上,所以能够看到所有的物体;不把自己的听力固定在任何一种声音上,所以能够听到所有的声音。

## 善今者可以行古[1],善末者可以立本。

①善今者:善于处理当代事情的人。行古:推行古代的各种原则。古人认为,古今一理,因此善于处理当代事务的人也能够推行古代的原则。

**【译文】**

善于处理当代事务的人也能够推行古代的原则,善于处理细节的人也能够做好根本性的大事。

## 能克已,乃能成已;能胜物[1],乃能利物[2]。

①能胜物:能够战胜外物诱惑。

②利物:从外物中获利。

**【译文】**

能够克制自己情欲的人,才能够成就自己的事业;能够战胜外物诱惑的人,才能够从外物中获利。

## 函坚[1],则物必毁之,刚斯折矣;刀利,则物必摧之,锐斯挫矣。

①函坚:铠甲太坚硬了。函,铠甲。

**【译文】**

铠甲坚硬,也一定会有东西摧毁它,因为太刚强了必定会折断;刀刃锋利,也一定会有外物摧毁它,因为太锐利了必定会受挫。

惟其不恃己聪明①,而兼人之聪明;惟其无我②,而兼天下之我。

①聪明:耳朵听得清叫作“聪”,眼睛看得清叫作“明”。这里泛指智慧。

②我:泛指天下每一个人。

**【译文】**

只有不依赖自己的智慧,才能够采纳所有人的智慧;只有做到无我,才能够兼顾天下所有人的利益。

随时同俗①,先机后事②,捐忿塞欲③,简物恕人④,权其轻重⑤,而为之自然⑥,合神不测⑦,契道无方⑧。

①随时:随着时代而变化。

②先机后事:先察觉苗头,而后采取措施。机,通“几”,苗头,征兆。

③捐忿:不要怨恨。捐,放弃。塞欲:克制欲望。

④简物:节约财富。简,简要,节约。恕人:宽容别人。

⑤权:权衡,衡量。

⑥为之自然:做事要顺应自然。为,做事。

⑦合神:符合神奇、玄妙的道理。

⑧契道无方:符合大道于无形之中。契,合,符合。无方,不固定于一处,无形。

**【译文】**

随时变化而入乡随俗,先察觉苗头而后采取行动,抛弃怨恨而克制个人欲望,节约财富而宽恕别人,衡量事情的轻重,做事要顺应自然,这样才能符合神奇的事理而变化莫测，才能契合大道于无形之中。

不可非世是已①，不可卑人尊己②，不可以轻忽道己③，不可以讪谤德己④，不可以鄙猥才己⑤。

①非世：批评社会。是己：认为自己正确。是，正确。这里为意动用法。以……为正确。

②卑人：瞧不起别人。尊己：以自己为尊贵。

③轻忽：轻视别人。道己：以为自己掌握了大道。

④讪谤：毁谤别人。德己：以为自己具有美德。

⑤鄙猥：鄙视别人。才己：以为自己有才华。

**【译文】**

不可以非议社会而自以为正确，不可以瞧不起别人而自以为尊贵，不可以轻视别人而自以为掌握了大道，不可以诋毁别人而自以为具备了美德，不可以鄙视别人而自以为有才华。

困天下之智者，不在智而在愚；穷天下之辩者①，不在辩而在讷②；伏天下之勇者，不在勇而在怯。

①穷：堵住，让对方无话可说。辩者：善于言谈的人。

②讷（nè）：说话迟钝，不善于言谈。

**【译文】**

能够难倒天下智者的人，往往不是那些聪明人，而是一些看似愚笨的人；能够使天下善辩者哑口无言的人，往往不是那些善于辩论的人，而是一些看似不善言谈的人；能够征服天下勇士的人，往往不是那些勇敢的人，而是一些看似胆怯的人。

天不能冬莲春菊[1]，是以圣人不违时；地不能洛橘汶貉[2]，是以圣人不违俗；圣人不能使手步足握，是以圣人不违我所长；圣人不能使鱼飞鸟驰，是以圣人不违人所长。

———

①冬莲：使莲花冬天开放。春菊：使菊花春天开放。

②洛橘：在洛水一带长出橘子。洛，河流名。在今陕西、河南一带。汶貉：在汶水一带生出貉兽。汶，河流名。在今山东。貉，动物名。

**【译文】**

上天不能让莲花在冬天开放，也不能让菊花在春天开放，因此圣人从不违背天时；大地不能让洛水一带长出橘子，也不能让汶水一带生出貉兽，因此圣人从不违背各地习俗；圣人不能用手走路，也不能用脚拿东西，因此圣人不会背逆自己的长处；圣人不能让鱼在天上飞翔，也不能让鸟在地上奔跑，因此圣人从不背逆他人的长处。

少言者，不为人所忌；少行者，不为人所短[1]；少智者，不为人所劳；少能者，不为人所役。

———

①所短：所指责。短，意动用法。认为……有短处。

**【译文】**

讲话少的人，不会被别人所忌恨；做事少的人，不会被别人所指责；智慧少的人，不会被别人所劳烦；能力小的人，不会被别人所役使。

操之以诚[1]，行之以简，待之以恕，应之以默。

---

①操:操守,品德。

**【译文】**

品德一定要真诚,做事一定要简易,待人一定要宽厚,应对世务时一定要保持沉默。

## 谋之于事,断之于理;作之于人,成之于天。

**【译文】**

要依据具体的事情去进行谋划,要依据真理去做出决断;做事要依靠众人,成功则依靠天命。

## 舍亲就疏[①],舍本就末,舍贤就愚,舍近就远,可暂而已[②],久则害生。

---

①就疏:亲近疏远的人。就,接近,亲近。

②暂:暂时。这里指暂时没有问题。

**【译文】**

如果舍弃亲人而去亲近疏远的人,舍弃根本而去追求细枝末节,舍弃贤人而去亲近愚人,舍弃近处的人而去亲近远方的人,这样做暂时还不会出现什么问题,时间久了就会发生灾难。

## 惟善听者,不泥不辩[①]。

---

①泥:拘泥。

**【译文】**

只有善于聆听的人，不去拘泥也不去辩说。

圆尔道①，方尔德②，平尔行，锐尔事③。

①尔：你，你的。泛指人们。

②方：方正，正直。

③锐：迅速，敏捷。

**【译文】**

你的处世之道一定要圆融，你的品德一定要正直，你的行为一定要公平，你做事一定要敏捷。

# 任子

《任子》，东汉任奕撰。任奕，字安和，句章（今浙江慈溪）人。清人周广业据古书引《会稽会典》等资料考证，其人貌丑，无威仪，曾为御史中丞，长于文章。其余不可详考。

《任子》一书，或以为即《隋书·经籍志》道家类所著录的任嘏《任子道论》，周广业经考证认为，任奕与任嘏非一人，《任子》与《任子道论》亦非一书。唐马总《意林》著录《任子》十卷，录其文十七条。

本书选文据中华书局《新编诸子集成续编·意林校释》。

一人之智，不如众人之愚；一目之察，不如众目之明。

**【译文】**

一个人的智慧，不如众人的愚见；一只眼睛明察，也不如众多眼睛看得清楚。

治己审，则可以治人；治人审，则可以治天下。

**【译文】**

自我管理审慎的人，就可以管理他人；管理他人审慎的人，就可以管理天下。

谚云："富不学奢而奢，贫不学俭而俭。"

**【译文】**

谚语说："富贵之人，不用学习奢侈，自然就会奢侈；贫穷之人，不用学习节俭，自然就会节俭。"

# 唐子

《唐子》，三国吴唐滂撰。唐滂，字惠润。唐代马总《意林》记载唐滂生于吴太元二年(252)，所录《唐子》条目中又有“大晋应期，一举席卷”之语，因此唐滂当由吴入晋，其余生平事迹不详。

《隋书·经籍志》道家类著录《唐子》十卷。据《意林》所录条目，其内容多载黄老道家之说，兼采儒家仁义礼教之学。此书后来散佚，清人马国翰据《艺文类聚》《文选注》《太平御览》等辑录佚文一卷，收入《玉函山房辑佚书》。

本书选文据中华书局《新编诸子集成续编·意林校释》。

舟循川则游速[1]，人顺路则不迷。

---

①循：沿着，顺着。

**【译文】**

船顺水而行就走得快，人顺路而行就不会迷路。

大木百寻[1]，根积深也；沧海万仞[2]，众流成也；渊智达洞[3]，累学之功也。

---

①百寻：形容极高。寻，古代长度单位。

②万仞：形容极深。仞，古代长度单位。

③渊智：智谋深沉。达洞：即“洞达”，看得很清楚，理解得很透彻。

**【译文】**

大树有百寻高，是树根扎得深的缘故；大海有万仞深，是众多河流汇成的缘故；一个人智谋深远、明达事理，是不断学习积累的功效。

有父不能孝，有兄不能敬，而论人父子之义、昆弟之节[1]，犹弯弓而自射也。

---

①昆弟：兄弟。

**【译文】**

有父亲而不能孝顺，有兄长而不能尊敬，却来谈论父子间的情义、兄弟间的礼节，就好像弯弓射自己一样。

人性苟有一孝，则无所不包，犹树根一植，百枝生焉。

**【译文】**

人性之中如果能有孝心，那么事情就没有做不好的了，就好像树根扎到地里，就能长出茂盛的枝叶一样。

君子守真仗信[①]，遭时不容，虽有讪辱之耻、幽垢之谤[②]，犹伤体毛耳。

①守真：保持本真。仗信：依仗信义。

②讪辱：诽谤，侮辱。幽垢：指暗中被人诟骂。垢，通“诟”。

**【译文】**

君子固守本真、依仗信义，遭遇时代不容，即使被人诽谤侮辱、暗中诟骂，也好像只伤到毛发一样。

鹰隼群飞[①]，凤凰远游；小人成列，君子深藏。

①鹰隼(sǔn)：鹰和隼。泛指凶猛的鸟。

**【译文】**

鹰隼成群飞翔，凤凰就会飞向远方；小人排成行列，君子就会深深隐藏。

君子不以昏行易操[①]，不以夜昧易容[②]。

①昏行：暗中行走。这里指暗处的行为。

②夜昧：指夜里看不清楚。

**【译文】**

君子不因为暗中行事而改变自己的操守，不因为夜里看不清而改变自己的仪容。

## 士有高世之名，必有负俗之累[1]；有绝群之节，必婴谤嗤之患[2]。

---

①负俗：与世俗不相谐，受人讥讽。累：忧患。

②婴：遭受。谤嗤（chī）：诽谤嗤笑。

**【译文】**

一个人有超越世俗的名声，必定有受到世俗讥讽的担忧；有出类拔萃的节操，必定有遭受诽谤嗤笑的隐患。

## 暴至之荣[1]，智者不居。

---

①暴至：突然到来。

**【译文】**

突然到来的荣耀，聪明的人是不会接受的。

# 苏子

《苏子》，晋苏彦撰。苏彦，生平不详，据《隋书·经籍志》记载曾为"晋北中郎参军"，著有《苏子》七卷、《苏彦集》十卷。今存文十一篇，见《全上古三代秦汉三国六朝文》；存诗三首，见《先秦汉魏晋南北朝诗》。

《苏子》一书，《隋书》附注于道家类《唐子》，两《唐书》著录七卷，宋以来史志目录不见著录，大约唐宋之际又亡。清人严可均辑其佚文十二条，称其"誉商、韩而诋孟子"。

本书选文据《全上古三代秦汉三国六朝文》。

兰以芳自烧，膏以肥自焫[1]；翠以羽殃身[2]，蚌以珠破体。

①焫(ruò)：点燃，焚烧。

②翠：鸟名。翠鸟的简称。其羽毛色彩美丽，可作装饰品。

**【译文】**

兰草因芳香导致自己被燃烧，油脂因为润泽导致自己被点燃；翠鸟因为羽毛美丽而祸及自身，河蚌因为含有珍珠而使身体破碎。

不食八珍[1]，何以知味之奇？不为学文，何以知世之资？

①八珍：古代八种烹饪法。泛指珍馐美味。

**【译文】**

没有吃过八种烹饪之法的菜，怎么知道各种珍馐美味的新奇？不学习古人的文章，怎么了解社会发展的规律？

# 杜氏幽求新书

《杜氏幽求新书》，又称《幽求子》，晋杜夷撰。杜夷（258—323），字行齐，庐江灊（今安徽霍山）人。两晋之际学者。世传儒学，又博览百家之书，精通历算图纬。

《隋书·经籍志》著录《杜氏幽求新书》二十卷，归入道家类。此书已散佚，清人马国翰采佚文二十余条，辑为一卷，收于《玉函山房辑佚书》，序言称“其说道清淡，以无为为家，宗旨老氏”。《文心雕龙·诸子》将该书与陆贾《新语》、贾谊《新书》、扬雄《法言》、刘向《说苑》等并论。

本书选文据中华书局《新编诸子集成续编·意林校释》。

凡人既饱而后轻食,既暖而后轻衣。

**【译文】**

大凡人都是吃饱了就看轻食物,穿暖了就看轻衣服。

临觞念戚[1],则旨酒失甘[2];对飨思哀[3],则嘉肴易味[4]。

①觞:酒杯。戚:忧愁,悲伤。

②旨酒:美酒。

③飨(xiǎng):宴会上的食物。

④嘉肴:美味的菜肴。

**【译文】**

端起酒杯想到忧愁的事,即使美酒也会失去味道;面对食物想起哀伤的事,即使佳肴也会变了滋味。

裘以严霜见爱[1],葛以当暑见亲[2]。

①裘:用毛皮制成的御寒衣服。

②葛(gé):以葛为原料制成的夏衣。

**【译文】**

裘衣因为凛冽的寒霜而被喜爱,葛衣因为正值酷暑而被亲近。

# 抱朴子内篇

《抱朴子内篇》，东晋葛洪撰。葛洪（284—364），字稚川，自号抱朴子，晋丹阳郡（今江苏句容）人。东晋道教学者、著名炼丹家、医药学家。其著作还有《抱朴子外篇》《神仙传》《肘后备急方》等。

《抱朴子内篇》的核心内容是阐述道教的修道成仙。全书主要围绕三个方面展开：一是阐述了以“玄”“一”“玄一”“真一”为代表的道教哲学思想，为养生成仙寻求理论上的支持；二是论述了对神仙的虔诚信仰；三是介绍了养生学仙的具体方法。《抱朴子内篇》是对战国以来、直至汉代的神仙思想和炼丹养生方术所作的系统总结，在中国道教发展史上具有很高的地位。

本书选文据中华书局三全本《抱朴子内篇》。

# 畅玄

玄者[1],自然之始祖,而万殊之大宗也[2]。

①玄:指玄妙的道。

②万殊:千差万别的一切事物、景象。大宗:本原。

**【译文】**

玄妙的大道,是自然的始祖,是万物的本原。

玄之所在,其乐不穷;玄之所去,器弊神逝[1]。

①器:有形体的具体事物,如人的肉体。神:无形体的抽象精神,如人的灵魂。

**【译文】**

玄妙的大道所在之处,就会情趣盎然而其乐无穷;玄妙的大道消失之时,就会形体破败而神髓消亡。

乐极则哀集[1],至盈必有亏[2]。故曲终则叹发,燕罢则心悲也[3]。

①集:归聚,到来。

②亏:亏损,衰落。

③燕:通"宴",宴会。

**【译文】**

欢乐到极限,悲哀便会来临;盈满至顶点,亏损必然出现。所以一曲终了时就会发出哀叹,欢宴结束后则会心生悲凉。

夫玄道者，得之乎内[①]，守之者外[②]；用之者神，忘之者器[③]，此思玄道之要言也。

①内：内心。

②外：外部行为。

③器：这里指人的肉体。

**【译文】**

玄妙的大道，要在内心里去领悟它，要在行动上去坚守它；善于运用它的人就可以神妙无穷，忘却遗失它的人就会只剩下没有灵魂的躯壳，这就是思考、体悟玄妙大道的主要秘诀。

知足者则能肥遁勿用[①]，颐光山林[②]。

①肥遁：隐居。勿用：不为世俗所用。即不出仕。

②颐光：与“韬光”义近，指韬光养晦以修身养性。颐，养。

**【译文】**

知足之人能够隐居起来而不为世用，韬光养晦于山林之中。

动息知止[①]，无往不足。

①动息：劳作和休息。

**【译文】**

劳作与休息都能适可而止，无论何时何地都能知足常乐。

泰尔有余欢于无为之场①，忻然齐贵贱于不争之地②。

①泰尔：泰然。余欢：很多的快乐。余，盛，多。无为：清静无为。指顺乎自然规律的清静生活。

②忻（xīn）然：欣然，高兴的样子。齐：齐同。

**【译文】**

在清静无为的境界里泰然自若、欢乐无穷；于不争不斗的心境中等同贵贱、怡然自得。

穷富极贵①，不足以诱之焉，其余何足以悦之乎②？

①穷富：极其富有。穷，穷尽，极其。

②悦之：使他感到高兴。

**【译文】**

极度的富有和显赫的权势，不足以诱惑他们，其他的名利又怎么能够使他们喜悦呢？

盖世人之所为载驰企及①，而达者之所为寒心而凄怆者也②。

①载驰：驾车奔驰。形容急切的样子。企及：努力达到。指努力追逐荣华富贵。

②达者：通达之人。也即得道之人。凄怆：伤心悲痛。

**【译文】**

世俗人四处奔走、汲汲以求的那些荣华富贵，却正是通达者所感到寒心和可悲的所在。

## 论仙

虽有至明[1]，而有形者不可毕见焉[2]；虽禀极聪[3]，而有声者不可尽闻焉。

①至明：最好的视力。明，视力。

②毕见：全部看到。毕，全部。

③禀：禀赋，禀性。极聪：最好的听力。聪，听力。

**【译文】**

即使具备最好的视力，也不可能把所有的物体全部看到；即使具备最好的听力，也不可能把所有的声音完全听到。

万物云云[1]，何所不有？

①云云：即"芸芸"，众多的样子。

**【译文】**

万物是那样的繁多，什么样的东西不会存在呢？

有始者必有卒[1]，有存者必有亡。

①卒：终结。

**【译文】**

有开始就必然会有结束，有生存就一定会有死亡。

徒闻有先霜而枯瘁[1]，当夏而凋青，含穗而不秀[2]，未实而萎零[3]，未闻有享于万年之寿、久视不已之期者矣[4]。

①徒：只。先霜：下霜之前。枯瘁：枯萎。

②秀：开花。

③未实：还没有结出果实。零：凋谢。

④久视：长生不老。视，活。

**【译文】**

人们只听说过寒霜还没有降临就枯萎、正值夏季就落叶、孕含了谷穗却不开花、还没有结果却已经凋零的事物，而从未听说过有谁能够享有万年的年龄、具有长生不死的寿命。

聪之所去，则震雷不能使之闻；明之所弃，则三光不能使之见[1]。

①三光：日、月、星。

**【译文】**

如果丧失了听力，那么震耳的雷声也不能使他听到；如果丧失了视力，那么满天日、月、星辰也没办法让他看见。

存亡终始，诚是大体。

**【译文】**

事物有生存就有死亡，有开始必有终结，大体上的确是如此。

夫言始者必有终者多矣，混而齐之[1]，非通理矣。

①混而齐之:混同万物看作一样。

**【译文】**

主张有开始就一定会有终结的人很多,但如果把万物混同起来看得一模一样,就不是完全正确的道理了。

谓夏必长,而荠、麦枯焉[①];谓冬必凋,而竹、柏茂焉;谓始必终,而天、地无穷焉;谓生必死,而龟、鹤长存焉。

①荠、麦枯焉:荠菜和小麦却在夏天枯萎了。荠,荠菜。

**【译文】**

如果说夏天里万物必定生长,但荠菜和小麦却在此时枯萎了;如果说冬天里万物必定凋谢,但竹子和松柏却在此时依然茂盛;如果说有始必有终,然而天、地却无穷无尽;如果说有生必有死,然而灵龟、仙鹤却能长生久存。

盛阳宜暑[①],而夏天未必无凉日也;极阴宜寒[②],而严冬未必无暂温也。

①盛阳:盛夏。古人认为夏天阳气最盛,所以称“盛阳”。

②极阴:严冬。古人认为冬天阴气最盛,所以称“极阴”。

**【译文】**

盛夏应该是炎热的,但夏天未必就没有凉爽的日子;严冬应该是寒冷的,但冬天未必就没有短暂的温暖。

万殊之类，不可以一概断之，正如此也久矣。

**【译文】**

对于千差万别的物类，不能用同一种标准来一概而论，事物如此复杂是自古以来就存在的了。

有生最灵，莫过乎人。

**【译文】**

拥有生命而又最具灵性的，大概莫过于人了。

夫目之所曾见，当何足言哉？

**【译文】**

人的眼睛所曾看到过的东西，哪里能够作为论断的凭据呢？

天地之间，无外之大[①]，其中殊奇，岂遽有限[②]？

①无外之大：无边之大。

②岂遽(jù)：难道。

**【译文】**

天地之间，无边的广大，其中特异奇怪的事物，哪里会有限量呢？

诣老戴天[①]，而无知其上[②]；终身履地，而莫识其下。

①诣老戴天：一直到老，头都顶着天。诣，到。戴，顶。

②上：指天。

【译文】

人们从小到老一直头顶着青天，但也不了解上天的情况；终身脚踩着大地，却也不了解大地的情况。

形骸，己所自有也，而莫知其心志之所以然焉；寿命，在我者也，而莫知其修短之能至焉[1]。

①修短：长短。修，长。

【译文】

身体，是自己所拥有的，却没有人能够了解自己的思想为什么会是如此；寿命，是属于自己的，却也没有人知道自己生命的长短及其所能达到的期限。

常人之所爱，乃上士之所憎[1]；庸俗之所贵，乃至人之所贱也[2]。

①上士：思想境界最高的人。

②至人：道德修养最高的人。

【译文】

平凡人所喜爱的，正是思想境界最高的人所憎恶的；庸俗者所看重的，正是道德境界最高的人所鄙视的。

怪于未尝知也，目察百步，不能了了[1]，而欲以所见为有，所不见为无，则天下之所无者，亦必多矣。所谓以指测海[2]，指极而云水尽者也[3]。

---

①了了:清楚明白。

②以指测海:用手指去测量大海的深浅。

③云:说,认为。

**【译文】**

世人往往对自己不知道的事物感到怪异,世人去观察百步之外的事物,尚且还看不清楚,却硬要把自己看到的事物判定为有,把没有看到的事物判定为无,那么天下被判定为无的东西,也必定太多了。这正如所谓的用手指去测量大海,指头伸到了极限就说海水也已经到底了一样。

## 事无固必①,殆为此也②。

---

①固必:固执,肯定。《论语·子罕》:"子绝四:毋意,毋必,毋固,毋我。"

②殆:大概。

**【译文】**

凡事都不可一味地去肯定,大概就是这个原因吧?

## 天下之事,不可尽知,而以臆断之①,不可任也②。

---

①臆:主观臆断。

②任:凭信。

**【译文】**

天下的事情,人们不可能全都知道,而仅凭着主观臆断,是不可信的。

进趋犹有不达者焉[1],稼穑犹有不收者焉[2],商贩或有不利者焉,用兵或有无功者焉。

①进趋:努力前行。

②稼穑:耕种。种庄稼叫“稼”,收获庄稼叫“穑”。

**【译文】**

努力前行尚且有达不到目的地的,勤奋耕种尚且有收获不到粮食的,商贩或许得不到利润,打仗或许无法获取胜利。

蚊噆肤则坐不得安[1],虱群攻则卧不得宁。

①噆(zǎn):叮咬。

**【译文】**

蚊虫叮咬皮肤,令人坐立不安;虱子群起攻击,使人躺卧不宁。

以分寸之瑕[1],弃盈尺之夜光[2];以蚁鼻之缺[3],捐无价之淳钧[4]。

①瑕:玉石上的斑痕。

②夜光:宝玉名。即夜光璧。

③蚁鼻:蚂蚁的鼻子。比喻极细小的缺陷。

④捐:抛弃。淳钧:宝剑名。为越国人欧冶子所铸。

**【译文】**

因为微小的斑点,就抛弃很大的夜光璧玉;因为细小的缺口,就放弃无价的淳钧宝剑。

夫所见少，则所怪多，世之常也。

**【译文】**

所见识的少，自然感到奇怪的事情就多，这是世间的常理。

## 对俗

设令抱危笃之疾[①]，须良药之救，而不肯即服，须知神农、歧伯所以用此草治此病本意之所由[②]，则未免于愚也。

---

①笃：病重。

②神农：传说中的帝王。据说神农氏曾经尝百草，发明了中药。歧伯：又称“岐伯”，相传为黄帝大臣，是一位名医。据说《黄帝内经》就是黄帝和他对话的记录。

**【译文】**

假如有人患了危重的疾病，急需良药的抢救，却又不肯马上服用，一定还要先考察清楚神农、歧伯之所以要用这种草药治疗这种疾病的本来用意是怎么回事，那就未免太愚蠢了！

夫水土不与百卉同体，而百卉仰之以植焉[①]；五谷非生人之类[②]，而生人须之以为命焉。脂非火种[③]，水非鱼属，然脂竭则火灭，水竭则鱼死。

---

①植：生长。

②生人：生民，人类。

③脂：油脂。

**【译文】**

水土并不与百花属于同一物类，但百花却依赖它们而得以生长；五谷并不属于人类的同一物种，但人类却必须依靠它们来维持生命。油并不属于火一类，水并不属于鱼一类，然而油枯竭了，火就会熄灭；水干涸了，鱼就会死去。

凡人之受命得寿，自有本数。

**【译文】**

世俗之人接受命运、获得寿命，本来有一定的数量。

## 金丹

盛阳不能荣枯朽①，上智不能移下愚②，书为晓者传，事为识者贵。

①盛阳：阳气极盛之时。这里指春夏季节。荣：茂盛。

②移：改变。

**【译文】**

阳气盛行的春夏季节也不能使枯木朽株繁荣茂盛，上等的智慧也不能改变下等的愚笨者，书籍是为理解者所流传的，事业是被知音者所看重的。

农夫得彤弓以驱鸟①，南夷得衮衣以负薪②。夫不知者，何可强哉？

①彤弓：朱红色的弓。古代帝王用以赐有功诸侯。

②南夷：南方的少数民族。衮衣：古代帝王及上公穿的绣有龙纹的礼服。

**【译文】**

农夫得到珍贵的彤弓，却用来驱赶小鸟；南夷得到华美的衮衣，却穿着去背负柴草。对于那些愚昧无知的人，又怎么能够勉强他们明白呢？

世人饱食终日，复未必能勤儒墨之业，治进德之务，但共逍遥遨游，以尽年月。其所营也，非荣则利。

**【译文】**

世人饱食终日，又未必能够勤奋学习儒学和墨学，去从事修养品德的事情，而只是在一起到处逍遥游玩，混完一生。他们所致力追求的，不是名声，就是利益。

## 至理

有者，无之宫也；形者，神之宅也。

**【译文】**

万物，就好比大道的宫舍；形体，就好比灵魂的住宅。

身劳则神散，气竭则命终。根竭枝繁，则青青去木矣[①]；气疲欲胜，则精灵离身矣[②]。

---

①青青：绿色。代指树木的生命。

②精灵：指灵魂。

**【译文】**

身体疲惫不堪而神志就会散乱，元气衰败竭尽而生命就会终结。根部枯萎而枝叶太多，那么代表生命的绿色就会告别树木；元气疲竭而欲望强烈，那么代表生命的灵魂就会离开身体。

大逝者无反期，既朽无生理，达道之士，良所悲矣！

**【译文】**

逝去的东西就不可能再有返回的时候，已经枯朽的事物就不可能再有复活的道理，明白大道的人，确实为此而感到悲哀啊！

## 微旨

归同契合者[①]，则不言而信著[②]；途殊别务者，虽忠告而见疑[③]。

①归同契合：志向相同，思想契合。归，归宿，志向。契，相合。

②信著：诚信显著。即相互信赖。

③见：被。

**【译文】**

目标一致、志同道合的人，即使不交谈也能够相互信任；道路不同、追求各异的人，即使是忠心相告也会受到怀疑。

夫明之所及，虽玄阴幽夜之地[①]，豪厘芒发之物[②]，不以为难见；苟所不逮者，虽日月丽天之炤灼[③]，嵩、岱干云之峻峭[④]，犹不能察焉。

①玄阴:阴暗。玄,黑色。

②豪:通“毫”,长度单位。十丝为一毫,十毫为一厘。芒:谷类植物种子壳上或草木上的针状物。这里都是用来比喻非常细小的东西。

③丽:附着,依附。炤(zhāo)灼:明亮的样子。

④嵩:即嵩山。在今河南境内。岱:即泰山。在今山东境内。干云:直冲云霄。干,冲。

**【译文】**

视力能够看见的人,即使是在黑暗如夜的地方,一毫一厘细小得如同麦芒、头发那样的事物,也不难看见;如果是看不见的人,即使是天上日月的光芒,嵩山、泰山直冲云霄的峻峭,他们也无法看到。

志诚坚果,无所不济①,疑则无功,非一事也。

①济:成功。

**【译文】**

如果意志虔诚坚定果敢,就能无所不成,如果犹犹豫豫就无法成功,不仅在修道这一件事情上是如此。

夫根荄不洞地①,而求柯条干云;渊源不泓窈②,而求汤流万里者③,未之有也。

①根荄(gāi):根部。荄,根。洞地:穿入大地。

②泓(hóng)窈:宏大深邃。泓,水大的样子。窈,深。

③汤(shāng):水大的样子。一般“汤汤”连用。

**【译文】**

树根不能深入大地，却要求枝条直入云霄；源泉不够宏大深邃，却要求洪流越过万里，这都是不可能的。

## 塞难

夫听声者，莫不信我之耳焉；视形者，莫不信我之目焉。而或者所闻见，言是而非，然则我之耳目，果不足信也。

**【译文】**

凡是听声音的人，没有不相信自己耳朵的；看物体的人，没有不相信自己眼睛的。然而有时的所见所闻，也会似是而非，那么这就说明连自己的耳朵眼睛，也确实还不能完全相信。

物莫之与[①]，则伤之者至焉。

---

①物莫之与：即“物莫与之”。对于别人，如果不去赞成他的话。物，事物。这里主要指人。与，赞成。

**【译文】**

如果不去赞同别人的话，中伤自己的人就会到来了。

所以贵德者，以其闻毁而不惨，见誉而不悦也。

**【译文】**

人们之所以看重美德，是因为具有美德的人听到诋毁不会悲哀，看见荣誉不会欢喜。

# 道意

若乃精灵困于烦扰[1],荣卫消于役用[2],煎熬形气,刻削天和。

①精灵:精神,灵魂。

②荣卫:泛指气血。荣,荣气。又叫营气。指人体营养机能和血液循环状况。卫,卫气。指人体保护自我的功能和状况。

**【译文】**

如果一个人的心灵被烦恼所困扰,血气被奔波所消耗,那么就会煎熬自己的身体,削弱自己的天然和气。

前事不忘,将来之鉴也。

**【译文】**

从前的事情不要忘记,就能成为未来的借鉴。

明德惟馨[1],无忧者寿,啬宝不夭[2],多惨用老[3],自然之理。

①明德惟馨:高尚的品德才是真正的芳香。馨,芳香。

②啬宝不夭:爱惜身体就不会夭折。啬,爱惜。宝,指宝贵的身体。

③惨:忧伤。用:因而。

**【译文】**

高尚的品德才是真正的芳香,没有忧患的人才能长寿,珍惜身体的人才不会夭折,忧患过多的人就会因此衰老,这是自然的法则。

## 明本

世间浅近者众，而深远者少，少不胜众，由来久矣。

**【译文】**

世上见识浅薄的人很多，而见识深远的人很少。人少的总是敌不过人多的，这种情况由来已久了。

物以少者为贵，多者为贱。

**【译文】**

事物还是以稀为贵，以多为贱。

渊竭池漉[①]，则蛟龙不游；巢倾卵拾[②]，则凤凰不集。

①漉：淘干，使干涸。

②巢倾卵拾：打翻鸟巢以拾取鸟卵。

**【译文】**

竭泽而渔，蛟龙就不会前来游动；打翻鸟巢以拾取鸟卵，凤凰就不会到这里聚集。

外物弃智[①]，涤荡机变，忘富逸贵[②]，杜遏劝沮[③]，不恤乎穷[④]，不荣乎达，不戚乎毁，不悦乎誉，道家之业也。

①外物：看轻身外之物。外，置之度外。物，名利等。

②逸：放弃。

③杜遏劝沮：不受外人鼓励与批评的影响。杜遏，阻止。引申为不

受影响。劝，鼓励。沮，批评。

④恤：忧愁。穷：困窘。

**【译文】**

看轻身外之物，抛弃世俗智慧，排除机巧之心，忘却荣华富贵，不受外人劝勉或批评的影响，不为自己的困境而忧伤，不为自己的显达而荣耀，不因为别人的诋毁而悲戚，也不因为别人的赞美而高兴，这些就是道家所从事的事业。

观孺子之坠井，非仁者之意；视瞽人之触柱，非兼爱之谓耶？

**【译文】**

看到小孩落入井中而不去营救，并不是仁慈者的用心；看着盲人碰到柱子上而不去搀扶，也不是博爱者的心愿吧？

## 辨问

世人以人所尤长、众所不及者，便谓之“圣”。

**【译文】**

世人认为某些人具有特殊的长处，而一般人无法企及，于是就称他们为“圣人”。

至言逆俗耳，真语必违众。

**【译文】**

最高的理论难以听进俗人的耳朵，真实的话语必然违背众人的心愿。

人所好恶，各各不同，喻之以面，岂不信哉！

【译文】

人们的好恶，各自不同，就好像人们的面孔各不相同一样，这难道不是事实吗？

诚合其意，虽小必为也；不合其神[1]，虽大不学也。好苦憎甘，既皆有矣；嗜利弃义，亦无数焉。

①神：思想，想法。

【译文】

确实合乎自己的意愿，虽然是一件微不足道的事情也一定要做；如果是不符合自己想法的事情，即使是伟大的事业也不愿去学习。喜欢苦涩而讨厌甘甜，这都是有的；追求利益而抛弃道义，那就多得无法计数。

人各有意，安可求此以同彼乎？

【译文】

人各有志，怎么能够要求人们彼此相同呢？

## 极言

夫彀劲弩者[1]，效力于发箭；涉大川者，保全于既济；井不达泉，则犹不掘也；一步未至，则犹不往也。

①彀（gòu）：拉满弓弩。

**【译文】**

能够拉开硬弓的人，力量体现在发出的利箭上；能够横渡大江的人，体现在能够安全地到达彼岸；挖井而没有挖到泉水，就等于没挖；差一步没到，就如同没有出发。

## 修涂之累[①]，非移晷所臻[②]；凌霄之高，非一篑之积[③]。

①修涂：长途。修，长。

②移晷（guǐ）：日影移动一下。形容时间短暂。晷，日影。臻：到。

③篑（kuì）：盛土的竹筐。

**【译文】**

长途跋涉的劳顿，不是片刻所能导致的；直插云霄的高度，并非一筐土所能积累的。

## 千仓万箱，非一耕所得；干天之木[①]，非旬日所长。

①干：冲，达到。

**【译文】**

千仓万箱的粮食，并不是一次耕作的收获；高耸入云的树木，不是十天半月所能长成的。

## 夫有尽之物，不能给无已之耗；江河之流，不能盈无底之器也。

**【译文】**

有限的事物，不可能供给无限的消耗；江河的流水，也无法装满无底的器皿。

人无少长，莫不有疾，但轻重言之耳。

**【译文】**

人们无论年长年幼，没有哪个没有疾病，只是病有轻重而已。

良匠能与人规、矩[①]，不能使人必巧也；明师能授人方书，不能使人必为也。

---

①规、矩：两种木工工具。用来画圆的工具叫“规”，用来画方的工具叫“矩”。这里代指木工技术。

**【译文】**

优秀的工匠能够教给人们木工技术，却不能够使人们的木工技术一定高超；圣明的老师能够传授给人们记载仙术的书籍，却不能够使人们肯定去实践。

夫损之者如灯火之消脂，莫之见也，而忽尽矣；益之者如苗禾之播殖，莫之觉也，而忽茂矣。

**【译文】**

对身体有害的行为如同灯火消耗油脂一样，在人们的不知不觉之中，油脂突然就用光了；对身体有益的措施如同播种禾苗，在人们的不知不觉之中，禾苗就忽然茂盛了。

治身养性，务谨其细，不可以小益为不平而不修[①]，不可以小损为无伤而不防。

———

①不平：不足，不够。平，丰收。引申为多、足够。《汉书·食货志上》："再登曰平，余六年食；三登曰泰平，二十七岁，遗九年食。"

**【译文】**

保养生命，务必注意细小的事情，不能认为小的益处不值得重视而不去修养，也不能认为小的损害不会带来大伤害而不去提防。

凡聚小所以就大，积一所以至亿也。

**【译文】**

不断聚集小的事情才能够成就大业，不断一个一个地积累才能够达到亿万数量。

世人以觉病之日，始作为疾，犹以气绝之日，为身丧之候也。

**【译文】**

世人认为感到有病的那一天，才算是生病的开始，这就好像把断气的那一天，当作死亡的症状一样。

唯怨风冷与暑湿，不知风冷暑湿，不能伤壮实之人也，徒患体虚气少者，不能堪之，故为所中耳。

**【译文】**

人们总是抱怨大风、寒冷、暑热和潮湿，却不知道这些风、寒、暑、湿并不能伤害强壮的人，只是那些体质虚弱、气血缺乏的人，无法抗御，所以就会受到它们的伤害。

俱食一物，或独以结病者，非此物之有偏毒也；钧器齐饮，而或醒或醉者，非酒势之有彼此也；同冒炎暑，而或独以暍死者①，非天热之有公私也。

①暍（yè）：中暑。

【译文】

大家都吃同一种食物，有的人却偏偏因此造成疾病，并非这些食物有偏指某人的毒素；用同样的酒杯一起饮酒，而有的人清醒，有的人沉醉，这并非酒的力量对他们有彼此之分；大家同样遇到了炎热酷暑，而有的人独自中暑而亡，这并非上天的炎热有公私之别。

苟能令正气不衰，形神相卫，莫能伤也。

【译文】

如果能够使体内的正气不衰竭，肉体和精神相互养护，就没有什么东西能够伤害他了。

养生以不伤为本。

【译文】

养生要以不伤害身体为根本。

才所不逮，而困思之，伤也；力所不胜，而强举之，伤也；悲哀憔悴，伤也。

【译文】

才华有所不及，却还要去苦苦思索，是对身体的伤害；力气有所不及，却还要勉强扛举，是对身体的伤害；伤心得面容憔悴，是对身体的伤害。

养生之方，唾不及远，行不疾步；耳不极听，目不久视；坐不至久，卧不及疲；先寒而衣[1]，先热而解；不欲极饥而食，食不过饱；不欲极渴而饮，饮不过多。

---

①先寒而衣：赶在寒冷到来之前就增加衣服。

**【译文】**

养生的方法是，吐唾沫时不要用力吐到远处，走路时步子不要太快；耳朵不要听得太累，眼睛不看得太久；坐的时间不要太长，在感到疲倦之前就要躺下休息；在感到寒冷之前就要增加衣服，在感到热燥之前就要解开衣裳；不要在感到很饿的时候才去吃饭，吃饭也不要吃得过饱；不要在感到太渴的时候才去喝水，喝水也不要喝得太多。

凡食过则结积聚，饮过则成痰癖[1]。

---

①痰癖：多痰症。

**【译文】**

吃得过多就会造成积食，喝得过多就会引起痰症。

五味入口，不欲偏多，故酸多伤脾，苦多伤肺，辛多伤肝，咸多则伤心，甘多则伤肾，此五行自然之理也[1]。

---

①此五行自然之理也：这就是五行相克的自然道理。古人把五行与五味、五脏相配，具体内容为：木配酸、肝；火配苦、心；土配甘、脾；金配辛、肺；水配咸、肾。而“五行”具有“相克”的关系，“木克土”，因此“酸多伤脾”；“火克金”、因此“苦多伤肺”，余可以此类推。

**【译文】**

进食五味食品时，不宜偏好于某一种味道，因为酸味太重会伤害脾脏，苦味太重会伤害肺部，辣味太重会伤害肝脏，咸味太重会伤害心脏，甜味太重会伤害肾脏，这是五行相克的自然道理。

## 勤求

天地之大德曰生，生，好物者也[①]！

①好物：好事情。“天地之大德曰生”一句见于《周易·系辞下》，“生，好物者也”一句见于《左传·昭公二十五年》。

**【译文】**

天地最大的恩德是使万物能够生存，生存，是一件好事啊！

百年之寿，三万余日耳。

**【译文】**

人生的百年寿命，也不过是三万多天而已！

人在世间，日失一日，如牵牛羊以诣屠所[①]，每进一步，而去死转近。

①诣：到。

**【译文】**

人活在世上，过一天就少一天，就好像被牵到屠宰场宰杀的牛羊一样，每向前走一步，离死亡就近了一步。

凡人之所汲汲者，势利嗜欲也。

**【译文】**

世人所急切追求的，是权势利益及嗜好欲望。

苟我身之不全，虽高官重权，金玉成山，妍艳万计，非我有也。

**【译文】**

如果自己的身体还不能保全，那么即使是高贵的官职、极重的权力，黄金白玉堆积如山，美人艳女数以万计，也都不是自己所能拥有的了。

至老不改，临死不悔，此亦天民之笃暗者也[①]。

———

①笃暗：迟钝愚暗。

**【译文】**

到老也不改正，至死也不悔悟，这就是天下百姓中最为愚昧的人了。

生之于我，利亦大焉。

**【译文】**

生命对于自己，好处太大了。

## 黄白

变化者，乃天地之自然。

**【译文】**

变化，是天地万物的自然之道。

世间乃定无所不有，五经虽不载，不可便以意断也。

**【译文】**

世间确实是无奇不有，五经里即使没有记载的事情，也不能就凭着主观臆断就说它不存在啊！

## 地真

一能成阴生阳，推步寒暑[1]；春得一以发，夏得一以长，秋得一以收，冬得一以藏。

①推步：推行，使运行。

**【译文】**

大道能够生成阴阳，能够使寒暑得以顺利运行；春天得到了大道就能够使万物出生，夏天得到了大道就能够使万物成长，秋天得到了大道就能够使万物收成，冬天得到了大道就能够使万物储藏。

生可惜也，死可畏也。

**【译文】**

生命是应该珍惜的，死亡是值得畏惧的。

一人之身，一国之象也：胸腹之位，犹宫室也；四肢之列，犹郊境也；骨节之分，犹百官也；神，犹君也；血，犹臣也；气，犹民也。故知治身，则能治国也。

**【译文】**

每一个人的身体，就好比一个国家的情况：胸膛、腹部的位置，好比皇帝宫殿；四肢的排列，好比国家的四郊边境；各种不同的骨节，好比是各种不同的官员；精神，好比是国君；血液，好比是大臣；精气，好比是百姓。因此懂得修养自己的身体，就能治理好一个国家。

夫爱其民，所以安其国；养其气，所以全其身。民散则国亡，气竭即身死。死者不可生也，亡者不可存也。

**【译文】**

爱护自己的百姓，是用来安定国家的办法；养护自己的精气，是保全自身的措施；百姓离散就会导致国家灭亡，精气枯竭就会造成自身死去。死去的人不能复生，灭亡的国家不能复存。

至人消未起之患，治未病之疾，医之于无事之前，不追之于既逝之后。

**【译文】**

最明智的人能够消除还没有发生的忧患，治疗还没有形成重病的小疾，在身体还没有出大事之前就注意医治，而不在出事之后去追悔莫及。

## 遐览

徒知饮河，而不得满腹[①]。

---

①“徒知”二句：徒然知道应该到黄河里去饮水，却没有能够喝满肚子。比喻自己虽然知道应该向学问渊博的郑先生学习，却没有能够学到足够的知识。

**【译文】**

自己只是徒然知道应该在黄河里饮水，却没有喝满肚子。

有谋议己者①，必反自中伤。

①谋议：算计，伤害。

**【译文】**

如果有人想谋害自己，一定会使那个人自己受到伤害。

## 祛惑

凡探明珠，不于合浦之渊①，不得骊龙之夜光也②；采美玉，不于荆山之岫③，不得连城之尺璧也。

①合浦：地名。在今广东合浦，以出产珍珠闻名。

②骊龙：黑龙。夜光：夜明珠。《庄子·列御寇》："河上有家贫恃纬萧而食者，其子没于渊，得千金之珠。其父谓其子曰：'取石来锻之！夫千金之珠，必在九重之渊而骊龙颔下，子能得珠者，必遭其睡也。使骊龙而寤，子尚奚微之有哉？'"

③荆山：山名。在今湖北荆州。是和氏璧的出产地。岫(xiù)：山峰。

**【译文】**

凡是想要探取明珠的人，如果不到合浦的深渊里去，就无法得到黑龙下巴下面的夜光宝珠；想要寻找美玉的人，如果不到荆山的山峰上去，就无法得到价值连城的一尺见方的玉璧。

知人之浅深，实复未易，古人之难①，诚有以也②。

---

①古人之难：当依孙星衍校作“古人难之”。古人认为知人是一件困难的事情。之，代指“知人”。

②有以：有缘故，有原因。

**【译文】**

要想知道别人道德、知识的深浅，确实是很不容易的，古人认为此事很难，的确是有道理的。

白石似玉，奸佞似贤。贤者愈自隐蔽，有而如无；奸人愈自炫沽①，虚而类实。

---

①炫沽：炫耀自我以沽名钓誉。

**【译文】**

白色的石头像美玉，奸邪的坏人像贤人。越是贤良的人就越发隐藏自己的才华，所以他们拥有很高的品质和学问却看似一无所有；越是奸邪的人就越发喜欢炫耀自我以沽名钓誉，一无所有却看似满腹才华。

好事者，因以听声而响集①，望形而影附，云萃雾合②，竞称叹之，馈饷相属③，常余金钱。

---

①响集：像回响那样应和聚集。响，回响。

②萃：聚集。

③相属(zhǔ)：相互连接，一个接着一个。属，连接。

**【译文】**

那些好事的人，听到他的声音就像回响那样去应合，看到他的身形就像影子一样去归附，他们就像云雾一样聚集在他的身边，争相赞叹他，而给他送礼物的人络绎不绝，他经常拥有花不完的金钱。

# 苻子

《苻子》，前秦苻朗撰。苻朗，字元达，十六国前秦国主苻坚从兄子。苻朗研习经籍，手不释卷，又颇好谈玄。苻坚大败于淝水，苻朗时镇青州，于次年请降于东晋，任员外散骑侍郎，为东晋名士。

《隋书·经籍志》著录《苻子》于道家类，《旧唐书·经籍志》《新唐书·艺文志》亦有记载。此书原有二十卷，后散佚。唐马总《意林》录文一条，清人周广业辑得四十余条，编入《意林附编》，马国翰亦有辑本，收于《玉函山房辑佚书》，称其"文笔颇似《抱朴子》"。

本书选文据中华书局《新编诸子集成续编·意林校释》。

心能善知人者如明镜，善自知者如渊蚌。镜以曜明[1]，故鉴人[2]；蚌以含珠，故内照[3]。

①曜（yào）明：照见，显扬。

②鉴人：照人。引申指知人、察人。

③内照：照见内部。引申指自我省察、自知。

**【译文】**

内心善于了解他人的人就像明镜，善于认识自己的人就像水中的蚌。镜子用来照人，所以能够知人；蚌里含有珍珠，所以能够自照。

为道者日损而月章[1]，为名者日章而月损。

①章：明显，显著。

**【译文】**

追求修身养性之道的人，虽然一天有所损失，但一个月却收获很多；追求名利的人，虽然一天有所收获，但一个月却损失很大。

# 法家

# 管子

管子，名夷吾，字仲，春秋时颍上（今属安徽）人，著名政治家。经鲍叔牙举荐辅佐齐桓公，在齐国推行富国强兵的改革，使齐桓公成为“春秋五霸”之首。

《管子》一书并非管仲本人所作，一般认为成于战国至西汉初年，为后人假托之作。原有八十六篇，今本已佚十篇，存七十六篇。其书内容庞杂，包括道、法、儒、名、农、兵、阴阳等各家思想，涵盖天文、舆地、经济、农业、军事等诸多领域。《管子》中最具特色的思想当属“富国”主张，有关富国、富民、理财的内容所占篇幅巨大。因此，《管子》又被认为是中国古代第一部经济学著作，对治国理政颇具借鉴价值。

本书选文据中华书局三全本《管子》。

## 牧民

凡有地牧民者[①],务在四时[②],守在仓廪[③]。

①牧民:古代将治理国家百姓称为牧民。牧,放牧。引申为统治、治理。

②四时:春、夏、秋、冬四季。

③仓廪(lǐn):仓库。储藏谷物处叫仓,储藏稻米处叫廪。

**【译文】**

凡是拥有封地、养育管理百姓的君主,必须致力于农事、注重四时耕种,掌管好粮食贮藏。

国多财,则远者来[①];地辟举[②],则民留处。

①远者:远方民众。

②辟举:开发耕种全面。举,尽,皆。

**【译文】**

国家富裕、财力充足,远方的人们就自动投奔而来;荒地大量开发、耕地充分种植,本国的民众自然安心长留居住。

仓廪实[①],则知礼节;衣食足,则知荣辱。

①仓廪(lǐn):仓库,粮仓。

**【译文】**

粮仓充实了,生活富裕了,人们自然就知道要奉礼守节;衣食无忧了，日用丰足了，人们自然就懂得珍惜荣耀、避免耻辱。

不务天时，则财不生；不务地利，则仓廪不盈[①]。

---

①仓廪(lǐn)：仓库，粮仓。

**【译文】**

不重视遵从天时，就不能增长生产、累积财富；不重视利用土地，就不会粮仓充实、储备丰盈。

四维不张[①]，国乃灭亡。

---

①四维：指礼、义、廉、耻四大准绳。维，纲纪，法度，准绳。

**【译文】**

礼、义、廉、耻四维得不到发扬，国家就将会陷入灭亡。

何谓四维？一曰礼，二曰义，三曰廉，四曰耻。礼不逾节[①]，义不自进[②]，廉不蔽恶[③]，耻不从枉[④]。

---

①逾节：超越法度规范。

②自进：只顾自己妄自求进。即自行钻营。

③蔽恶：隐蔽自己的恶行。

④从枉：即趋从坏人。枉，邪枉，邪曲。

**【译文】**

什么是维系一个国家存在的四大准绳呢？一是礼，二是义，三是廉，四是耻。人有礼，就不会超越法度规范，破坏应守的规矩原则；人有义，就不会妄自求进，不遵循荐举之路；人有廉，就不会刻意掩饰过错，贪慕虚名浮利；人有耻，就不会跟从坏人，与邪恶同流合污。

政之所兴，在顺民心；政之所废，在逆民心。

**【译文】**

政令所以能够推行，在于顺应民心；政令所以废弛，在于违背民意。

民恶忧劳，我佚乐之[1]；民恶贫贱，我富贵之；民恶危坠，我存安之；民恶灭绝，我生育之。

①佚(yì)乐：即“逸乐”。指使百姓安逸喜悦。

**【译文】**

民众害怕忧劳，我就使他们得到安乐；民众害怕贫贱，我就使他们求得富贵；民众害怕危难，我就使他们生活安稳；民众害怕家族灭绝，我就使他们生养繁育。

知予之为取者，政之宝也。

**【译文】**

明白“予之于民就是取之于民”这个原则，是治国的法宝。

不为不可成，不求不可得，不处不可久，不行不可复[1]。

①复：可以重复的事情。

**【译文】**

不要强干办不到的事情，不要追求不应得的利益，不要占有不能持久的地位，不要做不可再做的事情。

明必死之路者，严刑罚也；开必得之门者，信庆赏也[1]。

①信：守信。此处指兑现。庆赏：奖赏。

**【译文】**

所谓向民众指出犯罪为必死之路，就是保证刑罚严厉且行之有效；所谓向民众敞开立功必赏的大门，就是奖赏功德要有信用，言出必行。

量民力，则事无不成；不强民以其所恶，则诈伪不生。

**【译文】**

量民力而行事，就可以事无不成；不强迫民众去做厌恶的事情，欺诈作假的行为就不会发生。

君求之，则臣得之；君嗜之，则臣食之；君好之，则臣服之；君恶之，则臣匿之。

**【译文】**

君主想要的东西，臣下就想法得到；君主喜欢吃的东西，臣下就想去尝试；君主爱做的事情，臣下就想去实践；君主所厌恶的事情，臣下就极力去隐藏规避。

天下不患无财，患无人以分之[1]。

①分：指合理分配。

【译文】

天下不怕没有财富,怕的是无人去管理分配它们。

缓者后于事,吝于财者失所亲,信小人者失士[1]。

①失士:失去贤士的支持。

【译文】

处事迟钝的人,总是落后于形势;吝啬财物的人,往往失去亲信;偏信谗言、任用小人的人,也总是失掉贤能之士的辅佐。

## 形势

天不变其常[1],地不易其则[2],春秋冬夏,不更其节[3],古今一也。

①常:常则,规律。

②则:法则,准则,规律。

③节:节次,顺序。

【译文】

天不改换它的常规,地不变更它的法则,春秋冬夏不错乱其节令,从古到今都是这样。

寿夭贫富,无徒归也[1]。

①徒:凭空地,无缘无故地。归:归向。一说给予,得到。

**【译文】**

人们有的长寿、有的短命，有的贫穷、有的富有，凡此种种，都不是无缘无故形成的。

## 訾䜋之人[①]，勿与任大。

①訾（zǐ）：毁贤。即诋毁诽谤贤人。䜋（wèi）：誉恶。即称赞恶人。

**【译文】**

诋毁诽谤贤人的人，不可委以大任。

## 谟臣者可与远举[①]，顾忧者可与致道[②]。

①谟（mó）臣：谋虑远大的人。谟，同“谟”，谋划。举：任用贤才。

②顾忧：深谋远虑。指思虑周详、见识高超、勤政忠君之臣。顾，思考，思虑。致道：入道，合道。

**【译文】**

谋虑远大、见识高超的人，可以同他共图大事；思虑民生、忧心国事的人，可以同他共行治国之道。

## 其计也速而忧在近者，往而勿召也。

**【译文】**

对于那种贪图速效而只顾眼前利益的人，让他走开了就不要再召他回来。

## 必得之事，不足赖也；必诺之言，不足信也。

**【译文】**

容易得到的东西，是靠不住的；轻易应允的事情，是信不得的。

## 小谨者不大立，訾食者不肥体[1]。

①訾食：厌食，挑食。訾，厌恶。肥体：此指身体健康。

**【译文】**

过于谨小慎微、拘泥于小节，不能成就大事；就好比挑食的人，不能使身体肥壮一样。

## 伐矜好专[1]，举事之祸也。

①伐矜：自负贤能，自以为是。好专：独断专行。

**【译文】**

骄傲自大、独断专行，乃是行事的祸患。

## 怠倦者不及[1]，无广者疑神[2]。

①不及：落后。

②无广：即不分心的意思。一说，"广"为"旷"字之省。疑神：凝神。疑，通"凝"。

**【译文】**

懒惰的人总是做事拖延、落后，不分心的人才能凝聚精气。

## 曙戒勿怠[1]，后稚逢殃[2]；朝忘其事，夕失其功。

①曙戒：天亮时分要特别戒惕。

②稚：骄狂。

**【译文】**

黎明时要戒惕，不能荒忽，后来放松戒惕而骄狂者必定遭殃；早晨忘掉了该做的事，晚上就会失去应得的成就。

邪气入内，正色乃衰[1]。

①正色：端庄的神色。

**【译文】**

邪气侵袭到一个人体内，其正色就要衰退。

上失其位，则下逾其节。

**【译文】**

在高位者不按照他的身份办事，下级就会超越应守的规范。

上下不和，令乃不行。

**【译文】**

上下不和睦，政令就无法推行。

衣冠不正，则宾者不肃；进退无仪，则政令不行。

**【译文】**

主人衣冠不端正，宾客就不会严肃；为政者的举动不合乎仪式，政策法令就不容易贯彻。

## 莫乐之则莫哀之①；莫生之则莫死之②。

①乐之：即“使乐之”。指君主使民安居乐业。哀之：即“使哀之”。指百姓为君分担忧患。

②生之：即“使生之”。指君主使民生长繁育。死之：即“使死之”。指百姓乐于为君牺牲。及其有危，人必死之。

**【译文】**

君主不能让臣民安乐，臣民也就不会为君主分忧；君主不能使臣民生长繁息，臣民也就不会为君主牺牲性命。

## 持满者与天①，安危者与人②。

①持满：保持盈满状态。与天：法天。

②与人：得人心。

**【译文】**

凡是能够始终保持强盛的，就是因为顺从了天道；凡是能够使危亡者安存，就是因为顺从了人心。

## 失天之度，虽满必涸。

**【译文】**

违背天的法则，虽然暂时丰盈圆满，但最终都必然枯竭。

## 上下不和，虽安必危。

**【译文】**

上下不和睦，虽然暂时能够安定，最终也必然走向危亡。

得天之道，其事若自然；失天之道，虽立不安。

**【译文】**

把握而遵行天道，凡事成就则自然而然、宛如天成；违犯或背弃了天道，即使暂时能取得成功也不能保持长久。

疑今者察之古；不知来者视之往。

**【译文】**

对于当今之世有疑虑的人，可以考察古人的经验；对于未来不甚了解的人，可以查阅往事记录。

天道之极[①]，远者自亲；人事之起[②]，近亲造怨。

---

①极：准则，或曰极致。

②人事：人为。指违背天道的私心。起：指一时生发的念头。

**【译文】**

顺应天道做事做到极致，疏远的人都会来亲近；做事违背自然而加以人为干预，哪怕是近亲也难免产生怨恨。

万物之于人也，无私近也[①]，无私远也。巧者有余，而拙者不足。

---

①私：偏爱，偏袒。

**【译文】**

万物给予人们的，是没有远近亲疏之分的。高明灵巧的人用起来就有余裕，而愚昧笨拙的人用起来就总是显得不足。

## 天之所助，虽小必大；天之所违，虽成必败。

**【译文】**

得到上天的帮助，即使本来弱小的也可以变得强大；遭到上天的离弃，就算取得成功也可能变为失败。

## 顺天者有其功，逆天者怀其凶[①]。

---

①怀：致。

**【译文】**

顺应天道的人可以取得他想要的成效，违背天道的人就要招致灾祸。

## 乌鸟之狡[①]，虽善不亲；不重之结，虽固必解。

---

①狡：通“交”，交往，交结。

**【译文】**

乌鸦聚集般的交情，看上去再好，也不会真的亲近；没有重复再打一次的绳结，看似坚固，也一定会松脱散开。

## 毋与不可[①]，毋强不能[②]，毋告不知。

---

①与：亲附，交结。

②强：强迫，勉强。

**【译文】**

不要去结交不可信赖的人，不要勉强能力不够的人去做办不到的事，不要把道理告诉不明事理的人。

见与之交[1]，几于不亲[2]；见哀之役[3]，几于不结[4]；见施之德[5]，几于不报。

①见：同“现”。与：亲近，友好。

②几：将近，接近。

③哀：古与“爱”通用。役：役使为……做事。

④结：牢固。

⑤施：给予。德：恩德，感激。

**【译文】**

现成人情做成的交情，几乎等于不亲；轻易地喜爱下帮忙做点事，那关系也几乎就是不牢固；顺手的施舍积的那点德，几乎等于得不到回报。

独王之国，劳而多祸。

**【译文】**

唯我独尊、独断专横的国家，必然疲于奔命而祸事多端。

未之见而亲焉，可以往矣；久而不忘焉，可以来矣[1]。

①来：归附。

**【译文】**

尚未见面就已经显得亲近的人，可以弃之而去；久别而难忘的人，才值得去投奔。

言而不可复者[1]，君不言也；行而不可再者，君不行也。

①复:兑现,落实。

【译文】

那种说出来却没法兑现的言语,君主不要去说;那种做一次而不可再做的事,君主不要去做。

## 权修

赋敛厚,则下怨上矣;民力竭,则令不行矣。

【译文】

赋税繁重则民众怨恨朝廷,民力枯竭则政令无法推行。

欲为天下者[①],必重用其国[②];欲为其国者,必重用其民;欲为其民者,必重尽其民力。

①为天下:此处指争夺天下。

②重用其国:爱惜地使用本国力量。重,慎重。

【译文】

要治理天下,必须珍惜国力慎用本国之民;想要治理好国家,必须慎重保存国内民众的财力物力;想要治理好民众,不敢轻易动用民力不使之虚耗殆尽。

见其可也[①],喜之有征[②];见其不可也[③],恶之有刑[④]。

①可:可行的,可以做的。

②征：征验，有所表现。此处指实际的奖赏。

③不可：被禁止的事。

④恶：厌恶。

**【译文】**

见到人们做好事，表示喜欢，就要有实际的奖赏；见到人们做坏事，表示厌恶，就要有具体的惩罚。

地之生财有时[①]，民之用力有倦，而人君之欲无穷。以有时与有倦，养无穷之君，而度量不生于其间[②]，则上下相疾也[③]。

①时：天时，季节。

②度量：原指计量长短、多少的标准。此处指规矩、限度。

③相疾：互相仇视、怨恨。

**【译文】**

土地生产财富受时令的限制，百姓付出劳力有疲倦的时候，然而人君的欲望却是无穷无尽的。以有时节限制的土地和气力有限的百姓，来供养欲望无穷无尽的君主，这中间若没有一个合理的节制和限度，那么在上下之间就会彼此怨恨。

取于民有度，用之有止[①]，国虽小必安；取于民无度，用之不止，国虽大必危。

①止：止境。

**【译文】**

对民众征收财物有限度，使用耗费民力也有节制，即使国家很弱小也一定能安宁；相反，对百姓征敛无度，耗费民力又毫无节制，即使国家很强大也一定会面临危亡。

察能授官，班禄赐予[1]，使民之机也。

①班禄：分别爵禄等级。班，分赐。

**【译文】**

考察每个人的能力然后再授予其官职，按照功绩的等级赐予其俸禄奖赏，这才是用人的关键。

地之守在城，城之守在兵，兵之守在人，人之守在粟。

**【译文】**

守卫国土在于城池，保卫城池要有军队，军队的保障在于捍卫民众利益，而百姓的生命财产的保障在于守住粮食。

审其所好恶，则其长短可知也；观其交游[1]，则其贤不肖可察也[2]。

①交游：指交往、结交朋友。

②不肖：不好。指坏人。察：明白。

**【译文】**

了解到他们喜欢什么和厌恶什么，就可以知道他们的长处和短处；观察到他们同什么样的人交往，就能判断他们是好人还是坏人。

天下者，国之本也[1]；国者，乡之本也；乡者，家之本也；家者,人之本也;人者,身之本也;身者,治之本也。

---

①天下者,国之本也:言天下以国为本。下仿此。之,同“是”。以下五句意同。

**【译文】**

天下是以国为根本,国又以乡为根本,乡以家为根本,家以人为根本,人以自身为根本,自身又以顺应万物修身养性之大道为其根本。

货财上流,赏罚不信,民无廉耻,而求百姓之安难[①],兵士之死节[②],不可得也。

---

①安难:安于患难,甘冒危难。

②死节:死于名节,为国献身。

**【译文】**

在财货上流、富足只集中在少数人手中,赏罚没有信用,老百姓又不懂得廉耻的情况下,而希望百姓能为国家忍受困苦、甘冒危难,士兵能够为国捐躯、勇守死节,那是不可能的。

一年之计,莫如树谷;十年之计,莫如树木;终身之计,莫如树人[①]。

---

①树人:培养人才。

**【译文】**

若作一年的打算,最好就是种植五谷;若作十年的打算,最好就是种植树木;若作终身的打算,最好就是教育培养人才。

微邪者，大邪之所生也。微邪不禁，而求大邪之无伤国，不可得也。

**【译文】**

微小的邪恶是大的邪恶产生的根源。微小的邪恶不禁止，而想要大的邪恶不去危害国家，那是不可能的。

法者，将用民之死命者也[1]。用民之死命者，则刑罚不可不审。刑罚不审，则有辟就[2]；有辟就，则杀不辜而赦有罪[3]；杀不辜而赦有罪，则国不免于贼臣矣。

①用民之死命：指决定百姓生死。死命，生死。一说以死报效。

②辟就：避重就轻或避轻就重之意。辟，同“避”，避开，回避。就，迁就。此指治罪。

③不辜：无罪的人。辜，罪。

**【译文】**

法规律令，是用来决定黎民百姓的生死的。决定民众的生死，就不能不认真审慎地使用刑罚。如果刑罚使用不慎，就会使坏人逃脱罪罚而使好人蒙冤；使坏人逃罪或好人蒙冤，就会出现滥杀无辜或包庇坏人的事情；若杀无辜而庇有罪，国家政权就难免被乱臣贼子伺机窃取或谋逆篡夺了。

## 立政

国有德义未明于朝者，则不可加于尊位；功力未见于国者，则不可授与重禄；临事不信于民者，则不可使任大官。

【译文】

在一个国家里，对于德行义举没能显示于朝廷的人，不可授予尊崇的爵位；对于功勋业绩没有表现于邦国的人，不可给予优厚的俸禄；对于主持政事没能取信于民众的人，就不能任命为显官要职。

君之所慎者四：一曰大德不至仁，不可以授国柄；二曰见贤不能让，不可与尊位；三曰罚避亲贵，不可使主兵；四曰不好本事[①]，不务地利，而轻赋敛[②]，不可与都邑[③]。

①本事：指农耕。

②轻赋敛：随便征收赋税。轻，轻易，轻率，不慎重。

③与都邑：给予都邑之职位。即任命为地方长官。

【译文】

君主需要谨慎对待的问题有四个：一是对于提倡道德而不能真正做到仁的人，不可以授予国家大权；二是对于见到贤能之人而不能让位的人，不可以授予尊贵的爵位；三是对于掌握刑罚在执行时回避亲贵的人，不可以让他统帅军队去带兵；四是对于那种不重视农业，不注重开发地利，而又轻易征收赋税的人，不可任命他为地方长官。

凡将举事，令必先出。

【译文】

国家大凡将要兴办大事，赏罚的律令法规一定先行发出。

全生之说胜[①]，则廉耻不立[②]。私议自贵之说胜[③]，则上令不行。群徒比周之说胜[④]，则贤不肖不分。金玉货财之说胜⑤，则爵服下流⑥。观乐玩好之说胜⑦，则奸民在上位。请谒任举之说胜⑧，则绳墨不正⑨。谄谀饰过之说胜⑩，则巧佞者用⑪。

---

①全生：保全性命。

②廉耻不立：廉耻的观念得不到确立。

③私议自贵：私立异说而清高自贵。

④群徒比周：结党营私。比周，培植徒党，勾结营私。

⑤金玉货财：指追求金玉财货、贪图富贵。

⑥爵服下流：使官爵随意流入下层。即出现卖官鬻爵之事。

⑦观乐玩好：讲究吃喝玩乐。指追求享受。

⑧请谒任举：请托，拜见，私人保举。指多方求索官职。请谒，请托，拜见。任举，指私人保举。

⑨绳墨：本义是木匠用以取直用的墨线。引申为标准。此指用人标准。

⑩谄谀饰过：阿谀奉承、文过饰非。指想尽办法掩盖过错。

⑪巧佞：巧诈奸邪之人。

**【译文】**

主张要保全自身和珍爱生命的观念占据优势，那么舍生取义、杀身成仁的廉洁知耻之风尚就不好再建立了。若私立异说、清高自负、各显高明的主张占取上风，那么君主的政令就无法有效得到推行了。倾向拉帮结派、结党营私的习尚占据优势，那好人、坏人就不容易分清楚了。倡导追求金玉财货的主张若占据上风，那么官员可能会随意贩卖官爵，私自赏赐职位给出身卑微之人，导致爵赏服制滥流到下层。提倡观赏游玩、寻欢作乐的风气占据优势，奸邪阴险、诈伪欺世之辈就会攀附权贵、窃居高位。凭借请托拜谒、私人保举可以求得官爵的情形占据上风，那用人标准就不会正确。那些阿谀奉承、逢迎谄媚、文过饰非之人的主张占据优势，花言巧语、献媚取宠的奸佞之徒就会得到任用，出来干一些邪恶之事。

令则行，禁则止，宪之所及①，俗之所被②，如百体之从心③，政之所期也。

①宪：法令。

②被：加，及。

③百体：指身体的各个器官、部位。

**【译文】**

有令便行，有禁则止，凡是律法威令所及和风尚习俗所能影响到的地方，百姓服从君主，就像四肢百骸以及身体所有器官服从内心的支配一样，这是为政者治理国事所期望达到的效果。

## 乘马

凡立国都①，非于大山之下，必于广川之上。高毋近旱而水用足，下毋近水而沟防省②。因天材③，就地利④，故城郭不必中规矩⑤，道路不必中准绳⑥。

①国都：都城，也包括国中的都邑、城市。

②沟防：排水沟、渠道或堤防。

③因：凭借，依靠。天材：天然材料。即自然资源。

④就:趁着,借助。地利:有利的地理条件等资源。

⑤规矩:本义为校正圆形和方形的工具,即圆规和曲尺。后来引申为规则、法式。

⑥准绳:本义为测量物体平直的工具。此指关于平直的标准。

**【译文】**

凡是营建都市和大城镇,不把它建立在大山脚下,也必须建在大河的近旁。地势之高,不可接近于干旱地区,以便保证水源的充足;地势之低,不可接近于有积水的水潦,以便省去修筑堤防和渠道的功夫。要依靠天然资源,要凭借地势之利,所以,城郭的构筑和建造,不必拘泥于特定的规则;道路的铺设和修建,也不必拘泥于特定的标准。

地者,政之本也,是故地可以正政也①。地不平均和调②,则政不可正也;政不正,则事不可理也③。

①正政:整顿政事。正,匡正,纠正。

②平均和调:指土地分配合理、管理完善。和调,此指管理和谐协调。

③事:指生产活动。即农业生产及各种经济活动。理:治理。

**【译文】**

土地是治理政事的根本,所以,土地可以用来调整政事。土地不能公平分配、管理不能和谐协调,政策措施就不正确,政事活动也无法公正合理。

货多事治,则所求于天下者寡矣。

**【译文】**

一旦物资丰富,农事搞得好,就可以少求助于天时了。

事者生于虑[①],成于务[②],失于傲[③]。不虑则不生,不务则不成,不傲则不失。

——

①虑:考虑,谋划。

②务:努力,尽力。

③傲:轻慢,懈怠。

**【译文】**

任何事业总是产生于谋划和周密考虑,成功于尽心竭力的努力,失败于轻忽怠慢和骄傲。不谋虑则不能产生,不努力则不能成功,不骄傲轻慢则不致失败。

市者,可以知治乱,可以知多寡。

**【译文】**

通过市场,可以了解社会的治乱兴亡,可以通晓社会物资和财富的多寡。

黄金者,用之量也[①]。辨于黄金之理[②],则知侈俭[③];知侈俭,则百用节矣[④]。

——

①用:用度,费用。量:计量。

②辨:辨别,明白。

③侈俭:指国家财用的奢侈或节俭。

④节:调节平衡。

**【译文】**

黄金是计量各种财政用度的工具。辨明了黄金可以作为财用工具的道理，就可以用来测知国家何时奢侈和何时俭省；懂得了何时奢侈与何时俭省，各项用度就能得到满足和调节。

智者知之，愚者不知，不可以教民[①]；巧者能之，拙者不能，不可以教民。

①教：令，要求。

**【译文】**

只有聪明的人明白，而愚笨的人不懂的事情，不可以用来要求一般民众；只有灵巧的人能做到，而笨拙的人做不到的事情，也不能用来要求所有的民众。

非一令而民服之也[①]，不可以为大善[②]；非夫人能之也[③]，不可以为大功。

①一令：一个可以普遍执行的命令。服：服从。

②大善：即大治，最大的治国功效。

③夫人：众人，人人。犹言“人人”。

**【译文】**

不是一下达就可以人人都能遵照执行的命令，是不可能获得最大的政治良效的；政令若不是人人都能做到，就不可能建立大功、创建大业。

非诚贾不得食于贾[①]，非诚工不得食于工，非诚农不得食于农，非信士不得立于朝[②]。

---

①诚贾:真正的商人。或曰诚实的商人。诚,诚实。食于贾:依靠经商为生。

②信士:真正的士民。信,真实。立于朝:在朝廷内做官。

**【译文】**

不是真正的商人,不得经商;不是真正的工匠,不得开业为工;不是真正的农民,不得务农;不是真正名副其实的士人,不许在朝中做官。

君知臣,臣亦知君知己也,故臣莫敢不竭力,俱操其诚以来。

**【译文】**

君主了解臣子下属,臣子下属也知道君主了解自己,所以,没有哪个臣子下属敢不尽心竭力,人人都怀着真心实意、老老实实地来为君主效劳服务了。

有事则用[①],无事则归之于民[②],唯圣人为善托业于民[③]。

---

①用:征用。指征收财物,取用于民。

②归之于民:藏富于民,把财富归还人民。

③托业于民:将产业托付给百姓。

**【译文】**

国家有事就取用于民,无事就藏富于民,只有圣人才善于把产业寄托交付于民众。

上为一,下为二。

**【译文】**

在上位者怎么做，在下位者就会加倍跟从仿效。

今日不为[1]，明日忘货[2]。

---

①为：劳动，生产。

②忘货：即"亡货""无货"。没有财富。忘，通"亡"。

**【译文】**

今天不及时进行生产，明天就没有货物财富。

## 七法

言是而不能立，言非而不能废，有功而不能赏，有罪而不能诛，若是而能治民者，未之有也。

**【译文】**

正确的主张不能采用，错误的主张不能废除，有功劳而不予赏赐，有罪过而不加以惩罚：像这样而能管理好黎民百姓的，向来没有过。

治民有器[1]，为兵有数，胜敌国有理，正天下有分。

---

①器：条件、格局等。

**【译文】**

治民要有条件和设施，治军要有战略和方法，战胜敌国要有道理和筹划，匡正天下要有实力和名分。

错仪画制[①]，不知则不可；论材审用，不知象不可；和民一众[②]，不知法不可；变俗易教，不知化不可；驱众移民，不知决塞不可；布令必行，不知心术不可；举事必成，不知计数不可。

①错仪画制：制定法令制度。错，通“措”，着手。仪、制，都指规章制度。画，谋划。

②和民：和，当为“治”。治民，即有效管理人民。

**【译文】**

立法定制，不了解法则规律不行；量才用人，不了解具体情形不行；治理民众、统一群众，不了解规范法度、行为标准不行；移风易俗、导民向善，不施行教化进程不行；指挥发动群众、驱使调遣民众，不善于权衡不行；发号施令要贯彻执行，不了解民众的思想动向不行；举办大事想要成功，不精于运筹谋划不行。

常令不审[①]，则百匿胜[②]；官爵不审，则奸吏胜；符籍不审[③]，则奸民胜；刑法不审，则盗贼胜。

①常令：国家常法，即经常管用的法规，各种固定的法令。审：严密。

②百匿(tè)：指各种邪恶的人或事。匿，同“慝”。胜：得胜，占优势。

③符籍：指通行凭证与户口名簿册。符，凭证。籍，指簿册。

**【译文】**

国家法规律令不严明，就会坏人当政、奸邪得势；所授官爵制度不严格，奸官污吏就会掌权擅政；符籍制度管理不严明，奸邪小民就会趁机得势；刑罚法律执行不严格，盗贼就会逞强。

治人如治水潦[1],养人如养六畜[2],用人如用草木。

①水潦:流水和积水。

②六畜:指各种牲畜。

**【译文】**

治理民众如同治理水患,要防患于未然;养育民众如同精心喂养六畜,要培养训练出养其千日、用其一时的能力;使用民众如同精心选用百草树木,要取其所长、避其所短,适时并且恰如其分。

居身论道行理,则群臣服教,百吏严断,莫敢开私焉。

**【译文】**

君主自己以身作则,按理依道行事,那么群臣就会俯首受教、真心服从,严格遵行政令;百官就会严肃法纪、断事谨慎,严格执行法律,谁也不敢徇私枉法了。

遍知天下,审御机数[1],则独行而无敌矣。

①审御:善于把握。

**【译文】**

掌握了各国军事情报,善于把握战机、精心运用策略,这样军队就可以任意而行、所向无敌了。

不明于敌人之政[1],不能加也[2];不明于敌人之情[3],不可约也[4];不明于敌人之将,不先军也[5];不明于敌人之士,不先陈也[6]。

①政：治军情况。即军政。

②加：加兵，出兵。即发动战争。

③情：实情。

④约：约战，宣战。

⑤先军：先采取军事行动。军，进军，扎营。

⑥先陈：先排列阵势。陈，同“阵”，列阵。

**【译文】**

事前不明了敌人的治军情况，不能贸然出兵进攻；不了解敌方的军事情报，不能对敌宣战；不熟知敌人将帅的领兵才能及军事素养，不能抢先采取军事行动、结营扎寨；不知道敌人士卒的本事武艺，不能率先列阵布兵。

以众击寡，以治击乱，以富击贫，以能击不能[①]，以教卒练士击驱众白徒[②]。故十战十胜，百战百胜。

①能：指善于用兵的将帅。不能：指不善于用兵的将帅。

②教卒练士：经过教育训练、比武选择的士兵。白徒：指未经军事训练的民夫。

**【译文】**

只有保证用大部队去攻击小股兵力，用安定的强国去攻击内乱的弱国，以军需富足旺盛的军队去攻击军需匮乏疲弱的军队，以善于用兵的将帅攻击不懂用兵的将帅，以训练有素、精挑细选的精干士卒去攻打临时征集、溃不成军的乌合之众，才能十战十胜，百战百胜。

有一体之治①，故能出号令、明宪法矣②。

①一体之治：像一个人的身体般协调统一。

②宪法：宪章法令。

**【译文】**

有如同人身体一般的协调统一、无懈可击的政权体制，就能够发布号令，严明法制了。

## 版法

凡将立事①，正彼天植②，风雨无违③，远近高下，各得其嗣④。

①立事：立国家治理的大事。

②正彼天植：要端正其心。植，“志”之假借。心志。

③无违：不违背。

④嗣：司，治。即主持、掌管。

**【译文】**

凡君主要做好治国大事，首先要端正他的心志，其次是不违背人心的客观规律和风来雨到的自然天时，再次处理好与远近高下各类人的关系，使其各得其所。

喜无以赏，怒无以杀。

**【译文】**

不能因为个人喜爱而进行奖赏，也不能因为个人愤怒而进行杀伐。

举所美必观其所终①,废所恶必计其所穷②。

①终:指后果。

②计:考虑。穷:终结,结束。

**【译文】**

兴办自己所喜欢的事情,一定要预计到事情的结局;废除自己所厌恶的事情,一定要考虑到事情的后果。

取人以己,成事以质①。

①质:比量,准的。

**【译文】**

征取民众人力物力,要比照一下自己、设身处地来考虑;朝廷兴办大事,要根据实际力量来做。

用财不可以啬,用力不可以苦。

**【译文】**

用财于民不可以吝啬,征用民力不可以过度。

民不足,令乃辱①;民苦殃,令不行。

①辱:轻侮,不重视。

**【译文】**

民众生活困苦、生存权得不到满足,政令便将遭到轻慢而无效;民众整日苦于劳役之灾,政令就无法贯彻通行。

植固不动[①],倚邪乃恐[②];倚革邪化[③],令往民移。

①植:即“天植”,心志,心意。此指守法之心,以法治国的决心。

②倚邪:乖异邪僻。

③革:变化。化:移除,改正。

**【译文】**

以法治国之心坚定而不动摇,乖戾邪僻的人们就自然会内心恐惧。乖戾邪僻的行为都有了改进和变化,一旦法令颁布下去,民众就会遵照执行、顺令而动了。

## 幼官

计缓急之事,则危危而无难[①]。

①危危:指极度危险。

**【译文】**

筹划处理好事情的轻重缓急,即使遇到极度危险的事情,也不至于陷于灾难境地。

## 五辅

古之圣王,所以取明名广誉[①],厚功大业,显于天下,不忘于后世,非得人者未之尝闻[②]。

①明名广誉:盛名大誉。明,盛。广,大。

②得人：得人心。也包括待贤才。

**【译文】**

古代圣明的君王，之所以能够获得盛名美誉，建立丰功伟业，显赫于天下，为后世所不忘，不是因为大得民心并受到人们广泛拥护的，还从来没有听说过。

得人之道，莫如利之。

**【译文】**

争取民心的方法，最好是让百姓得到利益。

养长老，慈幼孤，恤鳏寡[①]，问疾病，吊祸丧[②]，此谓匡其急[③]。

———

①恤：体恤，周济。鳏（guān）寡：老而无妻或无夫者，引申指老弱孤苦者。

②吊：慰问死者家属或遭遇不幸者。

③匡其急：救助危急。匡，救助，赈济。

**【译文】**

供养老人，慈恤幼孤，救济无依无靠的孤独者，慰问疾病，吊唁丧祸，这就是帮助百姓解救危急、纾缓困难。

民必得其所欲，然后听上，听上，然后政可善为也[①]。

———

①善：容易。

**【译文】**

必须满足百姓的需求，然后他们才能一心一意听从上面的指挥；百姓们都能听从命令，这样国家的政事才能顺利做好。

人必知礼然后恭敬，恭敬然后尊让。

**【译文】**

人们必先懂礼，才能恭敬整肃；恭敬整肃，然后才能尊重谦让。

论贤人[1]，用有能，而民可使治。

---

①论：选择。

**【译文】**

选拔任用贤良、有才能的人，然后百姓就可以得到治理。

## 宙合

毒而无怒[1]，怨而无言，欲而无谋。

---

①毒：怨恨，憎恨。

**【译文】**

有所厌恶、痛恨也不要发怒，有所怨愤、心生抱怨也不要轻易说出口，有了欲念也不要轻易谋划于他人。

毋访于佞，毋蓄于谄[1]，毋育于凶[2]，毋监于谗[3]。

---

①蓄：豢养。

②育：培植。

③监：听取意见。

**【译文】**

不要向奸佞之人征询，不要豢养谄媚的人，不要培植凶恶之辈，不要听信谗巧之言。

## 百姓不养，则众散亡。

**【译文】**

百姓得不到供养和管理，就会离散逃亡。

## 圣人博闻多见，畜道以待物[①]。

---

①畜道：即积累关于规律性的理论、原则、认识等。

**【译文】**

圣人总是要博闻多见，积累规律性的理论、原则，以此增广见闻、积累辨识经验来认识新事物。

## 贤人之处乱世也，知道之不可行，则沉抑以辟罚[①]，静默以侔免[②]。

---

①沉抑：隐伏，谦退。辟罚：躲避刑罚。辟，躲避。

②侔免：求免灾祸。侔，谋取。

**【译文】**

贤士处于乱世，知道其治世之道行不通，就以沉抑的态度躲避刑罚，以静默无言的方式求得免祸。

## 不平其称[①]，不满其量，不依其乐[②]，不致其度[③]。

---

①平其称：显示自己十足的分量。平，满。称，同“秤”。平秤，指分量十足。

②依：殷，盛。

③致其度：达到最高限度。致，通“至”。

**【译文】**

不要十足地表现自己，不要现出自己的盈满，不要高调自喜，不要极力地表现自我至极。

## 千里之路，不可扶以绳，万家之都，不可平以准。

**【译文】**

长达千里的道路，不可能用绳墨来拨直而成为一条直线，大到千家万户的大城市，不可能用统一的水准器具来取正而拉成一个平面。

## 方明者察于事[①]，故不官于物[②]，而旁通于道[③]。

---

①方明：即明于各种事物。方，广。

②官：局限。

③旁通：犹言“广通”。

**【译文】**

明智之士广通各方面的事物，所以，不只局限于某一种事物，而是旁通于事物的共同规律。

## 君子绳绳乎慎其所先[①]。

①绳绳乎：即“绳绳然”。形容小心谨慎、戒惧的样子。绳绳，戒慎貌。先：先期行为，即导致结果的行为。

**【译文】**

君子总是小心翼翼，谨慎自己先前的行为。

## 枢言

慎贵在举贤，慎民在置官[1]，慎富在务地[2]。

①置官：设置任命官吏。

②务地：重视土地耕作，注重地利。

**【译文】**

谨慎地对待使人尊贵之事，在于如何举用圣贤人才；谨慎地对待民众安定的生活，在于如何设置官吏；谨慎地对待百姓致富之事，在于如何注重开发地利、发展农业生产。

爱人甚，而不能利也[1]；憎人甚，而不能害也。

①利：指私与其利。

**【译文】**

即使爱惜某人到极点，也不能私与其利；即使憎恨厌恶某人到了极点，也不能私自加害于他。

人之自失也，以其所长者也[1]。

①所长者:长处,专长。

**【译文】**

一个人自毁于失误,也常常在于他所具有的特长上。

## 善游者死于梁池[1],善射者死于中野[2]。

①梁池:即有梁之池。此处即指水池、水塘。

②中野:即“野中”。亦即荒野之中。

**【译文】**

善于游泳的人多死于梁池,善于射猎的人往往死在荒野之中。

## 釜鼓满[1],则人概之[2];人满,则天概之。

①釜鼓:古代量器。

②概:古代量米麦时刮平釜、鼓、斗、斛的器具。此处用作动词,刮平,削平。

**【译文】**

釜、鼓之类的量器装得太满了,人们就要用概来刮平;人骄傲自满,上天就要来刮平。

# 八观

## 国侈则用费,用费则民贫。

**【译文】**

国家奢侈则开支浪费，财用耗费大则民众贫困。

奸邪之所生，生于匮不足；匮不足之所生，生于侈；侈之所生，生于毋度[①]。故曰：审度量，节衣服，俭财用，禁侈泰[②]，为国之急也。

---

①毋度：无度。

②侈泰：奢侈浪费。泰，过分。

**【译文】**

奸诈虚伪和邪恶念头的产生，是由于贫困和衣食不足；而贫困的根源，则来自国家的奢侈之风；而奢侈习俗的产生，则是由于没有节俭的制度。所以说，明确财用制度和消费标准，节约衣着服饰，俭省财政用度，禁止奢侈浪费，这是治理国家的紧急要务。

货财行于国，则法令毁于官；请谒得于上[①]，则党与成于下[②]。

---

①请谒：请托拜谒。

②党与：朋党。

**【译文】**

贿赂财货风行于国内朝中，法律政令就败坏于政府官吏；拜谒请托办事之风通行于上层社会，那结党营私、拉帮结派之事就在下边暗自形成。

权重之人，不论才能而得尊位，则民倍本行而求外势[①]。

①倍本行：指背离本国军行。倍，通“背”，背弃，背叛。

**【译文】**

握有大权的人，不论才能而窃居高位，那么本国老百姓就要背弃本国军队而投靠外国势力去了。

## 法禁

法制不议[①]，则民不相私；刑杀毋赦，则民不偷于为善[②]。

①不议：无疑议、私议。指法制严明。

②不偷于为善：意思是为善认真，不怀苟且之心。偷，苟且。

**【译文】**

法制公正不容疑议，百姓就不敢相互包庇；刑罚杀戮无所宽贷，百姓行善就不敢存苟且之心。

以朋党为友，以蔽恶为仁[①]，以数变为智，以重敛为忠，以遂忿为勇者[②]，圣王之禁也。

①蔽恶：隐蔽罪恶。

②遂忿：发泄私愤怨怒。遂，通达。

**【译文】**

以勾结成私党为友爱，以包庇罪恶邪行为仁慈，以诡计多端为才智，以横征暴敛为忠君，以发泄私愤为勇敢，这是圣王所要禁止的。

# 重令

凡君国之重器[1],莫重于令。

---

①重器:重要的手段、凭借。

**【译文】**

大凡统治国家最重要的工具,莫过于施行法令。

凡国之重也,必待兵之胜也,而国乃重;凡兵之胜也,必待民之用也,而兵乃胜;凡民之用也,必待令之行也,而民乃用;凡令之行也,必待近者之胜也,而令乃行。

**【译文】**

大凡一个国家要变得强大重要,一定要依靠军队去战胜敌人,然后国家才能强大。大凡军队要打胜仗取得最终胜利,一定要依靠民众听从调遣而发挥作用,然后军队才能取得长远的胜利。大凡民众能服从调遣发挥作用,一定要等待法令能够得到贯彻执行,然后百姓才能服从征用。大凡君主的军法命令能够得到贯彻执行,必须从迫使君主亲近的人服从政令开始,然后法令才能得到贯彻下去。

天道之数,至则反,盛则衰;人心之变,有余则骄[1],骄则缓怠。

---

①有余:有盈余,富有资财。

**【译文】**

就天道规则说,事物发展到尽头则走向反面,发展到极盛则走向衰亡;就人心的变化说,一旦富有了就产生骄横傲慢的心理,骄横傲慢就难免会松懈怠惰。

非号令毋以使下,非斧钺毋以威众,非禄赏毋以劝民。

**【译文】**

没有号令就无法役使臣民,没有刑罚就无法威慑众人,没有禄赏就无法勉励臣民。

远近一心,则众寡同力;众寡同力,则战可以必胜,而守可以必固。

**【译文】**

能够远近一心,那么就能够不论人多或是人少而同心协力了;万众齐心协力,就可以做到每战必胜、防守必固。

## 法法

不法法则事毋常①,法不法则令不行②。

---

①法法:取法于法,即依法办事。第一个"法"字为动词。事毋常:指国事没有常规。

②法不法:法不像个法。

**【译文】**

不依照法来办事,国事就没有常规;法令不得其宜严格执行,政令就不能贯彻实施。

闻贤而不举，殆；闻善而不索，殆；见能而不使，殆；亲人而不固，殆；同谋而离，殆；危人而不能，殆；废人而复起，殆；可而不为，殆；足而不施，殆；几而不密[1]，殆。

①几：指机要保密之事。此处指几事，即隐微机密的军政要事。

**【译文】**

知道有贤才而不举用，政局就会危险；听到有好人好事而不去查访表彰，政局就会危险；发现了能臣干将却不加以任用，政局就会危险；亲近臣民而不能坚固，政局就会危险；与人共同谋事而离心离德，政局就会危险；想使人身陷险境却不能做到，政局就会危险；已经废黜的人而又要再度起用，政局就会危险；可做的事不能及时作为，政局就会危险；国家已经富足而没能注重施舍赈灾救济，政局就会危险；机密要务不能严加保密，政局也会危险。

未有能多求而多得者也，未有能多禁而多止者也，未有能多令而多行者也。

**【译文】**

从来没有索求越多而得到越多的事，从来没有禁令越多而能制止的就越多的事，也从来没有下达命令越多而能执行的越多的事。

国无常经[1]，民力必竭。

①常经：常规常法。

**【译文】**

国家没有已定的常规常法，民力就会衰竭。

宪律制度必法道①,号令必著明,赏罚必信密②,此正民之经也。

①宪律:法律,法令。法道:符合治国之道。法,效法。

②信密:信赏必罚。密,当作"必",必行。

【译文】

法律制度一定要合乎治国的根本之道,号令一定要昭著严明,赏罚一定要信实周密并坚决执行,这都是治理规正民众的常法准则。

得道而导之,得贤而使之,将有所大期于兴利除害。

【译文】

有了正确的策略就要引导实施,获得了有用之人就要使用,这对于国家的兴利除害将大有希望。

民未尝可与虑始,而可与乐成功。

【译文】

对百姓不必同他们商量谋划事业的开始,却可以同他们欢庆事业成功的快乐。

令重于宝,社稷先于亲戚,法重于民,威权贵于爵禄。

【译文】

政令比珍宝财物重要,政权比至亲家属重要,法度比民众重要,威权比爵禄重要。

政者,正也。正也者,所以正定万物之命也①。是故圣人精德立中以生正[②]，明正以治国。故正者，所以止过而逮不及也[③]。过与不及也，皆非正也；非正，则伤国一也。

---

①命：即“名”，命名，名分。

②精德立中：精修德行，树立中正。

③逮：及，到。或谓追、补救。

**【译文】**

所谓政，就是实现公正的事。所谓公正，就是匡定万事万物的名称与名分。因此，圣人总是精修德行，确立中道以培植公正，宣明公正以治理国家。所以，公正是用来禁止过分而补充不足的。过分与不足都不是公正；只要是不公正的，对于国家的损害就都是一样的。

言必中务，不苟为辩；行必思善，不苟为难。

**【译文】**

言论话语必须务实，不故意作雄辩之辞；行为举动必须考虑是否有好的实效，不故意做些难为之事。

规矩者，方圜之正也[①]。虽有巧目利手，不如拙规矩之正方圜也。故巧者能生规矩，不能废规矩而正方圜。虽圣人能生法，不能废法而治国。故虽有明智高行，倍法而治[②]，是废规矩而正方圜。

---

①圜：同“圆”。

②倍：通“背”，背离，背弃。

【译文】

规矩，是矫正方圆的工具。人们虽有巧手利目，也不如朴拙的规矩能有效矫正方圆。所以，聪明灵巧的人虽可以制造出规矩，却不能废弃规矩来矫正方圆。圣人虽能制定法度律令，却不能废弃法度律令来治理国家。所以，圣人明君虽有明彻的智慧和高尚的品德，如果他们违背法度来治理国家，就等同于废除规矩来矫正方圆一样。

令入而不出谓之蔽，令出而不入谓之壅，令出而不行谓之牵，令入而不至谓之瑕[1]。

①瑕：当读为“格”，阻隔。

【译文】

政令只能滞留朝廷内而不能颁布发出，叫作被蒙蔽；政令发出而执行情况不能反馈到朝廷，叫作被壅塞；政令只能发出去而不能得到贯彻实施，叫作被牵制；政令得到实施而执行情况报回到朝廷，却不能传达到君主手中，叫作被阻隔。

有道之君，行法修制，先民服也[1]。

①先民服：即率先服从法制。

【译文】

有治国之方的君主，施行法令、修订制度，总是先于臣民服从法制，为民树立榜样。

矜物之人[1]，无大士焉。彼矜者，满也；满者，虚也。满虚在物，在物为制也。

①矜物：即“矜人”，骄傲于人。矜，矜持，傲慢。物，指公众。

**【译文】**

以骄矜傲慢的态度待人的，不能算是大人物。他骄傲，就是自满；自满，就会虚浮。行事为人自满而又虚浮，做事情就会受到限制。

贤人之行其身也，忘其有名也；王主之行其道也[1]，忘其成功也。

①王主：成就王业的君主。

**【译文】**

贤人立身行事，并不一心只想要成名；成王业的君主做事情，也不只把功利放在心上。

## 兵法

蚤知敌[1]，则独行；有蓄积，则久而不匮；器械巧，则伐而不费；赏罚明，则勇士劝也。

①蚤：通“早”，及早。

**【译文】**

能及早掌握敌情，用兵才能够所向无敌；拥有充实的粮食和物资贮备，打起仗来才能够持久作战而不匮乏；武器装备精良，征伐才不耗费；奖惩、赏罚都分明，才能使勇士得到激励。

畜之以道，则民和；养之以德，则民合。

**【译文】**

以道治民，民就和谐；养民注重德政，百姓就团结一致。

至善不战，其次一之①。

①一之：指一战而胜、一战而定大局。

**【译文】**

最好、最理想的用兵方法，是不战而胜，其次是一战而成必胜的定局。

利适①，器之至也；用适，教之尽也②。不能致器者③，不能利适；不能尽教者，不能用敌。

①利适：兵刃锋利，无不适用。

②教之尽：指教导尽善，训练有素。

③致器：指使兵器完善好用。致，精致。

**【译文】**

无处不锋利适用，是器物精致到极点的表现；无事不可驱使，是教化民众彻底的表现。不能使武器装备最精锐，便不能随意使用；不能彻底教化民众，便不能很好地迫使敌人为我所用。

## 大匡

知子莫若父。

【译文】

没有人能比父亲更了解自己的孩子。

持社稷宗庙者，不让事[1]，不广闲[2]。

①让事：推让政事。让，通“攘”，排斥。

②广闲：空闲，安适。广，通“旷”。

【译文】

主持国家社稷宗庙大事，不能推让政务，不能安闲自适。

## 中匡

古之隳国家[1]、陨社稷者，非故且为之也，必少有乐焉，不知其陷于恶也。

①隳（huī）：毁坏。

【译文】

古代败坏国家、伤害社稷的，都不是专门故意去做的，必然是日渐沉迷欢愉，而不知不觉陷入罪恶的深渊。

## 小匡

修旧法，择其善者，举而严用之。

【译文】

修订旧有的法律，选择其中合理的，制定出来然后严格地执行它们。

慈于民，予无财，宽政役[1]，敬百姓，则国富而民安矣。

---

①政：通“征”，征收，征调。

【译文】

对百姓仁爱，救济贫困的人，放宽松征派徭役，敬重百姓，那么国家就可以富足而且民心变得安定了。

## 霸形

轻其税敛，则人不忧饥；缓其刑政，则人不惧死；举事以时，则人不伤劳。

【译文】

若能轻征赋税，百姓就不愁饥饿；宽缓刑法政令，百姓就不忧死罪；兴举大事有一定时间限制，百姓就不害怕劳役辛苦了。

善人者，人亦善之。

【译文】

善待别人的人，别人也会善待他。

## 霸言

君人者有道，霸王者有时。

【译文】

统治民众的人，必须遵循正道，成就王业、霸业之人，必须把握合适时机。

夫国之存也，邻国有焉[1]；国之亡也，邻国有焉。邻国有事，邻国得焉；邻国有事，邻国亡焉[2]。

①有：有关，起作用。

②亡：有所失。

**【译文】**

国家的存在与邻国大有关系，国家的败亡也与邻国大有关系。邻国有事发生，邻国可以有所得；邻国有事发生，邻国也可以有所失。

天下有事，则圣王利也；国危，则圣人知矣[1]。

①知：同“智”。

**【译文】**

天下有大事或变故发生，总是对圣王最有利；国家将面临生死危亡的时候，才能显示出圣人智慧的先见之明。

夫争天下者，必先争人[1]。

①争人：争取人心，争得民众拥戴。

**【译文】**

争夺天下的人，必须首先争取人心。

明大数者得人[1]，审小计者失人。

①明大数：懂得天下大略。

**【译文】**

懂得天下大略的人，能得人心；只精于盘算小计谋的人，便容易失去人心。

以天下之财，利天下之人。

**【译文】**

用天下的财富，来为天下人谋取利益。

圣人畏微而愚人畏明①。

①畏微：事情发展还在微妙时就能警惕。畏明：意谓惊惧在事情暴露之后。

**【译文】**

圣人总是慎戒事物细微苗头的萌发，而愚人只看到事物显明暴露后的恐惧。

圣人将动必知，愚人至危易辞①。

①易辞：用言语为自己开脱。

**【译文】**

圣人一旦行动就能预知其安危，愚人制造了危难却总为自己百般开脱。

圣人能辅时①，不能违时。

①辅时：相时而动，善用时机。

【译文】

圣人总能捕捉恰当时机，但不会违背时势机遇。

知者善谋，不如当时[1]。

---

①当时：适时，合时。

【译文】

智者虽然善于谋划，但不如抓住好的时机。

精时者，日少而功多。

【译文】

精通于运用时机，总是费力少而成效大。

谋无主则困，事无备则废。

【译文】

谋事无主见则易陷于困境，举事无准备就会归于废败。

观国者观君，观军者观将，观备者观野。

【译文】

观察一个国家怎样，要先看其国君如何；观察一个军队如何，要先看其将领怎样；考察一国的军事战备，要先看其农田耕作如何。

无土而欲富者忧，无德而欲王者危，施薄而求厚者孤。

【译文】

没有土地而欲求富有的人，必有忧伤愁虑；没有恩泽德政却妄想称王的人，必然存在危险；施恩微薄给予甚少而要求丰厚回报的人，必会遭到孤立。

夫霸王之所始也，以人为本，本理则国固，本乱则国危。

**【译文】**

霸王之业开始的基础，应是以民众作为根本。百姓得到根本治理，则国家得以巩固，百姓动乱根本动摇，则国家面临危亡。

霸王之形①：德义胜之②，智谋胜之，兵战胜之，地形胜之，动作胜之③，故王之。

①形：这里为“大的形势”的意思，为引申义。

②德义胜之：指在德义方面处于优胜。下文仿此。

③动作：行动举事。

**【译文】**

成就霸业和王业的形势应是这样的：必须在实行德政和推行道义方面处于优胜之势，在运用智谋方面处于优胜之势，在兴兵作战方面处于优胜之势，在利用地利形势方面处于优胜之势，在举事行动的时机方面也处于优胜之势，做到这些，才能够称王天下。

诸侯合则强，孤则弱。

**【译文】**

各诸侯国联合起来则强大，被孤立起来就弱小。

举之必义，用之必暴①，相形而知可②，量力而知攻，攻得而知时③。

———

①暴：迅疾。

②相形：观察形势。相，相机，伺机。

③攻得：攻伐得手。

**【译文】**

兴兵举事必定合乎正义，动用武力必须迅速，根据天下大势来推知可否举事，衡量自己的实力来推测能否进攻，看攻伐所得结果而探知行动的时机。

善攻者，料众以攻众①，料食以攻食②，料备以攻备③。

———

①料：估算，核计。

②食：粮草。

③备：军备，兵器装备。

**【译文】**

善于进攻的将帅，都要算计好我军人数以针对敌军人数，算计好我军粮草以针对敌军粮草，算计好我军装备以针对敌军装备。

释实而攻虚①，释坚而攻膬②，释难而攻易。

———

①释：放弃。

②膬（cuì）：古“脆”字，脆弱，薄弱。

**【译文】**

应该避开敌军布兵坚实之处而攻击其布兵空虚之地，避开防守坚固之处而攻击其防守脆弱之地，避开较难进攻之地而攻击易于被摧毁的地方。

抟国不在敦古[1]，理世不在善攻[2]，霸王不在成曲[3]。

①抟(tuán)国：协和国政。抟，私。即专。敦古：致力于古道。

②善攻：当作"善故"，精通旧事。

③成曲：成就小局面。曲，局部。一说当作"成典"，拘泥成法。

**【译文】**

统治国家执掌政事不在于敦敬古道，治理当世统掌时政不在于精通旧制，成就霸业称王天下不能没有大局观。

## 问

授事以能，则人上功[1]。

①上功：崇尚功效。上，通"尚"。

**【译文】**

按照才干授职掌事、根据能力安排具体工作，人们就会讲求做事效率、崇尚实际功绩。

兵事者，危物也，不时而胜，不义而得，未为福也。

**【译文】**

用兵打仗，本就是件很危险的事情，非适时而侥幸取胜，不合义而获得利益，都未必是好事。

# 戒

任之重者莫如身[①]，涂之畏者莫如口[②]，期而远者莫如年。

①任：担荷，负担。

②涂：本为道路，此指经历。畏：艰险可惧。

**【译文】**

负担再重莫如身体沉重，经历再险莫如口舌之险，时间再长莫如年代久远。

圣人齐滋味而时动静[①]，御正六气之变[②]，禁止声色之淫，邪行亡乎体[③]，违言不存口，静然定生[④]，圣也。

①齐：同"剂"，调剂，调节。时动静：按时作息。

②御正：驾驭，控制。六气：指好、恶、喜、怒、哀、乐。

③亡：通"无"。

④定生：即定性。

**【译文】**

圣人总是注意调节饮食和合理依时作息，正确掌握六气的变化，严格禁止声色淫逸的侵蚀，邪僻的行为从不存于身，悖理的言论从不出于口，欲望贞洁清静，心性安宁淡定，这就是所谓的圣人。

仁，故不以天下为利；义，故不以天下为名。

**【译文】**

因为心仁，所以从不利用天下去谋求私利；因为行义，所以从不利用天下来猎取私名。

圣人上德而下功，尊道而贱物。

【译文】

圣人总是以仁德为上，而以功业为次，尊重道义，而轻视名利。

道德当身，故不以物惑。

【译文】

因为身存道德，所以不被名利外物所诱惑。

寡交多亲，谓之知人；寡事成功，谓之知用；闻一言以贯万物，谓之知道。

【译文】

交往少而能亲附者多的，叫作善知人意；费力少而能成效好的，叫作善于处事；听一言就能够贯通万物的，叫作善于闻道。

多言而不当，不如其寡也；博学而不自反[①]，必有邪。

①自反：自我反思。

【译文】

言多而不得体，不如少言；博学多闻而不懂得自我反省和过滤，必然容易产生邪心恶念。

以善胜人者[①]，未有能服人者也；以善养人者[②]，未有不服人者也。

①以善胜人：用己之善行超过别人。

②以善养人：用善心感化别人。

**【译文】**

用做好事行善来超越或压服他人，不能使人心中折服；而用仁义爱心的德泽来熏陶感化他人，就没有不使人心悦诚服的。

## 参患

才能之人去亡[1]，则宜有外难；群臣朋党，则宜有内乱。

①去亡：指弃国逃奔。

**【译文】**

人才外流，势必会引起外患；群臣结党相互倾轧，势必会形成内乱。

计必先定而兵出于竟[1]，计未定而兵出于竟，则战之自败，攻之自毁者也。

①竟：通“境”，国境。

**【译文】**

所有谋略筹划必须预先确定好，而后才能调兵出境，而没有筹划好就调兵出境，那么这就是交战中自致失败的原由，攻伐中自取灭亡的根据。

得众而不得其心，则与独行者同实[1]。

①同实：实质一样。

【译文】

掌握众多士卒却不能赢得军心使之同仇敌忾，实质上就和单兵出战应付强敌一样。

兵不完利[1]，与无操者同实[2]。

①兵：指兵器。完利：坚固锋利。

②无操：徒手，赤手空拳。

【译文】

兵器既不齐全又不锋利，实质上就和没有兵器徒手作战一样。

器滥恶不利者，以其士予人也；士不可用者，以其将予人也；将不知兵者，以其主予人也；主不积务于兵者，以其国予人也。

【译文】

武器粗劣而不锋利坚固，就等于将士兵的生命奉送给了敌人；士兵涣散指挥不动不能发挥作战功用，就等于将主将的生命交送给了敌人；主将无能不懂得如何调兵遣将，就等于将君主的性命交送给了敌人；君主不能坚持不懈地注重学习用兵之道而积聚军事实力，就等于将整个国家奉送给了别人。

## 制分

善用兵者，无沟垒而有耳目[1]。

---

①沟垒：壕沟和堡垒。泛指备战的工事。耳目：即间谍。

**【译文】**

善于用兵的人，即使没有壕沟、不修堡垒工事，也要有耳目间谍从事敌情侦察工作。

凡用兵者，攻坚则轫[①]，乘瑕则神[②]。攻坚则瑕者坚，乘瑕则坚者瑕。

---

①轫（rèn）：阻碍车轮之物为轫。引申为阻止，挫折。

②瑕（cuì）：脆弱。引申为薄弱环节。

**【译文】**

大凡用兵，进攻坚固之敌则容易遭受挫败，乘机攻其脆弱环节则宛如得到神助。勉强攻打坚固的敌阵，其薄弱环节也会慢慢得到加强；乘势攻其薄弱的部分，其本来坚固的防御也会逐渐变得薄弱。

## 君臣上

为人君者，修官上之道[①]，而不言其中[②]；为人臣者，比官中之事[③]，而不言其外。

---

①官上之道：指统率朝廷百官的方法。官上，君主处于众官之上，总领百官。

②其中：指朝廷众官的具体政务和职责。即下文“官中之事”。官中，指官职之内。

③比：考校，研究。引申为处理。

**【译文】**

做人君的，要研习修明统率众官的方法，而不要去干预众官职责以内的事务；做臣子的，要管理好各自职责范围以内的事务，而不要干涉到职权以外的事务。

上惠其道[1]，下敦其业[2]，上下相希[3]，若望参表[4]，则邪者可知也。

---

①惠：和顺，顺从。

②敦：勉力。

③希：望，了解。

④参表：检测日影计时的木制标杆。参，检验。

**【译文】**

君主在上面顺从君道而治，臣子在下面谨守职责勤于职事，上下相互了解，就像看着测验日影的木表杆作为参照一样，有谁曲邪不正，就可以一目了然地分辨出来了。

杀生不违，而民莫遗其亲者[1]，此唯上有明法而下有常事也。

---

①遗其亲：指丧失、失去他们父母等至亲。

**【译文】**

生杀予夺和赏贤罚恶都不违背法度，百姓也就不会无缘无故地丧失自己的父母亲人了。要做到这些，只有依靠上面的君主树立明确的法律制度，以及下面的臣子有固定的职责范围和行事准则才行。

君失其道，无以有其国；臣失其事，无以有其位。

**【译文】**

人君若违背了君道，就不能够保有他的国家；人臣若旷废了自己的职责，就不能够保住他的官位。

君人也者，无贵如其言；人臣也者，无爱如其力。

**【译文】**

做人君主的，再没有比其言语命令更为宝贵重要的了；做人臣子的，再没有比其才干能力更令人珍惜爱护的了。

治国无法，则民朋党而下比[①]，饰巧以成其私。

---

①下比：在下面相互勾结。

**【译文】**

治理国家而没有法度，臣民就会拉帮派相互勾结，以虚伪狡诈的手段去达到他个人的私利目的。

身立而民化，德正而官治。

**【译文】**

君主立身有德，民众就受到教化；君主正德，官吏就能管好。

上及下之事谓之矫[①]，下及上之事谓之胜[②]。为上而矫，悖也；为下而胜，逆也。

——

①矫：拂逆，违背。

②胜：欺凌，超越。

【译文】

上面干预下级的职事叫矫，下面干预上级的事叫作胜。在上的人矫，则为悖谬，在下的人胜，则为叛逆。

有善者不留其赏[1]，故民不私其利[2]；有过者不宿其罚[3]，故民不疾其威[4]。

——

①留：留滞，迟疑。

②私其利：把有利的事情据为己有。

③宿：隔夜。引申为停滞，延缓。

④疾其威：怨恨刑罚太严酷。

【译文】

做好事的人，他应得的奖赏不打折扣，民众就不会考虑私利；犯过失的，对他的惩罚不拖延，民众就不会抱怨刑威。

民别而听之则愚[1]，合而听之则圣[2]。

——

①别而听之：个别听取意见。

②合：全面，综合。圣：聪明。

【译文】

民众的意见，个别地听取，往往是愚蠢的；全面综合地听取，就会使人聪明智慧。

与民为一体，则是以国守国，以民守民也。

【译文】

与民一体，那就是用国家保卫国家，用民众保卫民众。

明君之举其下也，尽知其短长，知其所不能益，若任之以事[1]；贤人之臣其主也，尽知短长与身力之所不至[2]，若量能而授官[3]。

———

①若：乃，然后。

②至：及。

③授：通“受”，接受。

【译文】

明君举用下级人才，完全了解他的短处和长处，了解其才能的限度，才委任其职务。贤人侍奉君主，也是完全知晓自己的短处和长处，认识到自己力所及的限度，如此才量度能力而接受官职。

## 君臣下

智者假众力以禁强虐，而暴人止；为民兴利除害，正民之德，而民师之。

【译文】

睿智的圣王就依靠众人力量出来禁止强横暴虐之事，残暴之人就这样被制止了；替人民兴利除害，并规正人民的德行，人民便师从圣王。

圣王本厚民生[1]，审知祸福之所生[2]。

①本厚民生：以厚民生为根本。厚民生，指提高人民的生活水平。

②审知：仔细地了解。

**【译文】**

圣明君主把提高人民生活水平作为根本要务，仔细了解祸福产生的原因。

## 始于患者不与其事[①]，亲其事者不规其道[②]。

①患：思虑，忧虑，谋度。与：参与。

②规：谋划。

**【译文】**

掌管谋划之人不参与具体事务，亲自参与具体事务者不掌握谋划。

## 威无势也无所立，事无为也无所生。

**【译文】**

君主没有威势无法树立权威，政事无所作为百姓就无法谋生。

## 举德以就列[①]，不类无德[②]；举能以就官[③]，不类无能；以德弇劳[④]，不以伤年。

①就列：安排爵位。

②不类：不视为同类，不包括。类，指同类、同列。

③就官：安排官职。

④以德弇(yǎn)劳：把德行放在功劳之上，即以德为用人的首要标

准。弇劳，掩盖功劳成绩，即把德置于劳绩之上。弇，覆盖，掩蔽，遮住。

**【译文】**

要举拔有德行的人进入爵位的行列，不要容纳无德之人；要举拔有才能的人担任适当的官职，不要容纳无能之辈；要把德行放在功劳之上，不因为资历年限而加以抑制。

称德度功，劝其所能[①]，若稽之以众风[②]，若任以社稷之任。

①劝：勉励。一说，通“观”，观察。

②若：乃。稽：考察，考核。众风：众议。社会舆论。一说，众风即民间歌谣。风，通“讽”。即歌谣讽唱之意。

**【译文】**

衡量德行和功绩，观察他们的能力，参考百姓的舆论意见，然后委托以国家重任。

## 小称

身不善之患，毋患人莫己知[①]。

①人莫己知：即“人莫知己”，别人不了解自己。《论语·里仁》：“不患莫己知，求为可知也。”与此语意谓相近。

**【译文】**

做人当首先忧虑的是自身修养的不完善，而不是担心别人不知道自己。

丹青在山[①]，民知而取之；美珠在渊，民知而取之。

---

①丹青：指丹砂、青雘。红黑两种染料矿石。

**【译文】**

丹青虽埋在高山深处，人们发觉它的用途后，就去把它们开采出来；美玉珍珠虽藏在大渊深处，人们知道它的价值后，就去把它们取出来。

我有过为[①]，而民毋过命[②]。

---

①过为：错误行为，做错事。

②过命：超出实际的称谓，即错误的评价。命，命名，这里有评价、评论之意。

**【译文】**

我自身可能有过错行为，民众的评价却不会有错误。

民之观也察矣[①]，不可遁逃，以为不善。

---

①观：指观察力。察：明察，昭著，详审。

**【译文】**

民众的观察力是精确的，谁也逃不脱他们的眼睛，而去做坏事。

毛嫱、西施[①]，天下之美人也，盛怨气于面[②]，不能以为可好[③]。

---

①毛嫱、西施：春秋时代越国的两个美女，毛嫱为越王爱姬，西施为春秋末年越王勾践时人，被献给吴王夫差。

②盛怨气:即大的怒气。盛,大,旺。

③好:指女子貌美。

**【译文】**

毛嫱和西施是天下皆知的美人,如果她们脸上总是满含怨怒之气,也就不能算作是美了。

善罪身者,民不得罪也;不能罪身者,民罪之。

**【译文】**

善于归罪于自身的人,民众就不会再归罪于他;只有从不肯归罪于自身的人,民众才会归罪于他。

称身之过者[①],强也;治身之节者[②],惠也[③];不以不善归人者,仁也。

①称:声言,公开说明。

②节:节操。

③惠:通"慧",聪慧,聪明

**【译文】**

勇于承认自身过错的人,是强大的;善于修养自身节操的人,是智慧的;不把过失或不善之事归罪于他人的人,是仁义的。

有过而反之身,则身惧;有善而归之民,则民喜。

**【译文】**

有了过失归咎于己,自身就会反省并修德自新;有了善行就归功于民众,民众则会因之喜悦。

# 侈靡

为国者，反民性然后可以与民戚[1]。民欲佚而教以劳，民欲生而教以死。劳教定而国富，死教定而威行。

---

①反民性：与好逸恶劳、好生恶死的本性相反，即反其道而行之。戚：亲近。

【译文】

凡治理国家，先要违反人民好逸恶劳、贪生怕死的本性，然后才可以与民亲近。人民图安逸，偏要教之以劳动；人民贪生，偏要教之以殉死。“劳动”教育成功了，国家就可以富裕；“殉死”教育成功了，君威就能远扬。

不能兆其端者，灾及之。

【译文】

不能预见事物端倪的人，灾祸便会降临其身。

功未成者，不可以独名[1]；事未道者[2]，不可以言名。

---

①独名：独享盛名。

②道：治。此处指治理效果。

【译文】

功业未成，不可以独享盛名；事务未治，不可以谈及名誉。

国虽强，令必忠以义[1]；国虽弱，令必敬以哀[2]。强弱不犯，则人欲听矣。

①令：辞令。

②敬以哀：恭敬而哀怜。

**【译文】**

他国即使强大，对待他们的外交辞令也必须忠诚而有道义；他国即使弱小，对待他们的外交辞令也必须恭敬而有怜爱之心。无论强弱，都不侵犯，那样诸侯就愿意听从了。

先人而自后，而无以为仁也[①]，加功于人而勿得[②]，所橐者远矣[③]，所争者外矣[④]。

①无以为仁：不自以为仁，即不以仁者自居。

②勿得：不自以为有德。得，通“德”。

③橐(tuó)：包容。

④外：远。

**【译文】**

先人后己而不自夸为仁厚，加功于人而不自居为有德，这样，就能包容宽阔，所争取的领域也就很广阔了。

如以予人财者[①]，不如毋夺时；如以予人食者，不如毋夺其事，此谓无外内之患。

①如以：与其。

**【译文】**

与其给人钱财，不如不耽误其农时；与其给人粮食，不如不剥夺其农事，这才叫作没有内忧外患。

得天者，高而不崩；得人者，卑而不可胜。

**【译文】**

得天助者，居高位而不会崩塌；得人助者，即使居低位也是不可战胜的。

## 心术上

上离其道，下失其事。

**【译文】**

居上位者背离正道，居下位者就会荒废其职事。

殊形异埶[1]，不与万物异理，故可以为天下始。

①埶：同“势”，形态，姿势。

**【译文】**

了解万物的千差万别，不违背万物的自然生理和规律，才能治理好天下。

人之可杀，以其恶死也；其可不利，以其好利也。

**【译文】**

有些人可以用杀戮来胁迫，因为他们贪生怕死；有些人可以用不利来胁迫他，因为他们贪图私利。

君子不怵乎好[①]，不迫乎恶，恬愉无为，去智与故[②]。

①怵(xù)：诱惑。

②故：世故、伪诈之心。

**【译文】**

君子不为喜好所诱惑，不为邪恶所威胁，恬淡无为，远离巧智与伪诈。

言不得过实，实不得延名[①]。

①延名：扩展名声。

**【译文】**

名称不能与事物的实质不符，事物的实质也不得被名称所夸大。

## 心术下

圣人若天然，无私覆也；若地然，无私载也。

**【译文】**

圣人总是像天一样，被覆万物而没有私心；像地一样，载置万物而没有偏袒。

私者，乱天下者也。

**【译文】**

私心，是乱天下的根源之所在。

金心在中不可匿[①]，外见于形容，可知于颜色。

①金心：像金一样的心。

**【译文】**

如金子一般精纯美好的心灵是不可能掩蔽的，这会表现在形体容貌上，通过表情脸色流露出来。

善气迎人，亲如弟兄；恶气迎人，害于戈兵[①]。

①戈兵：兵器。

**【译文】**

以和善之气迎人，彼此相亲就如同兄弟；以怨怒之气迎人，彼此就会相害如同刀兵。

货之不足以为爱[①]，刑之不足以为恶。货者爱之末也，刑者恶之末也。

①货：用货而赏。

**【译文】**

光是赏赐不足以代表爱护，光是刑罚不足以表达厌恶。赏赐不过是表现爱抚的小节，刑罚不过是表现憎恶的末事。

外敬而内静者，必反其性[①]。

①反其性：恢复其本性。反，同“返”。

【译文】

外恭敬而内虚静的人，必定能回归于本性。

## 白心

非吾仪，虽利不为；非吾当，虽利不行；非吾道，虽利不取。

【译文】

不符合我的原则，虽有利可图也不做；不符合我的常法，虽有利可图也不实行；不符合我的道义，虽有利可图也不采用。

天不为一物枉其时，明君圣人亦不为一人枉其法。天行其所行而万物被其利[①]，圣人亦行其所行而百姓被其利。

①被：得到，承受。

【译文】

天不会因为任何个体改变它的节令，明君圣人也不会因为某个人屈枉了他的法度。天按照它自己的规律运行，万物因而都获得它的好处；圣人也按照他的法度行事，百姓也因而得到他的好处。

强而骄者损其强，弱而骄者亟死亡。

【译文】

强者如果骄傲就损害它的强大，弱者如果骄傲就加速它的灭亡。

强而卑，义信其强[①]，弱而卑，义免于罪。

①义：宜，可以。信：通“伸”。

**【译文】**

强者谦卑就会更加强大，弱者谦卑就可以免遭祸患。

骄之余卑，卑之余骄。

**【译文】**

骄纵会导致卑下，谦卑则能荣耀。

去善之言，为善之事，事成而顾反无名[1]。

①顾反：反而。

**【译文】**

去掉那些善言，静静地做好事，大事成就即可以无名。

功成者隳[1]，名成者亏。

①隳（huī）：毁坏。

**【译文】**

功成就会有所毁坏，名成就会有所亏缺。

无成有贵其成也，有成贵其无成也[1]。

①无成：这里指虚静无为的心态。

【译文】

没有成就者看重成就，有成就者看重无成的心态。

日极则仄，月满则亏。

【译文】

太阳升到最高点之后，便会偏斜下来；月亮到了最满之后，便走向亏缺。

极之徒仄，满之徒亏，巨之徒灭。

【译文】

最高的要偏斜，最满的要亏缺，最巨大也将消失。

人言善亦勿听，人言恶亦勿听。持而待之，空然勿两之[①]，淑然自清。

①两：配偶。勿以为偶，即言善不以为善，言恶不以为恶。

【译文】

别人说好，不轻易听信；别人说不好，也不轻易听信。要持守而加以等待，虚静无为，不随他人说好说坏转，沉寂之后好坏会自然清楚。

无以旁言为事成[①]，察而征之，无听辩，万物归之，美恶乃自见[②]。

①旁言：大言，称誉之言。

②见：同“现”，出现。

【译文】

不要把称誉的大言当成事实，要进行观察与考证，不要听信任何巧辩，将万事万物归并到一起，美、恶就自然显现出来了。

事，有适而无适[1]，若有适[2]。

①适：往。在此有“路径”“做法”的意思。

②若：乃，才是。

【译文】

做事情有路径，又不为路径所限，这才是真有路径。

难言宪术[1]，须同而出。

①难言：不易言说。在此是须认真谨慎的意思。宪术：法令政策。

【译文】

宣布一项政策法令必须谨慎再谨慎，一定要符合众人心愿才可以发布出来。

审而出者彼自来。

【译文】

只要查明众人心愿而制定出法度政策，人民自然会来归附。

持而满之[1]，乃其殆也。

①持：矜持。

【译文】

矜持自满，是很危险的。

名满于天下，不若其已也。

【译文】

名扬天下，不如适可而止。

骄倨傲暴之人[1]，不可与交。

---

①骄倨傲暴：骄傲自大，傲慢粗暴。

【译文】

骄傲自大、傲慢粗暴的人，不可与他交朋友。

## 水地

地者，万物之本原，诸生之根菀也[1]。

---

①根菀（wǎn）：犹言“根丛”。

【译文】

大地，是万物的本源，是一切生命的根源。

卑也者，道之室，王者之器也。

【译文】

谦卑，是道的所在，是君王的器度。

水者何也？万物之本原也，诸生之宗室也。

**【译文】**

水是什么？水是万物的本源，是一切生命的植根之处。

## 四时

上见成事而贵功，则民事接劳而不谋[①]；上见功而贱，则为人下者直[②]，为人上者骄。

---

①接：捷，快速。谋：顾虑。

②直：植，强硬不听调遣。

**【译文】**

人君看到臣民有成就就赏赐他，那么臣民做事迅捷而无顾虑；人君轻视臣下的功劳，臣下就不听指挥，在上位者也会骄肆。

## 五行

人与天调，然后天地之美生。

**【译文】**

人事与天道相协调，则天地之间的美好事物就产生了。

## 势

知静之修，居而自利；知作之从，每动有功。

【译文】

懂得静止时不敢疏忽的事，则居处之间自可获利；深知行动应遵从的规律，每次行动都会有所成功。

贤者诚信以仁之，慈惠以爱之，端政象[①]，不敢以先人。

①端政象：古制，把即将颁布政令悬挂在象魏之上，以征求百姓的意见。端，端正。

【译文】

贤人待民诚信而仁义，慈惠而博爱，把要发布的政令展示出来，不敢在没有征求意见之前颁布。

贤者安徐正静，柔节先定，行于不敢，而立于不能，守弱节而坚处之。

【译文】

贤人常安定镇静，柔和守节，不敢妄行，立足于不与人争能，保持柔弱谦和之操守而坚定不移。

## 正

罪人不怨，善人不惊，曰刑。

【译文】

受刑罚的人服罪而不怨恨，不犯法的善人不担惊受怕，这才叫作正确的刑罚。

正之服之，胜之饰之[1]，必严其令，而民则之，曰政。

①饰：通“饬”，治。

**【译文】**

以德行规正人民，以刑威制服人民，以武事控制人民，以文治修饬人民，出令严格使人民遵守，这叫作正确的政。

如四时之不贷[1]，如星辰之不变，如宵如昼，如阴如阳，如日月之明，曰法。

①贷（tè）：通“忒”，差错。

**【译文】**

如四时更替一样没有差错，如星辰一样没有变更，如昼夜阴阳一样皆有常道循环不止，如日月一样恒久明亮，这才叫作正确的法度。

爱之生之，养之成之，利民不得，天下亲之，曰德。

**【译文】**

爱护百姓，生养百姓，成就百姓，为百姓谋福利而不洋洋自得，天下的百姓都亲近他，这叫作德。

## 任法

任法而不任智，任数而不任说，任公而不任私，任大道而不任小物。

【译文】

依靠法度而不依靠智谋,依靠政策而不依靠议论,依靠公心而不依靠私心,依靠大道而不依靠小事。

百官服事者离法而治,则不祥。

【译文】

百官与管理国事的人脱离法度治国,就不祥。

法者,天下之至道也,圣君之实用也。

【译文】

法是天下的最高准则,是圣明君主的法宝。

君臣上下贵贱皆从法,此谓为大治。

【译文】

君臣、上下、贵贱都遵从法律,这就叫作大治。

重爱曰失德,重恶曰失威。

【译文】

注重私爱,叫作错用恩德;注重私恶,叫作错用刑威。

## 明法

令求不出谓之灭[①],出而道留谓之拥[②],下情求不上通谓之塞,下情上而道止谓之侵。

---

①求:通“逑”,聚积、积压。下句“下情求”之“求”义同。

②道留:中道被阻滞。

**【译文】**

命令积压而不能向下传达叫作“灭”,发出而中途被留止叫作“拥”,下情堆积不能上达叫作“塞”,下情上通而中途被留止叫作“侵”。

威不两错[①],政不二门。

---

①错:通“措”,设置,放置。

**【译文】**

威势权力不可由君臣二者共有,政令不可由君臣二者发布。

以法治国,则举错而已[①]。

---

①举错:即举措。错,通“措”。

**【译文】**

以法治国,就是一切按法度来处理问题,就好像拿起放下那么容易。

有法度之制者[①],不可巧以诈伪;有权衡之称者,不可欺以轻重;有寻丈之数者[②],不可差以长短。

---

①制:裁断。

②寻:八尺为一寻。

【译文】

有法度来裁断，臣民就不得以伪诈取巧；有量轻重的权衡来称重，就无人敢以轻重来欺骗他人；有寻丈来度量长短，长短就不会有差错了。

今主释法以誉进能①，则臣离上而下比周矣②；以党举官，则民务交而不求用矣。

①今：假设连词，若。

②比周：相互勾结，结党营私。

【译文】

若国君舍弃法度而以人的声誉进贤用人，那么群臣就会远离国君而相互勾结；若是根据结党得誉而举用官员，那么臣民就会专务结交而不求对国家有用了。

所死者非罪，所起者非功也，然则为人臣者，重私而轻公矣。

【译文】

被处死的人不是因为有罪，被起用的人不是因为有功，那么为人臣的就会重私而轻公。

十至私人之门，不一至于庭；百虑其家，不一图国。属数虽众，非以尊君也；百官虽具，非以任国也。此之谓国无人。

【译文】

十次奔走于私人的家门，也不到朝廷一次；多次考虑自家的得失，也不为国家考虑一次。百官之数虽已众多，但均不尊君而只顾其家；百官虽然很齐备，但专务私事而不治理国事。这就叫作国中无人。

大臣务相贵而不任国，小臣持禄养交，不以官为事，故官失其能。

**【译文】**

大臣之间务求互相吹捧抬举而不肯承担国事，小臣拿着俸禄去结交而不肯做好本职工作，所以官吏也就失去了他的功能。

先王之治国也，使法择人，不自举也；使法量功，不自度也。

**【译文】**

先王治理国家，依照法度选择人才，而不许自己举荐；用法度衡量功劳，而不许自己衡量。

## 正世

法立令行，故群臣奉法守职，百官有常；法不繁匿[1]，万民敦悫[2]，反本而俭力。

---

①繁匿：据章炳麟说，意为变更。

②悫（què）：诚实。

**【译文】**

法度确立，政令通行，因而群臣守法尽职，百官办事也就有规则秩序；法度不轻易变更，民众就会敦厚朴实，安心农事而俭朴勤劳。

设人之所不利，欲以使，则民不尽力；立人之所不畏，欲以禁，则邪人不止。

**【译文】**

设置人们不以为利的奖赏，却想要使唤人，人们自然不会尽力；立下人们并不畏惧的刑罚，却想禁止人作恶，奸邪之人自然不会停止作恶。

赏不足劝，则士民不为用；刑罚不足畏，则暴人轻犯禁。

**【译文】**

行赏不足以激励人，士民就不会为君主所用；刑罚不足以使人畏惧，坏人就会轻易地违犯禁令。

民者，服于威杀然后从，见利然后用，被治然后正，得所安然后静者也。

**【译文】**

民众总是畏惧威杀然后才服从，得到实利然后才听用，被统治然后才归于正道，安居乐业然后才平静无事。

强劫弱，众暴寡，此天下之所忧，万民之所患也。

**【译文】**

强者欺负弱者，多数压迫少数，这是社会所忧虑、民众所担心的事情。

利莫大于治，害莫大于乱。

**【译文】**

对国家而言，没有比安定更大的利益，没有比动乱更大的祸害。

事莫急于当务，治莫贵于得齐[1]。

①得齐：适中。这里指政策缓急适中。

**【译文】**

做事没有比解决当前急务更紧急的，治国没有比轻重缓急安排适度更宝贵的。

君人之道，莫贵于胜。胜故君道立；君道立，然后下从；下从，故教可立而化可成也。夫民不心服体从，则不可以礼义之文教也。

**【译文】**

治理民众的原则，没有比令人服从更重要的。令人服从，君道才能确立；君道确立，然后下面才会跟从；下面跟从，教化才能进行而又取得成效。如果民众不是在思想和行动上都服从，就不能用礼义来教化他们。

## 治国

凡治国之道，必先富民。

**【译文】**

大凡治国之道，一定要先使百姓富裕起来。

民富则易治也，民贫则难治也。

**【译文】**

民众富裕就容易治理，民众穷困就难以治理。

治国常富，而乱国必贫。

**【译文】**

太平国家往往是富裕的，混乱国家往往是贫穷的。

善为国者，必先富民，然后治之。

**【译文】**

善于处理国政的君主，一定要先使百姓富起来，然后再加以治理。

粟也者，民之所归也；粟也者，财之所归也；粟也者，地之所归也。

**【译文】**

粮食，能吸引人口；粮食，能招致财富；粮食，能开拓疆土。

粟多则天下之物尽至矣。

**【译文】**

粮食多，天下的物产就都来了。

先王者，善为民除害兴利，故天下之民归之。

**【译文】**

古代的圣王，往往善于为民除害兴利，所以天下百姓都归顺他。

粟者，王之本事也，人主之大务，有人之途，治国之道也。

**【译文】**

粮食生产，是君主的根本大事，是国君的重要任务，是拥有民众的途径，是治理国家的大道。

# 内业

能去忧乐喜怒欲利，心乃反济。

**【译文】**

能消除忧、乐、喜、怒、欲、利的干扰，心才会返回安定状态。

圣人与时变而不化，从物而不移。

**【译文】**

圣人总是随时变通而不为时所化，顺应事物变迁而不为物所移。

能正能静，然后能定。定心在中，耳目聪明，四枝坚固，可以为精舍。

**【译文】**

能正，所以能静，能静，则心有定见。定见在心，所以耳聪目明，四肢强健，身体就可以成为精气的住所。

一言得而天下服，一言定而天下听，公之谓也。

**【译文】**

一句话能使天下之人都信服，一句话能使天下人都听从，说的就是公正的效力。

形不正，德不来；中不静，心不治。

**【译文】**

身不正，德不会来；体内不静，心不得治。

心无他图，正心在中，万物得度。

**【译文】**

心中别无他图，则平正的心常在，用以应对万物，就各得其宜。

人能正静，皮肤裕宽[①]，耳目聪明，筋信而骨强[②]，乃能戴大圆而履大方[③]，鉴于大清[④]，视于大明[⑤]。

①皮肤：此处指肉体、四体。

②信：通“伸”。

③大圆：指苍天。大方：指大地。

④大清：指上天清明之象。

⑤大明：指日月。

**【译文】**

人能做到形正心静，就能肉体丰满，耳聪目明，筋骨舒展而强健，就能头顶上天，脚踏实地，鉴别力如清天，观察力如日月。

思索生知，慢易生忧[①]，暴傲生怨，忧郁生疾，疾困乃死。

①慢易：怠慢。易，不庄重地对待人和事。

**【译文】**

思索产生智慧，懈怠疏忽产生忧患，暴虐骄傲产生怨恨，忧郁产生疾病，疾病困迫就会致死。

思之而不舍，内困外薄，不蚤为图[①]，生将巽舍[②]。

①蚤：通“早”，尽早。

②巽（xùn）：通“逊”，离去。

**【译文】**

忧思过度而过于执着，身心就内有困苦外有压迫，如不早想办法，生命之气将会离开躯体。

## 食莫若无饱，思莫若勿致。

**【译文】**

吃饭最好不要过饱，思考最好不要绞尽脑汁。

## 平正擅匈[①]，论治在心，此以长寿。

①擅匈：占据胸中的意思。匈，同“胸”。

**【译文】**

胸中平和中正，安心定神，便能长寿。

## 节其五欲[①]，去其二凶[②]，不喜不怒，平正擅匈[③]。

①五欲：五官的欲望。

②二凶：喜、怒两种情绪失当导致的不幸。

③擅匈：占据胸中的意思。匈，同“胸”。

**【译文】**

节制五官的欲求，除去喜怒两种凶事，不喜不怒，胸中就可以保持中正平和。

凡人之生也，必以平正；所以失之，必以喜怒忧患。

**【译文】**

人的生命，一定要依赖平和中正；生命之所以失去平和中正，一定是由于喜怒忧虑的失当。

守礼莫若敬，守敬莫若静。

**【译文】**

遵守礼仪莫过于保持恭敬，保持恭敬莫过于内心虚静。

凡食之道，大充①，伤而形不臧②，大摄③，骨枯而血沍④。充摄之间，此谓和成。

---

①大：太。

②不臧：不良。臧，好。

③摄：减缩。

④沍（hù）：干涸凝固。

**【译文】**

关于饮食的道理，吃得太多，就伤身而体形不佳；吃得太少，就骨枯而血液凝滞。饥饱适中，就是实现了中和之道。

凡人之生也，必以其欢。忧则失纪，怒则失端。忧悲喜怒，道乃无处。

**【译文】**

人的生命有活力，必是源于情绪的欢乐。忧愁会使生命失常，恼怒会使生命无序。心里充满忧悲喜怒，“道”就无处可容。

节欲之道，万物不害。

**【译文】**

实行节欲之道，就不会受到万事万物的伤害了。

## 小问

明分任职，则治而不乱，明而不蔽矣。

**【译文】**

明确责任而后安排官职，就可以做到治而不乱，明察而不受蒙蔽了。

凡牧民者，必知其疾，而忧之以德，勿惧以罪，勿止以力。

**【译文】**

大凡治理百姓的人，一定要了解百姓的疾苦，用仁德之心关怀他们，而不要靠刑罚恐吓他们，不要用暴力压制他们。

信也者，民信之；仁也者，民怀之；严也者，民畏之；礼也者，民美之。

**【译文】**

守信用，民众就信任国君；行仁政，民众就怀念国君；为人庄重，民众就敬畏国君；注重礼仪，民众就赞美国君。

泽命不渝[1]，信也；非其所欲，勿施于人，仁也；坚中外正，严也；质信以让，礼也。

---

①泽命不渝：丢掉性命也不食言。语本《诗经・郑风・羔裘》："舍命

不渝。”泽，通“释”，放弃。渝，改变。

**【译文】**

丢掉性命也不食言，这就是信；自己不喜欢的事，不要强加给别人，这就是仁；内心坚定，行为方正，这就是严；讲究诚信，温和谦让，这就是礼。

## 七臣七主

设用无度，国家踣[1]。

①踣（bó）：跌倒。这里指国家败亡。

**【译文】**

财物的安排使用没有节制，国家就会败亡。

法者，所以兴功惧暴也；律者，所以定分止争也；令者，所以令人知事也。

**【译文】**

所谓法，就是用来提倡功德威慑暴行的；所谓律，就是用来确定职分制止争斗的；所谓令，就是用来命令人民管理事务的。

法臣法断名决[1]，无诽誉。

①法断名决：依照法律和罪名裁决断案。名，刑名，刑律所定的罪名。

**【译文】**

守法度的大臣严格依照法律和罪名断案，没有毁谤或吹捧的行为。

好名则无实,为高则不御。

**【译文】**

喜好名声就容易没有实才,清高就不容易被驾驭。

私道行则法度侵,刑法繁则奸不禁。

**【译文】**

私道大行法度就受到侵害,刑法繁多奸邪就不能禁止。

## 禁藏

能以此制彼者,唯能以己知人者也。

**【译文】**

能站在自己一边制伏他人的,只有那些以己察彼的人。

居民于其所乐,事之于其所利,赏之于其所善,罚之于其所恶,信之于其所余财,功之于其所无诛。

**【译文】**

要将百姓安置在他们乐于居住的地方,使他们从事有利于自身的工作,奖励他们认为好的事情,惩罚他们厌恶的行为,保证他们的余财不受侵犯,致力于让他们不受刑罚。

于下无诛者,必诛者也;有诛者,不必诛者也。

**【译文】**

做到百姓不受刑罚,必须做到有罪必罚;百姓有受刑罚的,正是没有坚持有罪必罚造成的。

以有刑至无刑者，其法易而民全；以无刑至有刑者，其刑烦而奸多。

**【译文】**

从有刑罚到不需刑罚，就能使法律变得简易，人民得到保全；从不施刑罚到大施刑罚，就会使刑法变得烦琐而罪犯增多。

先易者后难，先难而后易。

**【译文】**

先易者后难，先难者后易。

公之所加，罪虽重，下无怨气；私之所加，赏虽多，士不为欢。

**【译文】**

秉公办事，刑罚即使重，下面也没有怨气；按私心行事，赏赐即使多，战士也不会欢欣。

行法不道，众民不能顺；举错不当[1]，众民不能成。

---

①错：通“措”。

**【译文】**

执法不公道，民众就不会顺从；措施不得当，民众就不能成事。

凡人之情，得所欲则乐，逢所恶则忧，此贵贱之所同有也。

**【译文】**

人的常情是：满足了要求就高兴，遇上讨厌的事情就忧愁，这是不论贵贱都同样的。

物有多寡，而情不能等；事有成败，而意不能同；行有进退，而力不能两也[①]。

---

①两：成双，相称，匹配。

【译文】

物有多寡，人的欲望不能与之吻合；事有成败，人的意愿不能同它一致；行有进退，人的力量不能跟它匹配。

立身于中，养有节。

【译文】

为人处世要保持适中，生活享受要有节制。

不作无补之功，不为无益之事。

【译文】

不去立没有好处的功劳，不去做没有益处的事情。

适身行义，俭约恭敬，其唯无福，祸亦不来矣；骄傲侈泰[①]，离度绝理，其唯无祸，福亦不至矣。

---

①侈泰：奢侈无度。

【译文】

克制自身，遵行礼义，节俭恭敬，即使无福，灾祸也不会降临；骄傲奢侈，背离法度，违反常理，即使无祸，幸福也不会来临。

君子上观绝理者以自恐也，下观不及者以自隐也[1]。

①隐：考度，省察。

**【译文】**

君子一方面要从违背常理的人身上吸取教训，警戒自己；另一方面又要从努力不够的人身上获得借鉴，反省自身。

誉不虚出，而患不独生。

**【译文】**

荣誉不会凭空出现，忧患不会无故发生。

能以所闻瞻察，则事必明矣。

**【译文】**

能用自己的见闻考察反思，事理就一定会明了。

善者圉之以害[1]，牵之以利。能利害者，财多而过寡矣。

①圉（yǔ）：禁止，约束。之：代指民众。

**【译文】**

善于治国者会运用“害”来约束人们，运用“利”来引导人们。能正确运用利害关系，就能增加财富，减少过失。

凡人之情，见利莫能勿就，见害莫能勿避。

**【译文】**

常人的情感，见到利益没有不追求的，见到危害没有不躲避的。

利之所在，虽千仞之山，无所不上；深源之下，无所不入焉。

**【译文】**

利之所在，即便是千仞高山，人们也愿意上；即使在深渊之下，人们也愿意进去。

善者势利之在[①]，而民自美安，不推而往，不引而来，不烦不扰，而民自富。

---

①势：读为“执”，注重，关注。

**【译文】**

善于治国者掌握利的源泉所在，那么人民就自然美慕而甘心接受，无需推动也会前往，无需引导也会跟随，不烦民也不扰民，而人民自会富裕。

夫为国之本，得天之时而为经，得人之心而为纪，法令为维纲[①]，吏为网罟[②]，什伍以为行列，赏诛为文武[③]。

---

①维纲：用以系物和提网的绳。这里指纲纪。

②罟（gǔ）：网。

③文武：指军队的鼓和金。文指鼓，击鼓则前进；武指金，鸣金则收军。

**【译文】**

治国的根本，以掌握天时为经，深得民心为纪，法令好比纲纪，官吏好比网罟，居民组织好比队列，赏罚好比指挥进退的金鼓。

夫动静顺然后和也，不失其时然后富，不失其法然后治。

**【译文】**

举措合宜国家才能和谐，不违农时国家才能富裕，不失法度国家才能治理好。

国不虚富，民不虚治。

**【译文】**

国家不是无缘无故富起来的，人民不是无缘无故治理好的。

国多私勇者其兵弱，吏多私智者其法乱，民多私利者其国贫。

**【译文】**

国家中多勇于私斗者，军队就弱；官吏中多奸诈私巧者，法度就乱；民众中多营私取利者，国家就穷。

德莫若博厚，使民死之；赏罚莫若成必[1]，使民信之。

---

①成必：通“诚必”。诚实坚定，民众信任。

**【译文】**

施恩必须广泛厚重，人民才会以死报效；赏罚必须信实坚决，人民才会坚信不移。

夫民之所生，衣与食也。

**【译文】**

百姓赖以生活的，是衣和食。

## 九守

以天下之目视，则无不见也；以天下之耳听，则无不闻也；以天下之心虑，则无不知也。

**【译文】**

用天下人的眼睛来看，就没有看不到的；用天下人的耳朵来听，就没有听不到的；用天下人的心来思考，就没有不能了解的。

高山仰之，不可极也；深渊度之，不可测也。

**【译文】**

要像高山一样，让人看不到顶；又像深渊一样，让人觉得深不可测。

用赏者贵诚，用刑者贵必。刑赏信必于耳目之所见，则其所不见，莫不暗化矣[1]。

①暗化：潜移默化地改变。

**【译文】**

行赏贵在诚信，用刑贵在坚决。在耳目所见的地方推行刑赏时既诚信又坚决，那么耳目所不见的地方也能在不知不觉中发生改变。

## 桓公问

毋以私好恶害公正，察民所恶，以自为戒。

**【译文】**

不以自己的个人好恶妨碍公正，体察民众所厌恶的，用来作为自己的鉴戒。

## 度地

圣人之处国者，必于不倾之地而择地形之肥饶者[1]，乡山[2]，左右经水若泽，内为落渠之写[3]，因大川而注焉。

①不倾之地：岗原深厚的地方。

②乡：通“向”。

③落：通“络”。“落渠”即水渠网络。写：同“泻”，排泄。

**【译文】**

圣人建立国都，必定是在岗原深厚的地方选择土壤肥沃之处，靠近大山，左右有河流和湖泊，在都城内修建排水的沟渠网，让水流顺着流入大河。

## 弟子职

先生施教，弟子是则。温恭自虚，所受是极[1]。见善从之，闻义则服。温柔孝悌[2]，毋骄恃力。志毋虚邪，行必正直。游居有常，必就有德。颜色整齐，中心必式[3]。夙兴夜寐，衣带必饬。朝益暮习，小心翼翼。一此不解[4]，是谓学则。

①极：穷究。

②孝悌：孝顺父母，敬爱兄长。

③式：合乎法度。

④解：通“懈”，懈怠。

**【译文】**

先生施教，弟子要学习。谦恭虚心，所学才能彻底。见到善就跟着做，听到义就服膺力行。性情温柔孝悌，不要骄傲，不恃勇力。心志不虚伪邪魅，行为必然正直。外出、居家都有常规，一定要接近有德之人。容貌神色保持端正，内心一定要合乎规范。早起晚睡，衣带整饬。早晚学习，小心翼翼。从不懈怠，这是学习的准则。

凡言与行，思中以为纪。

**【译文】**

一切言行，都要牢记以中和作为准则。

## 形势解

能宽裕纯厚而不苛忮[①]，则民人附。

---

①忮（zhì）：刚愎，固执。

**【译文】**

能宽大纯朴而不苛刻刚愎，人民自然依附。

得民则威立，失民则威废。

**【译文】**

得民心则威严立，失民心则威严废。

人主之所以令则行、禁则止者，必令于民之所好，而禁于民之所恶也。

**【译文】**

人主之所以能做到令行禁止，是因为他命令的是人民所喜好的，禁止的是人民所厌恶的。

民之情，莫不欲生而恶死，莫不欲利而恶害。

**【译文】**

大凡人之常情，都是好生恶死，趋利避害。

人主之所以使下尽力而亲上者，必为天下致利除害也。

**【译文】**

人主之所以能让人民竭忠尽力而亲近君上，一定是因为他为天下谋利而除害。

起居时，饮食节，寒暑适，则身利而寿命益。

**【译文】**

起居定时，饮食定量，寒热得当，就对身体好，因而寿命长。

人惰而侈则贫，力而俭则富。

**【译文】**

人懒惰而奢侈就会贫困，勤劳而节约就会富有。

物莫虚至，必有以也。

**【译文】**

凡事都不会白白到来，必有其缘由。

人主出言，顺于理，合于民情，则民受其辞。

**【译文】**

人主所言，合道理，合民情，人民就会接受其言论。

民，利之则来，害之则去。

**【译文】**

民众，有利就来，有害就离开。

欲来民者，先起其利，虽不召而民自至；设其所恶，虽召之而民不来也。

**【译文】**

想要民众归附，必先让他们获利，那样即使不召唤，民众也会自行前来；如果有他们讨厌的，即使召唤他们也不会来。

莅民如父母[①]，则民亲爱之。道之纯厚[②]，遇之有实，虽不言曰吾亲民，而民亲矣。莅民如仇雠[③]，则民疏之。道之不厚，遇之无实，诈伪并起，虽言曰吾亲民，民不亲也。

---

①莅(lì)民：管理百姓。

②道：同"导"，引导，治理。

③仇雠(chóu)：仇人。

**【译文】**

像对待父母一样统治民众，民众就会亲近和敬爱主上。用纯朴敦厚来治理他们，用实惠来对待他们，即使不说亲民，民众也会亲近君主。像仇人一样统治民众，民众就会疏远君主。治理他们不厚道，对待他们不实惠，奸诈虚伪，即使嘴上说亲民，民众也不会亲近君主。

为主而惠，为父母而慈，为臣下而忠，为子妇而孝，四者，人之高行也。

**【译文】**

做人主惠民，做父母慈爱，做臣下忠诚，做儿子、儿媳妇孝顺，这四点，是人的高尚品行。

择言必顾其累，择行必顾其忧。

**【译文】**

选择言语必考虑后果，选择行动必考虑后顾之忧。

天之裁大[①]，故能兼覆万物；地之裁大，故能兼载万物；人主之裁大，故容物多而众人得比焉[②]。

①裁：通“材”，材器。

②比：顺从，归附。

**【译文】**

天的材器大，所以能覆育万物；地的材器大，所以能承载万物；人主的材器大，所以能容纳万物而使民众归心。

欲民之怀乐己者，必服道德而勿厌也，而民怀乐之。

**【译文】**

想让民众归附、感激自己的人，必须履行道德而永不自足，这样民众就会归附、感激他了。

圣人之求事也，先论其理义，计其可否。故义则求之，不义则止；可则求之，不可则止。

**【译文】**

圣人做一件事，先权衡理义，考虑是否可做。如果合乎道义就做，不合乎道义就不做；可以就做，不可以就不做。

圣人之诺已也[1]，先论其理义，计其可否。义则诺，不义则已；可则诺，不可则已。

---

①诺已：承诺与否。

**【译文】**

圣人许诺的时候，先权衡理义，考虑是否可以。合乎道义就许诺，不合乎道义则不许诺；可以就许诺，不可以则不许诺。

海不辞水，故能成其大；山不辞土石，故能成其高；明主不厌人，故能成其众；士不厌学，故能成其圣。

**【译文】**

海洋不排斥水，所以能成为大海；山不排斥土石，所以能成为高山；明主不排斥人民，所以能人口众多；士不厌恶学习，所以能成为圣人。

明主之官物也，任其所长，不任其所短，故事无不成，而功无不立。

**【译文】**

明主任命官员办事，用其长处，不用其短处，所以事无不成，功无不立。

明主之举事也，任圣人之虑，用众人之力，而不自与焉，故事成而福生。

**【译文】**

明主办事，运用圣人的策划，利用众人的力量，而不是自行蛮干，所以事情办成，福禄自生。

民者，所以守战也，故虽不守战，其治养民也，未尝解惰也[1]。

①解：通“懈”，懈怠。

**【译文】**

人民，是用来守国杀敌的，所以即使不在守国杀敌时，也要治民养民，不能懈怠。

以规矩为方圜则成[1]，以尺寸量长短则得，以法数治民则安。

①圜：同“圆”。

**【译文】**

用规矩就能成方圆，用尺寸就能测量长短，用法度管理民众就能安邦定国。

事主而不尽力则有刑，事父母而不尽力则不亲，受业问学而不加务则不成。

**【译文】**

侍奉君主而不尽力就会遭受刑罚，侍奉父母而不尽力就会导致不亲和，受业学习而不努力就不能有所成就。

朝不勉力务进，夕无见功。

**【译文】**

早晨不努力追求进取，晚上就不能见到成效。

中情信诚则名誉美矣，修行谨敬则尊显附矣。

**【译文】**

内心诚信则有美名，修行谨慎恭敬则能赢得尊重荣誉。

为人父而不明父子之义以教其子而整齐之，则子不知为人子之道以事其父矣。

**【译文】**

为人父而不知道用父子之义教导儿子来使他合乎规范，儿子就不知道用为子的道理来侍奉父亲。

君臣亲，上下和，万民辑[1]，故主有令则民行之，上有禁则民不犯。

①辑：和睦。

**【译文】**

君臣上下亲和，万民和睦，所以人主有令人民就会实行，人主有禁人民就不会冒犯。

上施厚，则民之报上亦厚；上施薄，则民之报上亦薄。

**【译文】**

人主施恩丰厚,人民回报也丰厚;人主施恩微薄,人民回报也微薄。

有道则民归之,无道则民去之。

**【译文】**

治国有道,人民就会归附;治国无道,人民就会离开。

夫救祸安危者,必待万民之为用也,而后能为之。

**【译文】**

救祸安危,一定要依靠万民,才能达成。

虽已盛满,无德厚以安之,无度数以治之,则国非其国,而民无其民也。

**【译文】**

虽然国家处于鼎盛期,但如果不用厚德安定,不用法度治理,那么国家就不是他的国家,人民也不是他的人民了。

臣不亲其主,百姓不信其吏,上下离而不和,故虽自安,必且危之。

**【译文】**

大臣不亲附君主,百姓不相信官吏,上下背离而不和,虽然自以为安定,但终究将是危险的。

明王之动作虽异,其利民同也。

**【译文】**

明君的动作虽然不同，但为民谋利却是一致的。

行天道，出公理，则远者自亲；废天道，行私为，则子母相怨。

**【译文】**

以天道行事，秉持至公之理，则疏远的也会亲近；不行天道，以私心办事，则母子也会互相怨恨。

圣人之与人约结也[1]，上观其事君也，内观其事亲也，必有可知之理，然后约结。

①约结：结交。

**【译文】**

圣人与人结交，在朝廷上要观察其事君的言行，在家里要观察其事亲的行为，有了可靠的条件，然后再结交。

明主度量人力之所能为而后使焉，故令于人之所能为则令行，使于人之所能为则事成。

**【译文】**

明主度量人的能力大小然后让他办事，所以命人办力所能及之事，命令就能够被执行，派人做力所能及之事，事情就能够办成。

以众人之力起事者，无不成也。

**【译文】**

用众人力量来做事的，无不成功。

言之不可复者，其言不信也；行之不可再者，其行贼暴也。

**【译文】**

不能再多说的话，是不可信的；不能再多做的行为，是残暴的。

## 立政九败解

人君唯毋听群徒比周[1]，则群臣朋党，蔽美扬恶。

——

①毋：语助词，无义。比周：结党营私。

**【译文】**

君主如果听任众人结党营私，那么群臣都将结成朋党，掩饰美善，宣扬丑恶。

人君唯毋听请谒任誉[1]，则群臣皆相为请。

——

①毋：语助词，无义。请谒任誉：请托保举。誉，通“举”。一说，赞誉而保举之。

**【译文】**

君主如果听任请托保举的行为，群臣就会都来互相请托拜谒。

## 版法解

凡法事者，操持不可以不正，操持不正则听治不公；听治不公则治不尽理，事不尽应。治不尽理，则疏远微贱者无所告诉[1]；事不尽应，则功利不尽举。功利不尽举则国贫，疏远微贱者无所告谫则下饶[2]。

①谫:通“愬”,同“诉”,这里指申诉冤情。

②饶:通“扰”,扰乱。

**【译文】**

凡涉及法度之事,执行不可不公正,不公正则判断不公平;判断不公平则治事就不能完全合理,办事也就不能完全得当。治事不完全合理,那些疏远微贱的人就无法申诉;办事不完全得当,功利事业就不能充分兴办。功利事业不充分兴办国家就会贫穷,疏远微贱者无法申诉冤情,民间就会扰乱。

不私近亲,不孽疏远[1],则无遗利,无隐治[2]。

①孽:加害。

②隐治:指冤案。

**【译文】**

不偏厚于近亲,不加害于外人,就不会有被遗漏的功利事业,民间就没有冤案。

断事以理,虚气平心[1],乃去怒喜。

①虚气平心:这里是心平气和的意思。虚,通“舒”。

**【译文】**

要根据情理判断事情,心平气和,排除个人喜怒的影响。

事之先易者，人轻行之，人轻行之，则必困难成之事；始不足见者，人轻弃之，人轻弃之，则必失不可及之功。

**【译文】**

开头感到容易的事情，人们就轻易对待它，人们轻易对待它，就一定受阻于难成的事；开头不被注意的事情，人们就轻易放弃它，人们轻易放弃它，就一定丧失不可比拟的功绩。

为而不知所成，成而不知所用，用而不知所利害，谓之妄举。妄举者，其事不成，其功不立。

**【译文】**

办事而不预知其能否成功，成功了而不预知其作用，有作用而不预知其利弊后果，就是所谓的轻举妄动。轻举妄动的人，他的事业不能成功，他的功绩不能树立。

治之本二：一曰人，二曰事。人欲必用，事欲必工[①]。人有逆顺，事有称量[②]。人心逆则人不用，事失称量则事不工。事不工则伤，人不用则怨。

———

①工：通“功”，有功效，成功。

②称量：分量尺度。

**【译文】**

治国的根本有两条：一是治人，二是治事。治人要求他一定效力，治事要求它一定成功。人有逆有顺，事情有分量尺度。人心逆就不肯效力，事不合分量尺度就不可能成功。事情不成功就意味着有所损伤，人不肯效力就意味着有怨恨。

度恕者，度之于己也，己之所不安，勿施于人。

**【译文】**

考虑恕道，就是与自己做对比，自己所不能接受的，不要施加给别人。

国无法则众不知所为，无度则事无机[①]。

①机：事物的关键，准则。

**【译文】**

国家没有法律，民众就不知道该怎样行事；没有制度，行事就没有准则。

凡众者，爱之则亲，利之则至[①]。

①至：到来，归附。

**【译文】**

对于民众，爱护他们，他们就亲近；给他们利益，他们就归附。

凡君所以有众者，爱施之德也。

**【译文】**

大凡国君之所以能赢得民众拥护，是因为有爱民和施利于民的德惠。

与天下同利者，天下持之[①]；擅天下之利者[②]，天下谋之。

①持：维持，拥护。

②擅：专擅，独占。

**【译文】**

与天下人共享利益的，天下人就拥护他；独占天下利益的，天下人就图谋他。

君子恶称人之恶，恶不忠而怨妒，恶不公议而名当称[1]，恶不位下而位上，恶不亲外而内放。

---

①当：党。结朋党。

**【译文】**

君子厌恶说人的不是，厌恶不忠诚而又妒恨，厌恶不能公正持论而有结党之称，厌恶不甘谦处下位却总是居高临下，厌恶不与他人亲和内心又放纵。

## 明法解

法度行则国治，私意行则国乱。

**【译文】**

法度能够施行则国治，私意得到畅行则国乱。

草茅弗去[1]，则害禾谷；盗贼弗诛，则伤良民。

---

①草茅：泛指杂草。

**【译文】**

杂草不铲除，就危害庄稼；盗贼不惩治，就伤害良民。

舍公法而行私惠，则是利奸邪而长暴乱也。

**【译文】**

如果弃公法而行私惠，那就是便利奸邪而助长暴乱了。

## 乘马数

若岁凶旱水泆[①]，民失本[②]，则修宫室台榭，以前无狗、后无彘者为庸[③]。故修宫室台榭，非丽其乐也，以平国策也[④]。

①水泆(yì)：水灾。泆，通“溢”，水满而泛滥。

②本：指务农。

③前无狗、后无彘者：指家中连狗猪都没有的贫苦之人。庸：佣工。

④国策：此处指国家经济上以有济无的平衡之策。

**【译文】**

如果遇上大旱大水的灾年，百姓无法从事农业生产，就修建宫室台榭，雇用那些家里连猪狗都没有的穷人以做工为生。所以修建宫室台榭，不是为观赏之乐，而是为了实行国家“以工代赈”的经济平衡政策。

## 国蓄

五谷食米，民之司命也[①]；黄金刀币，民之通施也[②]。

①司命：指关乎命运者。

②通施：通货，货币。

**【译文】**

粮食，关乎民众的生死；黄金钱币，是民众用来交易的货币。

凡将为国①，不通于轻重②，不可为笼以守民③；不能调通民利④，不可以语制为大治⑤。

①为国：治国。

②通：懂得，掌握。轻重：指《管子》中关于调节商品、货币流通和控制物价的理论。详见《管子·轻重》。

③笼：收拢利益。

④调通：调剂疏通。

⑤语：讲求。制：法制。

**【译文】**

凡是要治国，不懂得"轻重"之术，就不能够用经济方法收拢利益来控制民众；不能够调剂疏通民利，就不能讲求法制来实现国家大治。

岁有凶穰①，故谷有贵贱；令有缓急②，故物有轻重。

①凶穰（ráng）：歉收年和丰收年。

②缓急：指国家征收期限有宽有紧。

**【译文】**

年景有歉有丰，故而粮价有贵有贱；征收物资的政令有缓有急，故而物价有高有低。

善者委施于民之所不足，操事于民之所有余①。

①操事：从事。此指在民间物资有余时进行收购。

**【译文】**

善治国者总是在民间物资不足时把库存的东西供应出去；而在民间物资有余时，把市场的商品收购起来。

## 山国轨

春十日不害耕事，夏十日不害芸事，秋十日不害敛实，冬二十日不害除田。此之谓时作。

**【译文】**

春季最紧要的十天不误耕种，夏季最紧要的十天不误锄草，秋季最紧要的十天不误收获，冬季最紧要的二十天不误整治土地，这就是所谓的按照农时进行作业。

## 山至数

王者藏于民，霸者藏于大夫，残国亡家藏于箧[①]。

①箧（qiè）：筐、箱之物。

**【译文】**

成王业的君主藏富于民，成霸业的君主藏富于大夫，败国亡家的君主则是把财富收藏在箱子里。

王者乘时，圣人乘易[①]。

---

①易：变化。

【译文】

成就王业者善于掌握时机，称为圣人的善于掌握变化。

币重而万物轻，币轻而万物重。

【译文】

市场上币值上升则物价下降，币值下降则物价上升。

人君操谷币金衡而天下可定也。

【译文】

国君如能掌握好粮食、货币、黄金的平衡关系，天下的经济秩序就可以稳定运行。

## 揆度

一农不耕，民有为之饥者；一女不织，民有为之寒者。

【译文】

一个农民不耕种，百姓中就会有因此受饿的人；一个妇女不纺织，百姓中就会有因此受寒的人。

# 商君书

商君，即商鞅，公孙氏，名鞅，卫国人，人们称其为“公孙鞅”或“卫鞅”，后因战功，秦孝公将商地（今陕西商州）赐封给他，号为“商君”，故后人称其为“商鞅”。商鞅“少好刑名之学”，以变法强秦闻名后世，其生平事迹见《史记·商君列传》。

《商君书》，又称《商君》《商子》，是法家学派的代表作之一，一般认为是商鞅及其后学的著作汇编，现存二十六篇，其中二篇有目无书。《商君书》着重阐述了商鞅一派的变法理论和具体措施，如注重“壹”（统一政令、统一思想）、“农战”（重农尚武）、“法”（以法治国、重刑轻赏）等，具有一定的研究价值和借鉴意义。

本书选文据中华书局三全本《商君书》。

# 更法

疑行无名，疑事无功。

**【译文】**

行动迟疑不定就不会有什么成就，办事犹豫不决就不会有什么功效。

有高人之行者，固见负于世[1]；有独知之虑者，必见骜于民[2]。

---

①负：背，背离，不赞同。

②骜（áo）：借为“謷”，嘲笑。

**【译文】**

比他人高明的行为的人，一向会被世俗所非议；有独特见解的人，一定会遭到周围人的嘲笑。

愚者暗于成事[1]，知者见于未萌[2]。

---

①暗：看不见，不明了。成事：已成之事。

②知：同“智”。

**【译文】**

愚笨的人在事成之后还不明白是怎样成功的，聪明的人却能预见到那些还没有显露萌芽的迹象。

民不可与虑始，而可与乐成。

**【译文】**

百姓是不可以同他们讨论去开创某件事的，而只能够同他们一起欢庆事业的成功。

## 论至德者不和于俗，成大功者不谋于众。

**【译文】**

追求崇高道德的人不去附和那些世俗的偏见，成就大事业的人不去同众人商量。

## 法者，所以爱民也；礼者，所以便事也[1]。

①便：方便，便利。事：做事，处理政务。

**【译文】**

法度，是用来爱护百姓的；礼制，是为了方便处理政务的。

## 苟可以强国，不法其故；苟可以利民，不循其礼。

**【译文】**

如果能够使国家富强，就不必去沿用旧有的法度；如果能够使百姓得到益处，就不必去遵循旧的礼制。

## 圣人不易民而教[1]，知者不变法而治。

①易：改变。民：当指民俗，“不易民”与下文“不变法”对举。

**【译文】**

圣明的人不去改变百姓的旧习俗来施行教化，聪明的人不去改变旧有的法度来治理国家。

因民而教者，不劳而功成；据法而治者，吏习而民安[1]。

①习：熟悉。

**【译文】**

顺应百姓旧有的习俗来实施教化的，不用费什么辛苦就能成就功业；按照旧有的法度来治理国家，官吏驾轻就熟，百姓也安适。

夫常人安于故习[1]，学者溺于所闻[2]。

①常人：守常道不变的人。

②学者：指读书人。溺：沉溺，此指拘泥。

**【译文】**

守旧的人固守旧的习俗，死读书的人局限于他们听过的道理。

三代不同礼而王[1]，五霸不同法而霸[2]。

①三代：指夏、商、周三个朝代。王(wàng)：称王。

②五霸：即春秋五霸，一般指齐桓公、宋襄公、晋文公、秦穆公、楚庄王。后一“霸”字作动词，称霸。

**【译文】**

夏、商、周这三个朝代礼制不相同却都能称王于天下，春秋五霸各自的法制不同却都能称霸诸侯。

拘礼之人不足与言事，制法之人不足与论变。

**【译文】**

受旧的礼制制约的人不能够同他商讨国家大事，被旧法限制的人不能够同他讨论变法。

## 利不百，不变法；功不十，不易器。

**【译文】**

如果没有百倍的利益，不要改变法度；如果没有十倍的功效，不要更换使用的工具。

## 法古无过，循礼无邪[1]。

①邪：同“斜”，偏斜。

**【译文】**

效法古代法制不会有过错，遵循旧的礼制不会有偏差。

## 礼、法以时而定，制、令各顺其宜[1]。

①宜：事，事宜。

**【译文】**

礼制和法令都要根据实际情况来制定，法条、命令都要顺应当时的社会事宜。

## 治世不一道，便国不必法古。

**【译文】**

治理国家不一定都用一种方式，对国家有利不一定非要效法古代。

## 垦令

民平则慎[1],慎则难变。

---

①慎:通"顺",心情舒畅。

**【译文】**

百姓觉得公平,就会心情舒畅;百姓心情舒畅,就不会生出异心。

民不贱农,则勉农而不偷[1]。

---

①勉:努力。偷:怠惰。

**【译文】**

百姓不轻视农业,就会努力生产而不怠惰。

民不劳,则农多日。

**【译文】**

农民的负担不重,那农民的闲暇时间就多。

## 农战

民不偷营,则多力。多力,则国强。

**【译文】**

民众不私下里谋求其他事务,力量就会增强。力量增强,国家就会强大。

善为国者，仓廪虽满，不偷于农[①]；国大民众，不淫于言，则民朴壹[②]。

---

①偷：懒惰，此指松懈。

②朴：专心。

**【译文】**

善于治理国家的君主，粮仓虽满，也不放松农耕；国家的土地广大、人口众多，不让空洞无物的言论泛滥，那样民众就会专心于农战。

夫曲主虑私，非国利也。

**【译文】**

曲意逢迎君主图谋自己的私利，就不会对国家有利。

善为国者，官法明，故不任知虑[①]；上作壹，故民不偷营，则国力抟[②]。国力抟者强，国好言谈者削。

---

①知虑：指有头脑的人。知，同“智”。虑，谋划。

②抟（tuán）：聚集，凝聚。

**【译文】**

善于治理国家的君主，任用官吏的法规严明，所以不起用那些头脑太灵活的人；君主专心于农耕和作战，所以民众就不会私下里经营农耕作战以外的行业，那么国家的力量就集中。国家的力量集中就会强大，国家崇尚空谈力量就会被削弱。

国待农战而安，主待农战而尊。

【译文】

国家依赖农耕和作战而安全，君主依靠农耕和作战才能尊贵。

常官，则国治；壹务，则国富。国富而治，王之道也。

【译文】

依法选用官吏，国家就能做到政治清明；专心农战，国家就会富强。国家富强而政治清明，这是称王天下的方法。

圣人明君者，非能尽其万物也，知万物之要也。故其治国也，察要而已矣。

【译文】

那些成为圣人和明主的人，并不是能任意地运用万物，而是掌握了万事万物的规律和要领。因此他们治理国家的办法，就是辨明要领罢了。

夫农者寡而游食者众，故其国贫危。

【译文】

从事农耕的人少而靠巧言游说吃饭的人数众多，所以这个国家就贫困而危险。

圣人知治国之要，故令民归心于农。

【译文】

圣贤的君主懂得治理国家的要领，因此命令民众都把心思放在农业上。

凡治国者，患民之散而不可抟也[①]。

①抟(tuán):聚集,凝聚。

**【译文】**

凡是治理国家的人,都害怕民心涣散不能凝聚。

夫国庸民以言[1],则民不畜于农[2]。

①庸:任用。

②畜:喜好。

**【译文】**

如果国家凭空谈任用民众,那么民众就不喜欢从事农耕。

## 去强

国富而贫治,曰重富,重富者强;国贫而富治,曰重贫,重贫者弱。

**【译文】**

国家富强却以节俭来治理,这样的国家会富上加富,富上加富的国家一定强大;国家贫穷却以奢侈来治理,这就叫穷上加穷,穷上加穷的国家一定衰弱。

主贵多变,国贵少变。

**【译文】**

君主贵在多谋善变,国家贵在法制稳定。

战事兵用而国强[1]，战乱兵息而国削。

①事：治理，任事。用：效力。

**【译文】**

行军打仗指挥有方、士兵效命的国家就强大，打仗时指挥混乱、士兵怠惰的国家就会削弱。

以法治者，强；以政治者[1]，削。

①政：政教。

**【译文】**

能用法律来治国，国家就强；专靠政教来治国，国家就弱。

举劳任功曰强[1]，虱害生必削。

①举：推选。

**【译文】**

任用有功劳的人国家就强大，胡乱用人危害产生国家就削弱。

国好力，曰以难攻；国好言，曰以易攻。

**【译文】**

国家重视实力，叫做以耕战的优势进攻；国家喜欢空谈，叫做以不实的想法攻打别国。

重罚轻赏，则上爱民，民死上；重赏轻罚，则上不爱民，民不死上。

**【译文】**

加重刑罚减少赏赐，那么国君爱护民众，民众就会为君主拼死效命；加重赏赐减轻刑罚，那么君主不爱护民众，民众也不为君主卖命。

怯民使以刑，必勇；勇民使以赏，则死。怯民勇，勇民死，国无敌者，强。

**【译文】**

对于胆小的人用刑罚来让他们作战，一定会勇敢；对勇敢的人使用奖赏的办法，他们就会拼死效力。胆小的人勇敢，勇敢的人不怕死，国家就没有敌手，这样的话就强大。

以日治者王，以夜治者强，以宿治者削。

**【译文】**

在当日就能处理好政务的国家就能称王天下，在当夜才能处理好政务的国家就强大，第二天才能处理好政务的国家就会被削弱。

民不逃粟[1]，野无荒草，则国富，国富者强。

①逃粟：逃避赋税。粟，指税粟。

**【译文】**

民众不逃避赋税，田野上没有荒草，那么国家就能富足，国家富足也就强大了。

以刑去刑[1]，国治；以刑致刑[2]，国乱。

---

①以刑去刑：指用刑重而民众不敢犯法，就是以刑罚杜绝了犯罪。

②以刑致刑：指用刑轻而民众不惧怕犯罪，就是以刑罚导致了犯罪。

**【译文】**

用重刑杜绝犯罪，国家就能大治；用轻刑导致犯罪，国家会混乱。

举力以成勇战，战以成知谋。

**【译文】**

崇尚实力能用来成就勇敢作战，作战才能产生出智慧和计谋。

国无怨民曰强国。

**【译文】**

国内没有对君主有怨言的民众叫强国。

## 说民

民胜其政，国弱；政胜其民，兵强。

**【译文】**

民众的力量胜过政令，国家就会被削弱；政令能压制住民众，兵力就会强大。

民胜法，国乱；法胜民，兵强。

**【译文】**

民众凌驾在法规之上，国家就会混乱；法规能够压服民众，国家的兵力就强大。

重轻，则刑去事成，国强；重重而轻轻，则刑至而事生，国削。

**【译文】**

轻罪重罚，那么刑罚能避免而社会也安定，国家就会强大；使用刑罚时重罪重罚而轻罪轻罚，那么虽然运用刑罚动乱却仍然发生，国家就会被削弱。

民勇，则赏之以其所欲；民怯，则杀之以其所恶[1]。

---

①杀：消除。

**【译文】**

民众勇敢，那么国君就应该用民众想要的东西来奖赏他们；民众胆小，那么就用他们讨厌的东西消除他们的胆怯。

治国之举，贵令贫者富，富者贫。

**【译文】**

治理国家的措施，最重要的是使贫穷的人变富裕，富裕的人变贫穷。

塞私道以穷其志[1]，启一门以致其欲。

---

①穷：屈。志：指私心。

**【译文】**

堵塞谋求个人私利的门路来断绝民众的私心，只打开农耕和作战这一条路满足民众的欲望。

治明，则同；治暗，则异。同则行，异则止。行则治，止则乱。

**【译文】**

社会政治清明，那么民众就会心齐；社会政治黑暗，那么民众就会产生异心。民众同君主同心，国家的法令就能执行；民众同君主异志，国家的法令就不能实行。法令能执行，国家就能治理好；法令不能实行，国家就会混乱。

## 算地

凡世主之患①：用兵者不量力②，治草莱者不度地③。

①患：弊病。

②量：审度。

③草莱：指荒地。度（duó）：度量。

**【译文】**

一般国君犯的弊病是：用兵作战时不衡量自己的实力，开垦荒地时不计算好土地。

民胜其地，务开①；地胜其民者，事徕②。

①务：从事。开：开垦。

②徕（lái）：招徕。

**【译文】**

人口数量超过其拥有的土地，就要致力开垦荒地；土地面积超过人口，就要想办法招徕人口开荒。

民过地，则国功寡而兵力少；地过民，则山泽财物不为用。

【译文】

人口超过了其拥有的土地，那么国家取得的功绩就少而且兵力不足；土地面积超过人口数量，那么国家的山林、湖泽的财力物力就不会得到充分利用。

夫地大而不垦者，与无地同；民众而不用者，与无民同。

【译文】

土地广大却不去开垦，和没有土地一样；人口众多却不能利用，和没有民众一样。

为国之数[①]，务在垦草；用兵之道，务在壹赏。

①数：术。

【译文】

治理国家的方法，一定是开垦荒地；用兵的办法，关键在于统一奖赏的条件。

饥而求食，劳而求佚[①]，苦则索乐，辱则求荣，此民之情也。

①佚：安逸。

**【译文】**

饿了就寻找食物，累了就寻求安逸，痛苦了就寻找欢乐，屈辱了就追求荣耀，这是人之常情。

名利之所凑[①]，则民道之。

---

①凑：聚集。

**【译文】**

名和利之所在，民众就会趋向它。

圣人之为国也，入令民以属农[①]，出令民以计战[②]。

---

①属：通“瞩”，关注。

②计：衡量利害。

**【译文】**

圣明的君主治理国家，在国内让民众来关注于农业，对外让民众谋划对敌作战。

民生则计利，死则虑名。

**【译文】**

民众活着就要衡量自己的利益，死也会考虑自己的名望。

利出于地，则民尽力；名出于战，则民致死。

**【译文】**

利来源于土地，那么民众就会尽力耕地；名来源于对外作战，那么民众就会拼死作战。

圣人非能以世之所易胜其所难也，必以其所难胜其所易。

**【译文】**

圣明的君主不是能够用世上容易做到的驾驭难以做到的，一定是用难以做到的来驾驭容易做到的。

民愚，则知可以胜之；世知，则力可以胜之。

**【译文】**

如果人们愚昧，那便可以用智慧战胜他们；世上的人有智慧，就可以用力量战胜他们。

圣人之治也，多禁以止能[①]，任力以穷诈[②]。

①能：能力，此指农耕以外的能力。

②穷：杜绝。

**【译文】**

圣明的君主治理国家，制定很多禁令来限制民众农战以外的才能，任用民力来杜绝欺诈行为。

圣人之为国也，观俗立法则治；察国事本则宜。

**【译文】**

圣明的君主治理国家，观察风俗来确立法规就能把国家治理好；根据国情从事根本之业就能治理得当。

不观时俗，不察国本，则其法立而民乱，事剧而功寡[1]。

①剧：多。

**【译文】**

不观察当时的风俗，不考察国家的根本，那么国家法令制定了而民众却混乱，政务繁忙而功绩少。

夫刑者，所以禁邪也；而赏者，所以助禁也。

**【译文】**

刑罚，是用来禁止奸邪的手段；赏赐，是用来辅助禁止奸邪的手段。

羞辱劳苦者，民之所恶也；显荣佚乐者[1]，民之所务也。

①佚乐：悠闲安乐。

**【译文】**

羞辱劳苦，是人民所憎恶的；显荣逸乐，是人民所追求的。

其国刑不可恶，而爵禄不足务也，此亡国之兆也。

**【译文】**

如果国家的刑罚不令人惧怕，而爵禄不能吸引百姓去追求，这就是亡国的预兆了。

刑戮者所以止奸也，而官爵者所以劝功也。

**【译文】**

刑罚是禁止人们作奸的手段，而官爵是鼓励人们立功的手段。

## 开塞

亲亲则别①,爱私则险②。

①别:别亲疏。

②险:邪恶。

**【译文】**

爱自己的亲人就会区别亲疏,喜欢谋求私利就会心存邪恶。

凡仁者以爱利为务,而贤者以相出为道①。

①出:推出。

**【译文】**

凡是仁爱的人都把爱护别人、利他当做自己的本分,而贤人把推举贤人当做道义。

上世亲亲而爱私,中世上贤而说仁,下世贵贵而尊官。

**【译文】**

远古时代人们爱自己的亲人而喜欢私利,中古时代人们推崇贤人而喜欢仁爱,近世人们的思想是推崇权贵而尊重官吏。

民愚,则力有余而知不足;世知,则巧有余而力不足。

**【译文】**

民众愚笨,就会力量有余而智慧不足;世人聪慧,就会聪明有余而实力不足。

民之生，不知则学，力尽而服。

**【译文】**

人的本性，无知就要向人学习，力量用尽了就会服输。

以知王天下者并刑[1]，以力征诸侯者退德。

---

①并：屏除。

**【译文】**

靠智慧称王天下的人就会抛弃刑罚，用实力来征服诸侯的人就不用德政。

圣人不法古，不修今[1]。法古则后于时，修今则塞于势。

---

①修：遵循。

**【译文】**

圣人不效法古人，也不遵循今人。效法古人就会落后于时代，遵循今人就会被社会形势阻碍。

取之以力，持之以义。

**【译文】**

夺取天下靠的是暴力，维持统治靠的却是礼制。

古之民朴以厚，今之民巧以伪。

**【译文】**

古代的民众淳朴又敦厚，现在的民众欺诈而虚伪。

效于古者，先德而治；效于今者，前刑而法。

【译文】

在古代有效的治国方法，就是把教化民众放在首位实行德治；现在有效的治国方法，就是把使用刑罚放在前面实行法治。

立民之所乐，则民伤其所恶；立民之所恶，则民安其所乐。

【译文】

确立民众所喜欢的，那么民众就会被他们所讨厌的东西伤害；确立民众所讨厌的，那民众就会享受他所喜欢的东西。

夫正民者，以其所恶，必终其所好；以其所好，必败其所恶。

【译文】

治理民众的人，用民众所讨厌的东西去治理，最终民众一定能得到他们所喜欢的；用民众所喜欢的来治理，民众一定受害于他们讨厌的东西。

治国刑多而赏少。

【译文】

政治修明的国家刑罚多而赏赐少。

夫过有厚薄[1]，则刑有轻重；善有大小，则赏有多少。

---

①过：过失，错误。厚薄：大小。

**【译文】**

人的罪过有大有小，所以朝廷的刑罚有重有轻；人的善行有大有小，所以朝廷的赏赐有多有少。

刑不能去奸而赏不能止过者，必乱。

**【译文】**

刑罚不能除去奸邪，赏赐不能遏止罪过，国家必乱。

王者刑用于将过，则大邪不生；赏施于告奸，则细过不失。

**【译文】**

成就王业的国君把刑罚用在人民将要犯罪的时候，那么大的奸邪就不产生；把赏赐用在告发犯罪方面，那么小的罪过也不会漏网。

治民能使大邪不生，细过不失，则国治。国治必强。

**【译文】**

治理人民能够使大的奸邪不产生，使小的罪过不漏网，那么国家就得到治理了。国家得到治理就必定强大。

有法不胜其乱，与无法同。

**【译文】**

有了法规而不能制止混乱，和没有法规相同。

夫利天下之民者莫大于治，而治莫康于立君[①]。立君之道莫广于胜法[②]，胜法之务莫急于去奸，去奸之本莫深于严刑。

---

①康：安。

②胜法：任法。

【译文】

对天下民众有利的事没有比治理天下更大的，而治理国家没有比确立君主的统治地位更好的事。确立君主的原则没有比施行法治的意义更大的，实施法治的任务没有比除掉邪恶更急迫的，去掉邪恶的根本没有比严苛刑罚更重要的。

## 壹言

凡将立国，制度不可不察也，治法不可不慎也，国务不可不谨也，事本不可不抟也。

【译文】

凡是要建立国家，对于制度的订立不能不仔细考虑，政策法令的制定不能不慎重研究，国家的政务不可不谨慎处理，从事国家的根本之业不能不集中力量。

治法明，则官无邪。

【译文】

政策法度清明，那么官吏就不会做邪恶的事。

事本抟[1]，则民喜农而乐战。

---

①抟（tuán）：聚集，凝聚。

**【译文】**

从事国家的根本之业集中力量，那么民众就会喜欢农耕而愿意去打仗。

民壹务，其家必富，而身显于国。

**【译文】**

民众专心从事农战，他的家一定富裕，而且自己也会在国中显贵。

治国能抟民力而壹民务者，强；能事本而禁末者[1]，富。

①末：末业，指工商业。

**【译文】**

治理国家能集聚民众的力量专心从事务农作战，国家就会强大；能够使民众从事根本之业而禁止商业、手工业，国家就会富足。

夫圣人之治国也，能抟力，能杀力。

**【译文】**

圣明的君主治理国家，能凝聚民众的力量，也能消耗民众的力量。

治国者，其抟力也，以富国强兵也；其杀力也，以事敌劝民也[1]。

①事（zì）：通“剚”，刺杀。

**【译文】**

治理国家，凝聚民众的力量，是为了使国家富裕军队强大；消耗民众的力量，是为了消灭敌人鼓励民众立功。

治国者贵民壹，民壹则朴，朴则农，农则易勤，勤则富。

**【译文】**

治理国家贵在使民众努力的目标一致，民众专一就淳朴，淳朴就会务农，民众务农就会变得勤劳，勤劳就会富裕。

能抟力而不能用者必乱[1]，能杀力而不能抟者必亡。

---

①抟（tuán）：聚集，凝聚。

**【译文】**

能集中民众的力量而不能使用民众的力量的国家一定会动乱，只能使用民众的力量而不能集中民众的力量的国家一定灭亡。

圣人之为国也，不法古不修今，因世而为之治，度俗而为之法。

**【译文】**

圣明的君主治理国家，不效法古代不拘守现状，根据社会发展的具体情况来制定相应的政策，考察社会风俗来制定法令。

法不察民之情而立之，则不成；治宜于时而行之，则不干[1]。

---

①干（gān）：干犯，触犯。

**【译文】**

假如法度不考察民众的实际情况而设立，就不会成功；政策能适应当时形势来推行，就不会被抵触。

圣王之治也，慎法、察务，归心于壹而已矣。

**【译文】**

英明的君主治理国家，一定慎重立法、考察时势，将精力集中在农耕和作战上。

## 错法

古之明君，错法而民无邪[1]；举事而材自练[2]；行赏而兵强。

①错：通“措”，置。

②举事：行事。练：干练。

**【译文】**

古代的明君，建立法度，民众就没有邪恶的行为；施行政事，人才自然就干练；实行赏罚，军队就强大。

道明，则国日强；道幽[1]，则国日削。

①幽：隐秘，指在国家奖赏条件之外。

**【译文】**

遵照公开的奖赏条件，国家就会一天比一天强大；不遵照公开的奖赏条件，国家就会一天比一天削弱。

明君之使其臣也，用必出于其劳，赏必加于其功。

**【译文】**

英明的君主使用他的臣民时，重用他们一定是因为他们对国家的功劳，奖赏一定要加在他们的功绩上。

苟有道，里地足容身，士民可致也；苟容市井，财货可聚也[1]。

①财货：财物。

**【译文】**

如果治理得法，有方圆一里的土地足以安身，也能吸引来有才能的人；假如屈身于集市中，便可以聚集财富。

地诚任[1]，不患无财；民诚用，不畏强暴。

①诚：确实。

**【译文】**

土地被实实在在利用，就不愁没有财富；民众被实实在在役使，就不会惧怕强大的敌人。

人生而有好恶，故民可治也。

**【译文】**

人天生就有好恶，所以利用它能够治理好民众。

好恶者，赏罚之本也。

**【译文】**

民众的好恶是进行奖赏和刑罚的根本。

法无度数[1],而事日烦,则法立而治乱矣。

---

①度数:尺度。

**【译文】**

立法不讲求尺度,而国家的事务日见繁多,结果是法令确立而社会政治混乱了。

凡明君之治也,任其力不任其德。

**【译文】**

凡是英明的君主治理国家,根据民众为国出力的多少加以任用,而不是根据私人恩德使用。

度数已立,而法可修。故人君者不可不慎己也。

**【译文】**

立法的尺度确立了,法令才可以执行。因此君主不能不慎重自身的行事。

## 战法

凡战法必本于政。

**【译文】**

一般说来,军事策略必须以政治为根本。

见敌如溃[①]，溃而不止，则免[②]。

①溃：溃堤。

②免：不再追赶。

**【译文】**

看见敌兵像决堤一样溃逃，并且溃逃不停，那就放过他们。

政不若者，勿与战；食不若者，勿与久；敌众勿为客[①]；敌尽不如，击之勿疑。

①客：进攻。

**【译文】**

政治上不如敌国时，不要和它作战；粮食不如敌国多时，不要和它相持；敌兵比我们多时，我们就不要进攻；敌国一切都不如我们，我们就毫不犹豫地攻打它。

王者之兵，胜而不骄，败而不怨。胜而不骄者，术明也；败而不怨者，知所失也。

**【译文】**

称霸天下的军队，打了胜仗不骄傲，打了败仗不怨愤。打了胜仗不骄傲，是因为战术高明；打了败仗不怨愤，是因为知道了打败仗的原因。

若敌强兵弱，将贤则胜，将不如则败。

**【译文】**

如果敌强我弱，将领有能力就能获胜，将领无能就会打败仗。

若民服而听上，则国富而兵胜。

【译文】

如果民众服从并听信君主的治理，那么国家就会富强，而军队战无不胜。

将使民者，若乘良马者，不可不齐也[①]。

①齐：古“剂”字，调剂。

【译文】

将领役使兵士，就像骑乘良马，不能不注意调剂其体力。

## 立本

强者必刚斗其意[①]，斗则力尽，力尽则备[②]，是故无敌于海内。

①刚：强健。斗：争胜。

②备：无往不利。

【译文】

强国的兵士一定强健勇于争胜，勇于争胜就能尽全力打仗，拼尽全力打仗军队就会无往不胜，这样的军队才能无敌于天下。

## 兵守

四战之国贵守战[①]，负海之国贵攻战。

---

①四战之国：四面与他国接壤的国家。

**【译文】**

四面与他国接壤的国家贵在防御，背靠大海的国家贵在攻战。

围城之患，患无不尽死。

**【译文】**

围攻城邑的担忧，是担忧守军没有不拼死守卫自己的城镇的。

## 靳令

靳令，则治不留；法平，则吏无奸。

**【译文】**

严格执行君主的法令，那么官府的政务便不会拖沓；执行法度公正，那么官吏中就没有邪恶之事发生。

任功，则民少言；任善，则民多言。

**【译文】**

任用在农战中有功劳之人，那么民众就少说空话；任用所谓的讲仁义道德的善良人，那么民众就多喜欢空谈。

以刑治，以赏战，求过不求善[1]。

---

①过：过错。

【译文】

用刑罚来治理国家，用奖赏激励民众去作战，追究过错而不追求良善。

以盛知谋，以盛勇战，其国必无敌。

【译文】

用众人的智慧谋划，用众人的勇力作战，这样的国家一定无敌于天下。

利出一空者其国无敌[1]，利出二空者其国半利，利出十空者其国不守。

---

①空：孔，途径。

【译文】

爵位利禄出自一个途径的国家就会无敌于天下，爵位利禄出自两个途径的国家只能得到一半的好处，爵位利禄出自多个途径的国家就难自保了。

圣君之治人也，必得其心，故能用其力。

【译文】

圣明的君主统治民众时，一定要让民众心悦诚服，所以能调动他们的力量。

## 修权

国之所以治者三：一曰法，二曰信，三曰权。

【译文】

国家能够安定的因素有三个:一是法度,二是信用,三是权力。

君臣释法任私,必乱。故立法明分[1],而不以私害法,则治。

①分:职分。

【译文】

君臣抛弃法度只顾私利,国家必然混乱。所以确立法度明确职分,而不因为私利损害法度,那么国家就会安定。

民信其赏,则事功成;信其刑,则奸无端[1]。

①端:端由。

【译文】

人民相信君主的赏赐,那么功业就能建成;相信君主的惩罚,那么犯罪就无由发生。

惟明主爱权重信,而不以私害法。

【译文】

只有贤明的君主才珍惜权力看重信用,而不因为私利损害法度。

上多惠言而不克其赏[1],则下不用;数加严令而不致其刑[2],则民傲死[3]。

①克：能。

②致其刑：即使用刑罚。

③傲死：轻死。

**【译文】**

君主许下很多承诺而不能兑现赏赐，那么臣下就不会愿意为他所用；屡次颁布严厉的法令而不执行刑罚，那么民众就会轻视死刑。

世之为治者，多释法而任私议，此国之所以乱也。

**【译文】**

世上治理国家的人，大多数都抛弃了法度而听信私议，这是国家混乱的原因。

法者，国之权衡也。

**【译文】**

法度，就是国家的权衡。

赏诛之法不失其议[1]，故民不争。

①议：此处借作“仪”，准则。

**【译文】**

赏罚的法度不失其标准，民众就不会有争议。

授官予爵不以其劳，则忠臣不进；行赏赋禄不称其功[1]，则战士不用。

①赋：给予。

【译文】

授予官爵不按功劳，那么忠臣就不会尽力办事；行赏给予爵禄不按军功，那么战士就不会卖力。

凡人臣之事君也，多以主所好事君。

【译文】

大凡臣子侍奉君主，多数投君主之所好。

君好法，则臣以法事君；君好言，则臣以言事君。

【译文】

君主好法度，大臣就以法律事君；君主爱听好话，大臣就以美言事君。

君好法，则端直之士在前；君好言，则毁誉之臣在侧。

【译文】

君主好法度，身边就会聚集正直之士；君主好美言，身边就都是奸臣。

公私之分明，则小人不疾贤，而不肖者不妒功。

【译文】

公私界限分明，小人就不会忌妒贤才，无能之辈也不会忌妒功臣。

## 赏刑

圣人之为国也，壹赏，壹刑，壹教。壹赏，则兵无敌；壹刑，则令行；壹教，则下听上。

**【译文】**

圣人治理国家，统一奖赏，统一刑罚，统一教化。实施统一的奖赏，军队就会无敌于天下；实行统一的刑罚，那么君主的命令就能执行；实行统一教化，那么民众就会听从君主的役使。

夫明赏不费，明刑不戮，明教不变，而民知于民务，国无异俗。

**【译文】**

高明的奖赏不浪费财物，严明的刑罚不任意杀戮，修明教育不随意改变风俗，而民众知道自己该做什么，国家也没有异样的风俗。

善因天下之货，以赏天下之人。

**【译文】**

善于借助天下的财物，来奖赏天下的民众。

所谓壹刑者，刑无等级，自卿相、将军以至大夫、庶人，有不从王令、犯国禁、乱上制者，罪死不赦。

**【译文】**

所说的统一刑罚，是指刑罚没有等级差别，从卿相、将军直到大夫和平民百姓，有不听从君主命令的、触犯国家禁令的、破坏君主制定的法律的，处以死罪，决不赦免。

有功于前，有败于后，不为损刑①。有善于前，有过于后，不为亏法②。

---

①损：减少。

②亏法：减轻刑罚。

**【译文】**

从前立过战功，但后来行动失利，也不因从前的功劳而减轻惩罚。从前做过好事，后来又犯了错误，也不因前面的好事而减轻刑罚。

禁奸止过，莫若重刑。刑重而必得，则民不敢试，故国无刑民。

**【译文】**

禁止奸邪阻止犯罪，没有什么办法能比得上使用重刑。刑罚重并且坚决执行，那么民众就不敢以身试法了，所以国家就没有受刑罚的民众。

当壮者务于战，老弱者务于守，死者不悔，生者务劝，此臣之所谓壹教也。

**【译文】**

年富力强的人都努力作战，年老体弱的人努力从事防守，那些死在战场的人不后悔，活着的人互相鼓励，这就是我说的统一教化。

圣人非能通，知万物之要也。故其治国举要以致万物，故寡教而多功。

**【译文】**

圣明的人不是能通晓一切，而是明白万事万物的要领。因此他统治国家抓住要领而推及万物，所以就能教化简单而功绩卓越。

圣人治国也，易知而难行也。

**【译文】**

圣人治理国家，明白道理容易实行起来却很难。

圣人以功授官予爵，故贤者不忧。

**【译文】**

圣人凭功绩授官职赐给爵位，因此贤德的人不用担忧。

圣人不宥过[1]，不赦刑，故奸无起。

①宥：宽赦。

**【译文】**

圣人不宽恕别人的错误，不赦免罪犯的刑罚，因此那些邪恶的事无法发生。

圣人治国也，审壹而已矣。

**【译文】**

圣明的人治理国家，只是考虑统一奖赏、统一刑罚、统一教化而已。

## 画策

昔之能制天下者，必先制其民者也；能胜强敌者，必先胜其民者也。

**【译文】**

过去能制服天下的人，一定是首先制服他的民众的人；能够战胜强敌的人,一定是首先战胜他的民众的人。

不胜而王,不败而亡者,自古及今,未尝有也。

**【译文】**

打仗不胜而称王天下,打仗失败而不灭亡的国家,自古至今,也未曾有过。

民勇者,战胜;民不勇者,战败。

**【译文】**

民众作战勇敢,打仗就会获胜;民众作战不勇敢,就会失败。

能壹民于战者,民勇;不能壹民于战者,民不勇。

**【译文】**

能让民众专心作战的君主,民众打仗就勇敢;不能使民众专心作战的君主,民众打仗就不勇敢。

善治者,刑不善,而不赏善,故不刑而民善。

**【译文】**

善于治理国家的人,只处罚不守法的人,而不奖赏守法的人,因此不用刑罚民众也为善。

国乱者,民多私义;兵弱者,民多私勇。

**【译文】**

国家混乱的原因,是民众多考虑个人道义;军队力量弱的原因,是民众多追求私下的斗勇。

亡国之俗，贱爵轻禄。

**【译文】**

使国家灭亡的风气，是民众看不起爵位，轻视俸禄。

不作而食，不战而荣，无爵而尊，无禄而富，无官而长，此之谓奸民。

**【译文】**

不劳动而有饭吃，不打仗而有荣誉，没有爵位依然尊贵，没有俸禄照样富有，没有官职照样威风，这就叫做奸民。

恃天下者，天下去之；自恃者，得天下。

**【译文】**

依靠天下的人，天下的人就会抛弃他；依靠自己，才能得到天下。

得天下者，先自得者也；能胜强敌者，先自胜者也。

**【译文】**

得到天下的君主，首先是要得到自己；能战胜强大的敌人，首先能战胜自己。

圣人知必然之理，必为之时势。

**【译文】**

圣明的人懂得社会发展的道理，一定要顺应时代发展的形势。

黄鹄之飞[①]，一举千里，有必飞之备也。

---

①黄鹄(hú):天鹅。

【译文】

黄鹄起飞,一飞便是上千里,这是因为它具备能飞行千里的翅膀。

仁者能仁于人,而不能使人仁;义者能爱于人,而不能使人爱。

【译文】

仁慈之人能够对人仁慈,而不能使人仁慈;有道义的人能够爱别人,而不能使别人有爱心。

圣王者,不贵义而贵法。

【译文】

圣明的帝王,不重视道义而重视法律。

## 弱民

兵易弱难强,民乐生安佚。

【译文】

国家兵力衰弱容易,强大困难;人们都爱惜生命,贪图安逸。

兵行敌之所不敢行,强;事兴敌之所羞为,利。

【译文】

用兵做敌人所不敢做的,兵力就强大;做敌人认为可耻的事,国家就有利。

治则强，乱则弱。

**【译文】**

国家治理严明就强大，治理混乱就弱小。

强则物来，弱则物去。

**【译文】**

国势强盛物资就会集聚，国势衰弱物资就会流散。

以刑治民，则乐用；以赏战民，则轻死。

**【译文】**

朝廷用刑法统治人民，民众就乐为所用；用赏赐来奖励战争，民众就会轻视死亡。

法枉治乱，任善言多。治众国乱，言多兵弱。法明治省，任力言息。治省国治，言息兵强。

**【译文】**

法度偏斜，统治就要混乱；任用贤良，异言就要盛行。治国的方针纷杂，国家就混乱；异言盛行，兵力就弱。法度明确，治理的方法就会省简；任用力量，异言就会停止。治理的方法省简，国家就政治清明；异言停止，兵力就强。

政作民之所恶，民弱；政作民之所乐，民强。

**【译文】**

政策制定的是人民所憎恶的东西，人民就弱；政策制定的是人民所喜欢的东西，人民就强。

明主之使其臣也，用必加于功，赏必尽其劳。

**【译文】**

明君任用他们的臣下，任命一定要充分彰显他的功绩，奖赏一定要囊括他的所有功劳。

## 外内

其赏少，则听者无利也；威薄，则犯者无害也。

**【译文】**

朝廷赏赐少，听从法令的人就得不到好处；刑罚轻，违反法令的人就得不到什么处罚。

赏多威严，民见战赏之多则忘死，见不战之辱则苦生。

**【译文】**

赏赐多而刑罚严，民众见到作战的赏赐多就忘记了死的危险，见到不参加战争受到的侮辱就害怕那样活着。

为国者，边利尽归于兵，市利尽归于农。边利归于兵者强；市利归于农者富。

**【译文】**

治国的人，要把守卫边境的好处都给士兵，贸易的好处都给农民。边境的好处给士兵的，就强大；贸易的好处给农民的，就富庶。

## 君臣

明王之治天下也，缘法而治，按功而赏。

**【译文】**

明君治理天下，遵照法度来处理政事，按照功劳行赏。

明主慎法制，言不中法者不听也[①]，行不中法者不高也，事不中法者不为也。

---

①中（zhòng）：符合。

**【译文】**

明主重视法度，不合法度的言论不听，不合法度的行为不推崇，不合法度的事情不做。

## 禁使

夫飞蓬遇飘风而行千里[①]，乘风之势也；探渊者知千仞之深[②]，县绳之数也。

---

①飞蓬：指枯后根断遇风飞旋的蓬草。

②仞：测量深度的单位，一仞约合八尺。

**【译文】**

就像飞蓬遭遇旋风而飘越千里，是因为凭借风势啊；测量深潭的人能够知道八千尺的深度，是因为运用了悬绳测量的方法。

托其势者，虽远必至；守其数者，虽深必得。

**【译文】**

依凭客观形势的，即使道路遥远也一定能到达；掌握了方法的，即使非常深也一定能测出来。

夫物至，则目不得不见；言薄[1]，则耳不得不闻。

①薄：迫近。

**【译文】**

东西在眼前出现，眼睛就不会看不到；声音在耳边响起，就不会听不见。

物至则变[1]，言至则论。

①变：通“辨”，明。

**【译文】**

东西在眼前才能分辨清楚，言语出现才能讨论决定。

## 慎法

夫爱人者，不阿；憎人者，不害。爱恶各以其正，治之至也。

**【译文】**

喜爱某人，而不对其偏私；憎恶某人，而不去贬损他。喜爱和憎恶都有正当的表现，这是统治的至高境界。

## 定分

法令者，民之命也，为治之本也，所以备民也[1]。

---

①备：防备。

**【译文】**

法令，是人民的生命，是治国的根本，是用来防备民众的。

夫名分定，势治之道也；名分不定，势乱之道也。

**【译文】**

确定名分，是社会得到治理的办法；名分不确定，是社会走向混乱的方式。

# 申子

申子，即申不害，战国时期郑国京（今河南荥阳）人。韩昭侯时，入韩为相十五年，内修政事，外应诸侯，富国强兵，诸侯莫敢侵韩。申不害是与商鞅同时的政治家，二人均为法家的重要代表人物，后世常以“申”“商”并称。《史记·老子韩非列传》言其学问“本于黄老而主刑名”，今人一般认为其学长于君主驭臣之“术”。

《申子》一书，《汉书·艺文志》著录六篇，《隋书·经籍志》法家类《商君书》下注云“梁有《申子》三卷，韩相申不害撰，亡”，两《唐书》均著录《申子》三卷，宋以来史志书目不见著录，大约亡于唐宋之际。清人严可均、马国翰等均有辑本。

本书选文据《全上古三代秦汉三国六朝文》。

## 君臣

三寸之机运而天下定[1]，方寸之基正而天下治[2]。

①三寸之机：疑指三寸之舌。《意林》引作“三寸之筐”。

②方寸之基：指心。

**【译文】**

摇动三寸之舌就可以使天下安定，端正心术就可以使天下大治。

## 大体

智均不相使，力均不相胜。

**【译文】**

同等智慧的人无法驱使对方，同等力量的人无法战胜对方。

## 以下缺篇名

天道无私，是以恒正；天道常正，是以清明。

**【译文】**

天道不会偏私，所以永远是公正的；天道是公正的，所以清明。

四海之内，六合之间，曰奚贵？曰贵土。土，食之本也。

**【译文】**

四海之内，天地之间，什么最可宝贵？土地最可宝贵。土地，是食物的根本。

# 慎子

慎子，名到，战国赵人。据《史记·田敬仲完世家》记载，慎到在齐宣王时曾为齐国稷下学士，生平大部分时间生活在齐国。据《盐铁论·论儒》记载，慎到大约在齐湣王末年离开稷下，此后不知所踪。钱穆《先秦诸子系年》推定其生卒年为公元前350至公元前275年。

《史记·孟子荀卿列传》记载“慎到著十二论”，《汉书·艺文志》著录《慎子》四十二篇，大约系刘向编定。至宋已多有亡佚，仅剩一卷。今人整理辑录本《慎子》尚有七篇及若干佚文。《慎子》代表了先秦法家思想的重要一派。

本书选文据中华书局《新编诸子集成续编·慎子集校集注》。

## 威德

弩弱而矰高者[①]，乘于风也；身不肖而令行者，得助于众也。

---

①矰（zēng）：古代系生丝以射鸟雀的箭。

**【译文】**

弓弩力弱但箭能射得高，是借助于风势的缘故；自身不才而命令却能得到推行，是得到众人帮助的缘故。

工不兼事则事省[①]，事省则易胜；士不兼官则职寡，职寡则易守。

---

①工：古代指从事手工业的劳动者，即工匠。省：少，这里指工艺单一。

**【译文】**

工匠不兼做多种工作，那么工作就单一了，工作单一就容易胜任；士人不兼任多个官职，那么职责就少了，职责少就容易完成职守。

立天子以为天下，非立天下以为天子也；立国君以为国，非立国以为君也；立官长以为官[①]，非立官以为长也。

---

①官长：长官，先秦时期称为“官长”。

**【译文】**

设立天子是为了让天子治理天下，并不是设立天下来为天子一个人服务；设立国君是为了让国君来治理国家，并不是设立国家来为国君一个人服务；设立长官是为了让他们履行职务，并不是设置官职来为满足官员个人需要的。

法虽不善，犹愈于无法。

**【译文】**

法律即使有不完善的地方，还是胜过没有法律。

权衡[1]，所以立公正也；书契[2]，所以立公信也；度量[3]，所以立公审也[4]；法制礼籍[5]，所以立公义也。凡立公，所以弃私也。

---

①权衡：称量物体轻重之具。权，秤锤。衡，秤杆。

②书契：契约之类的文书凭证。

③度量：此指测量长短和容积的量器。

④审：详细，准确。

⑤法制礼籍：记载法令、制度、礼仪的文书。

**【译文】**

秤锤秤杆，是用来确保公正的；文书契约，是用来确保信誉的；测量长短和容积的量器，是用来确保真实准确的；法令制度、礼仪典章，是用来确保道义的。凡是确立公的准则，都是为了摒除私心。

明君动事分功必由慧[1]，定赏分财必由法，行德制中必由礼[2]。

①动事：举办事业。分功：分配工作。

②行德：推广道德。制中：适中，恰到好处。

**【译文】**

圣明的君主兴办事业、分配工作一定要凭借智慧，确定奖赏、分配财物一定要遵循法度，施行德政、保持适中一定要符合礼仪。

## 因循

用人之自为[①]，不用人之为我，则莫不可得而用矣。

①自为：为自，指人皆有利己之心，为自己做事则会努力做好。

**【译文】**

君主要善于利用人们的利己心理，而不要强求别人都为我的利益去做事，那么天下就没有什么人不能为我所用了。

## 民杂

民杂处而各有所能[①]，所能者不同，此民之情也。

①杂处：聚集。

**【译文】**

民众混杂居处在一起，各自有各自的才能，每个人所擅长的都不同，这是民众的实际情况。

不设一方以求于人[1],故所求者无不足也。

①不设一方:不预设一个标准。这里指选拔人才不能预设限制条件。

【译文】

不预设一定的标准来选拔人才,那么所求的人才就没有不能满足的。

## 知忠

忠未足以救乱世,而适足以重非[1]。

①重非:增加过失。重,加重。

【译文】

臣子如果一味忠诚于国君,并不能挽救处于乱世之中的国家,反而会加重国君的过失。

孝子不生慈父之家,而忠臣不生圣君之下。

【译文】

孝子不生在有慈父的家庭,忠臣不产生在圣君的下面。

忠不得过职,而职不得过官。

【译文】

忠诚不能逾越职责,职责不能逾越官位。

亡国之君,非一人之罪也;治国之君,非一人之力也。

【译文】

亡国的君主，并不是他一个人的罪过；会治理国家的君主，也不是靠他一个人的力量。

将治乱[①]，在乎贤使任职，而不在于忠也。

①将：助词，无义。

【译文】

国家的治乱，关键在于任用贤能之人，而不在于忠臣的多少。

廊庙之材，盖非一木之枝也；狐白之裘，盖非一狐之皮也；治乱安危存亡荣辱之施，非一人之力也。

【译文】

修建庞大宫殿所用的木材，决不是一棵树的树枝就够用的；纯白的狐皮裘衣，决不是一只狐狸的皮就能做成的；国家治乱安危、存亡荣辱的形成，也决不是一个人的力量就能造就的。

## 德立

臣疑其君[①]，无不危之国；孽疑其宗[②]，无不危之家。

①君：这里指君位。

②孽：这里指妾生之子。宗：这里指家中的嫡子继承之位。

【译文】

臣子如果对君位产生了疑心，国家就没有不发生危险的；庶子如果对嫡位产生疑心，家中就没有不发生危机的。

## 君人

大君任法而弗躬，则事断于法矣。

**【译文】**

君主治理国家要依靠法制，而不是自己亲自去做，那么国家大事就都会依照法律去裁决。

## 君臣

无法之言，不听于耳；无法之劳，不图于功；无劳之亲，不任为官。

**【译文】**

君主对不合法律的言行，不盲目听信；对不符合法律规定的功劳，不记作功劳予以奖赏；没有功劳的亲信，不任命为官吏。

官不私亲[①]，法不遗爱[②]，上下无事，唯法所在。

---

①官：任官。

②法：行法。

**【译文】**

君主任命官员时不对亲信偏私，执行法律时不回避自己所爱的人，那么上上下下就都相安无事，一律依法办事。

# 逸文

谚云："不聪不明，不能为王；不瞽不聋，不能为公[1]。"

①不瞽（gǔ）不聋，不能为公：类似唐代宗所云："不痴不聋，不做家翁。"意思是对晚辈的过失要装盲人聋人一样看不见听不见，装糊涂，不要太计较。瞽，盲人。

**【译文】**

谚语说："不聪明的人，不能当君主；不瞎不聋的人，不能做家翁。"

礼从俗，政从上。

**【译文】**

行礼应遵从民间的风俗，施政则要遵从君主的意见。

法之功，莫大使私不行；君之功，莫大使民不争。

**【译文】**

法的功效，没有比让人无法徇私更大的了；君主的功绩，没有比让百姓不争更大的了。

民一于君，事断于法，是国之大道也。

**【译文】**

民众一律服从君主，事情决定于法度，这是治理国家的大道。

有权衡者，不可欺以轻重；有尺寸者，不可差以长短；有法度者，不可巧以诈伪。

【译文】

有秤的人，就不要想在轻重上欺骗他了；有尺子的人，就不要想在长短上出差错了；有法度的人，就不要想用欺诈虚伪在他面前讨巧了。

饮过度者生水，食过度者生贪。

【译文】

喝多了水的人便会多尿，吃多了饭的人便会贪心吃更多。

治国无其法则乱，守法而不变则衰，有法而行私，谓之不法。

【译文】

治国没有法就会乱，守法而不知变通，国家就会衰落，有法而行私，就是不守法度。

以力役法者，百姓也；以死守法者，有司也；以道变法者，君长也。

【译文】

遵守履行法度，是百姓的事；以死捍卫法度，是官员的事；顺应天道变革法度，是君主的事。

分已定，人虽鄙，不争。故治天下及国，在乎定分而已矣。

【译文】

名分已定，即使地位卑贱的人，也不会去争。因此治理天下及国家，关键在于确定名分。

久处无过之地，则世俗听矣。

**【译文】**

如果君主能够长期不犯错误，那么世俗之人自然就会听从号令。

众之胜寡，必也。

**【译文】**

人多战胜人少，这是必然的。

两贵不相事，两贱不相使。

**【译文】**

两个身份高贵的人不好互相事奉，两个身份卑贱的人不能互相役使。

家富则疏族聚，家贫则兄弟离。非不相爱，利不足相容也。

**【译文】**

家庭富有，即便是远亲也会来投奔依靠；家里贫寒，即便是亲兄弟也会彼此疏远。并不是兄弟之间不相亲爱，而是利益使得他们不能相容。

昼无事者，夜不梦。

**【译文】**

白天如果没有发生牵挂内心的事，晚上睡觉就不会做梦。

小人食于力，君子食于道。

**【译文】**

小人凭借体力吃饭，君子凭借智力吃饭。

## 慎子曰恭俭

恭俭以立身，坚强以立志。

**【译文】**

为人要恭敬俭约，内心要坚定强毅。

# 韩非子

韩非子，生年不详，是韩国的宗族公子，曾与李斯一同问学于荀子。韩非子“为人口吃，不能道说而善著书”，其著述流传到秦国后，受到秦王嬴政赏识。韩非子入秦后，受到秦王信任，却遭到李斯嫉妒，最终被陷害致死，时为秦王嬴政十四年（前233）。其生平事迹略见《史记·老子韩非列传》。

韩非子继承并发展了战国以来早期法家特别是商鞅、慎到、申不害三人的法治思想，形成了一个法、术、势相结合的思想体系，是先秦法家思想的集大成者。《韩非子》原名《韩子》，因宋代尊韩愈为韩子，遂改称为《韩非子》。《韩非子》今存五十五篇，部分是韩非子自著，也有部分是后人编辑时附入的，较为完整地展现了韩非子的思想。

本书选文据中华书局三全本《韩非子》。

## 初见秦

不知而言,不智;知而不言,不忠。

**【译文】**

不知道而发表意见,那是不明智;知道而不发表意见,那是对主上不忠。

以乱攻治者亡,以邪攻正者亡,以逆攻顺者亡。

**【译文】**

以混乱的国家攻打安定的国家会灭亡,以邪恶的国家攻打正义的国家会灭亡,以倒行逆施的国家攻打顺应时势的国家会灭亡。

言赏则不与,言罚则不行,赏罚不信,故士民不死也。

**【译文】**

说要奖赏的却不给,说要处罚的也不执行,奖赏处罚都不讲信用,所以士民都不愿去拼死。

夫一人奋死可以对十,十可以对百,百可以对千,千可以对万,万可以克天下矣。

**【译文】**

一个人拼死奋战可以抵得上十个人,十个人可以抵得上百人,百人可以抵得上千人,千人可以抵得上万人,一万个这样的人就可以攻取天下。

夫战者,万乘之存亡也。

**【译文】**

战争是一个国家存亡的根本。

战战栗栗，日慎一日。苟慎其道，天下可有。

**【译文】**

畏惧戒备，一天比一天谨慎。如果能谨慎遵循这个处事之道，天下就可以据有。

## 存韩

计者，所以定事也，不可不察也。

**【译文】**

计谋是决定事情成败的环节，不能不郑重考虑。

## 难言

度量虽正，未必听也；义理虽全，未必用也。

**【译文】**

提出的办事原则虽然正确，但君主不一定会听从；治国的道理虽然完美，但君主不一定会采用。

## 主道

道者，万物之始，是非之纪也。

**【译文】**

道，是万物的本原，是非的准则。

虚则知实之情，静则知动者正[①]。

①者:通“诸”,之。

**【译文】**

保持无成见的虚心,就能知道事物的真相;保持宁静,就能知道行动是否正确。

## 去好去恶[1],臣乃见素[2];去旧去智,臣乃自备。

①好(hào):喜好。恶(wù):厌恶。

②素:本色,这里指实情。

**【译文】**

君主不表现出自己的好恶,臣下就会表现出自己的本真之情;君主去掉自己的成见与智巧,臣下就会处处谨慎对待。

## 群臣守职,百官有常,因能而使之,是谓习常。

**【译文】**

群臣各尽自己的职守,百官都有常法,君主根据他们各人的才能而加以使用,这就叫做遵照常规办事。

## 明君无为于上,群臣竦惧乎下[1]。

①竦(sǒng):通“悚”,害怕,恐惧。

**【译文】**

君主在上面无为而治,群臣在下面诚惶诚恐地尽职。

明君之道，使智者尽其虑，而君因以断事，故君不穷于智；贤者敕其材①，君因而任之，故君不穷于能；有功则君有其贤，有过则臣任其罪，故君不穷于名。

---

①敕其材：鼓励他们进献自己的才能。敕，慰勉、鼓励。材，通“才”，才能。

【译文】

圣明君主的处事原则，是让明智的人完全使出他们的智慧去思虑问题，而君主借助他们的智慧去决断政事，因此君主不会在智慧上有穷尽；有才能的人进献出他们的才干，君主依据他们的才能任用他们，因此君主不会在才能上有穷尽；获得成功君主就有了贤能的名声，有过错就让臣下来承担罪过，所以君主在好名声上没有穷尽。

道在不可见，用在不可知；虚静无事，以暗见疵。

【译文】

做君主的原则在于不能让臣下看出自己的心意，这个原则的运用在于不能使臣下知道自己的想法；君主保持虚静无为的态度，隐蔽地观察臣下的过失。

不慎其事，不掩其情，贼乃将生。

【译文】

不能谨慎地行事，不掩饰你的真实意图，奸人的企图就将会产生。

人主之道，静退以为宝。

**【译文】**

君主的原则，要将“静退”视为珍宝。

功当其事，事当其言，则赏；功不当其事，事不当其言，则诛。

**【译文】**

功效与事情相称，事情与他们当初的言辞相称，就给予奖赏；功效与事情不相称，事情与他们当初的主张不相称，就给予严惩。

明君无偷赏，无赦罚。赏偷，则功臣堕其业[1]；赦罚，则奸臣易为非。

①堕其业：懈惰他们的事业。堕，通“惰”，懈惰。

**【译文】**

圣明的君主不会随便给予赏赐，不会赦免应该给予的刑罚。随便给予奖赏，那么功臣就会懈惰他们的功业；赦免应有的刑罚，那么奸臣就会轻易地为非作歹。

诚有功，则虽疏贱必赏；诚有过，则虽近爱必诛。疏贱必赏，近爱必诛，则疏贱者不怠，而近爱者不骄也。

**【译文】**

确实有功，即使是与自己关系疏远而卑贱的人也一定奖赏；确实有错，那么就算是自己亲近喜爱的人也一定要严惩。疏远卑贱的人一定奖赏，亲近喜爱的人一定惩罚，那么疏远卑贱的人就会兢兢业业，而亲近喜爱的人也不会骄横了。

# 有度

国无常强，无常弱。奉法者强，则国强；奉法者弱，则国弱。

【译文】

一个国家不可能总是强大，也不可能总是衰弱。君主坚决按法办事，国家就强大；君主完全不按法办事，国家就衰弱。

其国乱弱矣，又皆释国法而私其外，则是负薪而救火也，乱弱甚矣！

【译文】

国家本已经混乱衰弱了，群臣又舍弃国法而营私舞弊，这就如同背着干柴而去救火，国家会更加混乱和衰弱。

当今之时，能去私曲就公法者，民安而国治；能去私行行公法者，则兵强而敌弱。

【译文】

现在这个时代，一个国家能够除掉奸邪谋私之行而遵循国家法令的，老百姓就能安宁而国家就能治理得很好；能除掉图谋私利的行为而实行国家法令的，就会军队强大而敌人弱小。

今若以誉进能，则臣离上而下比周；若以党举官，则民务交而不求用于法。

【译文】

现在如果根据声誉选拔人才，那么群臣就会背离君主而在下面结党营私；如果根据朋党的关系来推荐官员，那么老百姓就会努力于结党勾结而不求依法办事。

忠臣之所以危死而不以其罪，则良臣伏矣；奸邪之臣安利不以功，则奸臣进矣：此亡之本也。

**【译文】**

如果忠臣遭遇危难却不是因为有罪，那么良臣就会隐退不出；奸邪之臣坐享安乐利益却不是因他们有功，那么奸臣就会积极求进：这是国家衰亡的根本原因。

家务相益，不务厚国；大臣务相尊，而不务尊君；小臣奉禄养交，不以官为事。

**【译文】**

私家致力于相互谋利，不致力于让国家富强；大臣们致力于相互尊崇，不致力于尊崇君主；小臣们则拿国家的俸禄去培养私交，不把官职当回事。

明主使法择人，不自举也；使法量功，不自度也。

**【译文】**

圣明的君主用法制来选拔人才，不凭自己的意愿来用人；按法制来考核臣下的功勋，而不靠自己的主观来推测。

古者世治之民，奉公法，废私术，专意一行，具以待任[①]。

①具：通“俱”，完全，全部。

**【译文】**

古时候治理得很好的国家的臣民，奉行国家的法令，抛弃结党谋私的手段，专心一意为君主办事，一切等待君主的任用。

明主使其群臣不游意于法之外，不为惠于法之内，动无非法。

**【译文】**

圣明的君主使他的群臣不在法令规定之外打主意，不在法令规定之内随便施加恩惠，一举一动都要依法而行。

峻法，所以禁过外私也；严刑，所以遂令惩下也。

**【译文】**

峻法，是用来禁止过错、防止谋私的方法；严刑，是用来贯彻命令、惩治臣下的手段。

威不贰错①，制不共门。威、制共，则众邪彰矣；法不信，则君行危矣；刑不断，则邪不胜矣。

---

①威不贰错：威势不能两方面共同树立。贰，指君臣两方面。错，通“措”，置，引申为树立。

**【译文】**

威势不能君臣同时树立，权力不能君臣共同拥有。威势和权力如果君臣共同拥有，那么各种违法的活动就会明目张胆地进行；执法不坚决落实，君主就会有危险；执行刑罚不果断，奸邪就不能制服了。

法不阿贵，绳不挠曲。

**【译文】**

法令不偏袒权贵，绳墨不迁就曲木。

法之所加，智者弗能辞，勇者弗敢争。

**【译文】**

法令施加到人的身上，有智慧的人不能用言辞来辩解，勇敢的人不能用武力来抗争。

刑过不避大臣，赏善不遗匹夫。

**【译文】**

惩罚罪过不避开大臣，奖赏好事不漏掉普通百姓。

矫上之失，诘下之邪，治乱决缪[1]，绌羡齐非[2]，一民之轨，莫如法。

---

①缪：通"谬"，谬误。

②绌：通"黜"，削减。

**【译文】**

纠正上面的过失，追究下面的奸邪，治理混乱而判断谬误，削除多余的而纠正错误，统一人们的行为使合乎规范，没有比法更好的了。

厉官威民，退淫殆[1]，止诈伪，莫如刑。

---

①殆：通"怠"，怠惰。

【译文】

整治官吏而威镇百姓，遏止过于懈怠的行为，制止诈伪的发生，没有比刑更顶用的了。

刑重，则不敢以贵易贱；法审，则上尊而不侵。

【译文】

刑罚严厉，臣下就不敢凭高贵的地位轻视那些低贱的人；法令严明，那么君主就能得到尊崇而不会被侵犯。

人主释法用私，则上下不别矣。

【译文】

君主如果放弃法制而用私意办事，那君臣之间就没有区别了。

## 二柄

明主之所导制其臣者[1]，二柄而已矣。二柄者，刑德也。

---

①导：通“道”，由。

【译文】

圣明的君主所用来控制他的臣下的工具，只是两个权柄而已。两个权柄，就是刑和德。

杀戮之谓刑，庆赏之谓德。

【译文】

杀戮就叫做刑，奖赏就叫做德。

为人臣者畏诛罚而利庆赏，故人主自用其刑德，则群臣畏其威而归其利矣。

**【译文】**

做人臣的害怕刑罚而想从奖赏中获利，因此君主独自使用刑罚和奖赏，那么群臣就畏惧君主的威势而趋向君主奖赏的利诱。

人主将欲禁奸，则审合刑名[①]；刑名者，言与事也。

①刑：通“形”，指事实。

**【译文】**

君主想要禁绝奸邪，就要仔细审察形名是否相合；形和名，就是言论和事实。

功当其事，事当其言，则赏；功不当其事，事不当其言，则罚。

**【译文】**

功效与他做的事情相当，事情和他的言论相当，就奖赏他；功效和他所做的事不相当，事情和他的言论不相当，就惩罚他。

明主之畜臣，臣不得越官而有功，不得陈言而不当。越官则死，不当则罪。

**【译文】**

圣明的君主蓄养臣下，臣下不能超越自己的职权去立功，不能陈述不适当的意见。超越职权就会被杀，陈述不当意见就会被判罪。

越王好勇而民多轻死①;楚灵王好细腰而国中多饿人②。

①越王好勇而民多轻死:越王喜爱勇敢,就有很多人不怕死。越王,指越王勾践,春秋时越国的君主。

②楚灵王好细腰而国中多饿人:楚灵王喜欢细腰,国内就有很多饿死的人。楚灵王,春秋时楚国的君主。据说,楚灵王喜欢细腰,他的臣下为了使腰变细,都只吃一顿饭,等到一年后,朝廷上的大臣多面黄肌瘦。

**【译文】**

越王勾践喜爱勇敢而民众就大都不怕死;楚灵王喜欢细腰就使楚国有很多人为使腰变细节食饿死。

人臣之情非必能爱其君也,为重利之故也。

**【译文】**

人臣的真实本心并不一定会爱他们的君主,而只是因为看重利益的缘故。

## 扬权

天有大命,人有大命。

**【译文】**

自然有必然的趋势,人类有普遍的法则。

夫香美脆味,厚酒肥肉,甘口而疾形;曼理皓齿①,说情而捐精②。

---

①曼理：细腻的肌肤。

②说：同“悦”。捐：耗费，丢弃。

**【译文】**

香脆鲜美的食物，肥肉浓酒，虽然吃在口里很甜美但却会对身体有害；细腻的肤色和洁白的牙齿，虽然令人生爱怜之情却要耗费你的精气。

去甚去泰[1]，身乃无害。

---

①泰：通“太”，过分。

**【译文】**

去掉过分的和过度的，身体才不会受到损害。

事在四方，要在中央。圣人执要，四方来效。

**【译文】**

事情要由四方的臣子去做，而国家的最高权力却在中央。圣人掌握着国家的关键，四方的臣民就来效力。

夫物者有所宜，材者有所施，各处其宜，故上无为。

**【译文】**

事物都有它适宜的用处，才能都有它施展的地方，各自处在适当的位置上，所以君主可以无为而治。

使鸡司夜，令狸执鼠[1]，皆用其能，上乃无事。

---

①狸：猫。

**【译文】**

让鸡来负责报晓，让猫来负责捉鼠，臣下像这样都使用他们的才能，君主就可以无所事事了。

圣人之道，去智与巧，智巧不去，难以为常。民人用之，其身多殃；主上用之，其国危亡。

**【译文】**

圣人的治理原则，是去掉个人的智巧；个人的智巧不去掉，就难以把这个原则作为治国的常规。一般人任用智巧，自身就会多遭祸殃；君主如果使用智巧，他的国家就会危殆灭亡。

虚以静后，未尝用己。

**【译文】**

虚静地观察事物之后，从来不用自己的主观臆断。

夫道者，弘大而无形；德者，核理而普至。

**【译文】**

道是广大而没有具体形状的，德是内含着理而普遍存在的。

道者，下周于事，因稽而命，与时生死。

**【译文】**

道，普遍存在于万事万物之中，它根据对事物的考核而给予它们不同的名称，让它们随时间的推移而产生和死亡。

君操其名，臣效其形，形名参同，上下和调也。

**【译文】**

君主操纵着臣下的主张，臣下贡献出他们的事功，臣下的事功和他们向君主进献的主张符合了，君臣上下的关系就和谐了。

虚静无为，道之情也；参伍比物，事之形也。

**【译文】**

虚静无为，是道本来的面貌；验证和连结事物，是由事物的实际情形决定的。

去喜去恶，虚心以为道舍。

**【译文】**

君主要去掉爱憎的表现，使内心虚空成为容纳道的住所。

上不与共之，民乃宠之；上不与义之，使独为之。

**【译文】**

君主不和臣下共同拥有权力，臣下就会尊敬君主；君主不和臣下讨论事情，让臣下单独去做事情。

以赏者赏，以刑者刑，因其所为，各以自成。

**【译文】**

认为该奖赏的就奖赏，认为该惩罚的就惩罚，赏罚的根据在于臣下的所作所为，一切都是他们自己造成的。

若地若天，孰疏孰亲？能象天地，是谓圣人。

**【译文】**

像地和天那样，哪有什么亲近和疏远？能够像天地那样行事，就可以称为圣人。

大臣之门，唯恐多人。

**【译文】**

大臣的门下，最令人担心的就是有很多人投奔。

主施其法，大虎将怯；主施其刑，大虎自宁。

**【译文】**

君主施行法令，如虎的奸臣就害怕；君主施行刑罚，如虎的奸臣就会安静驯服。

一栖两雄，其斗𪢭𪢭[1]。豺狼在牢，其羊不繁。

①𪢭𪢭（yán）：鸟争斗鸣叫的声音。

**【译文】**

一只鸟窝有两只雄鸟，彼此就会发出争斗叫唤的声音。豺狼钻进了羊圈，羊群的数量就不会增多。

一家二贵，事乃无功；夫妻持政，子无适从。

**【译文】**

一个家庭有两个人同时尊贵，家务就没有一件能决定；夫妇俩同时主持家务，儿子就会无所适从。

## 八奸

君人者，以群臣百姓为威强者也。群臣百姓之所善之，则君善之；非群臣百姓之所善，则君不善之。

**【译文】**

统治人民的君主，以群臣百姓为自己的强大威势。群臣百姓认为好的，那么君主就认为好；不是群臣百姓认为好的，那么君主也就不认为是好的。

大国之所索，小国必听；强兵之所加，弱兵必服。

**【译文】**

大国所索取的，小国一定会听从；强大的军队逼近，弱小的军队一定会屈服。

明主之为官职爵禄也，所以进贤材劝有功也[①]。

①材：通“才”。凡“贤材”同此。

**【译文】**

圣明的君主设置官职和爵禄的目的，是为了用来提拔有道德有才能的人并奖励有功劳的人。

贤材者处厚禄，任大官；功大者有尊爵，受重赏。

**【译文】**

有德才的人享受丰厚的俸禄，担任很高的官职；功劳大的人获得尊贵的爵位，享有丰厚的赏赐。

官贤者量其能，赋禄者称其功[①]。

①称其功：衡量他的功劳。称，衡量他的功劳是否相称。

**【译文】**

任命贤德的人官职要衡量他的才能，授予臣下爵禄要考量他的功劳是否相称。

## 十过

顾小利，则大利之残也。

**【译文】**

贪图眼前的小利，就是对大利的危害。

爱小利而不虑其害。

**【译文】**

贪图眼前的小利而不顾及它的危害。

合诸侯，不可无礼，此存亡之机也。

**【译文】**

聚集诸侯，不能不讲礼貌，这是国家存亡的关键。

贪愎好利，则灭国杀身之本也。

**【译文】**

贪心固执而喜好利益，就是亡国杀身的祸根。

夫坚中，则足以为表；廉外，则可以大任；少欲，则能临其众；多信，则能亲邻国。

**【译文】**

内心坚贞，就可以作为表率；行为方正，就可以担当大任；欲望少，就能够统驭百姓；很讲信用，就能与邻国亲近。

## 孤愤

智术之士[①]，必远见而明察，不明察，不能烛私；能法之士[②]，必强毅而劲直，不劲直，不能矫奸。

---

①智术之士：懂得使用驭臣之术的人。智，同“知”。

②能法之士：能推行法治的人，指法家人物。

**【译文】**

通晓法术的人，一定有远见而明察秋毫，不明察秋毫，就不能洞察隐私；能推行法治的人，一定是坚定果断而刚劲正直，不刚劲正直，就不能纠察和惩治奸邪。

不以功伐决智行，不以参伍审罪过，而听左右近习之言，则无能之士在廷，而愚污之吏处官矣。

**【译文】**

不凭功劳去决定人的才智和德行，不借助检验名实的符合来审定人的罪过，而听信君主身边近侍亲信的言词，那么没有才能的人就占据朝廷，而愚蠢污浊的官吏就会窃取职位。

万乘之患，大臣太重；千乘之患，左右太信：此人主之所公患也。

**【译文】**

大国的祸患，是大臣的权势太重；中小国家的祸患，是君主对身边的近侍过于亲信：这是君主共同的祸患。

## 说难

凡说之难：在知所说之心，可以吾说当之。

**【译文】**

大凡进说的困难：难在了解我所进说对象的心理，能够用我的话去适应它。

夫事以密成，语以泄败。

**【译文】**

事情由于保密而成功，讲话因为泄密而失败。

凡说之务，在知饰所说之所矜而灭其所耻。

**【译文】**

大凡进说的要领，在于懂得美化进说的对象自以为得意的事情而掩盖他认为羞耻的事情。

谏说谈论之士，不可不察爱憎之主而后说焉。

**【译文】**

进谏陈说的人，不能不观察君主的爱憎而后才对君主进说。

人主亦有逆鳞，说者能无婴人主之逆鳞[1]，则几矣。

①婴：触。

【译文】

君主也有倒长着的鳞片，进说的人能够不触动君主倒长着的鳞片，那就差不多了。

## 奸劫弑臣

凡奸臣皆欲顺人主之心以取亲幸之势者也。

【译文】

凡是奸臣都想顺从君主的心意来取得君主亲幸的权势。

凡人之大体，取舍同者则相是也，取舍异者则相非也。

【译文】

凡是人的大致情况，取舍相同的就互相肯定，取舍不同的就互相反对。

夫安利者就之，危害者去之，此人之情也。

【译文】

安全有利的事情就抢着去做，危险有害的事就忙着躲避，这是人之常情。

循名实而定是非，因参验而审言辞。

【译文】

根据名实是否相符来判定是非，靠比较检验实际效果来审查言词是否正确。

明主者，使天下不得不为己视，天下不得不为己听。

**【译文】**

圣明的君主，使天下的人不得不为我看东西，使天下人不得不替我听情况。

善任势者国安，不知因其势者国危。

**【译文】**

善于动用权势的国家就安定，不懂得凭借权势的国家就危险。

圣人者，审于是非之实，察于治乱之情也。

**【译文】**

圣人，明辨是非的实际，明察治和乱的实情。

夫严刑重罚者，民之所恶也，而国之所以治也；哀怜百姓轻刑罚者，民之所喜，而国之所以危也。

**【译文】**

严刑重罚，是老百姓所厌恶的，却是国家能治理好的方法；哀怜百姓使用轻的刑罚，是老百姓所喜欢的，但却是国家危乱的原因。

圣人之治国也，赏不加于无功，而诛必行于有罪者也。

**【译文】**

圣明的人治理国家，赏赐不给予没有功劳的人，刑罚一定要施行到犯有罪行的人。

夫有施与贫困，则无功者得赏；不忍诛罚，则暴乱者不止。

**【译文】**

如果施舍给贫困的人，那么没有功劳的人就得到了奖赏；不忍心惩罚有罪的人，那么暴乱分子就不能禁止。

夫严刑者，民之所畏也；重罚者，民之所恶也。故圣人陈其所畏以禁其邪，设其所恶以防其奸，是以国安而暴乱不起。

**【译文】**

严厉的刑罚，是老百姓所畏惧的；严重的惩罚，是民众所厌恶的。所以圣明的君主设置老百姓所畏惧的刑罚来禁止邪恶，设立他们所厌恶的惩罚来防止奸诈，因此国家平安而暴乱不发生。

无捶策之威①，衔橛之备②，虽造父不能以服马③；无规矩之法④，绳墨之端⑤，虽王尔不能以成方圆⑥；无威严之势，赏罚之法，虽尧舜不能以为治⑦。

---

①捶策：马鞭。捶，通“箠”。

②衔橛：马嚼子。

③造父：人名，春秋末期晋国人，以善于驾驭车马著称。

④规：画圆的工具。矩：画方的工具。

⑤绳墨：木匠画线用的工具。

⑥王尔：古代的巧匠。

⑦尧舜：二人都是我国原始社会末期的部落首领。

**【译文】**

没有马鞭的威风，马嚼头的约束，即使是造父也不能来制服拉车的马匹；离开了规矩的法度，绳墨的校正，即使是王尔也不能来成就方圆；

无威严的权势，赏罚的法制，即使尧舜也不能把国家治理好。

操法术之数，行重罚严诛，则可以致霸王之功。

**【译文】**

掌握了法术的方法，实行重罚严诛，就可以成就霸王的功业。

有忠臣者，外无敌国之患，内无乱臣之忧，长安于天下，而名垂后世，所谓忠臣也。

**【译文】**

有忠臣的君主，在外没有敌国侵犯的祸患，在内没有叛乱之臣的忧虑，天下长久平安，而名声流传后世，这就是所谓忠臣。

## 亡征

简法禁而务谋虑，荒封内而恃交援者，可亡也。

**【译文】**

君主忽视法制禁令而致力于计谋，荒怠国内的政事而依赖外国的外交支援，国家可能会灭亡。

好宫室台榭陂池①，事车服器玩，好罢露百姓②，煎靡货财者，可亡也。

---

①陂（bēi）池：池沼。

②罢：通“疲”，使百姓疲劳。

【译文】

君主喜好修建宫殿台榭和池沼，爱好车马服饰和玩赏之物，总是使老百姓疲劳困顿，榨取挥霍老百姓的财物，国家可能会灭亡。

缓心而无成，柔茹而寡断[1]，好恶无决而无所定立者，可亡也。

①柔茹：软弱胆怯。茹，通“懦”。

【译文】

君主办事拖拖拉拉没有成效，软弱怯懦优柔寡断，好坏不分没有决断，国家可能会灭亡。

很刚而不和[1]，愎谏而好胜，不顾社稷而轻为自信者，可亡也。

①很：同“狠”。

【译文】

凶狠暴戾而不随和，拒绝别人的劝谏而喜欢争强好胜，不考虑国家的安危而自以为是，国家可能会灭亡。

大心而无悔，国乱而自多，不料境内之资而易其邻敌者，可亡也。国小而不处卑，力少而不畏强，无礼而侮大邻，贪愎而拙交者，可亡也。

【译文】

君主狂妄自大而不知悔悟，国家混乱而自我感觉良好，不能正确估量本国的实力而轻视其邻近的敌国，国家可能会灭亡。国家弱小而不以卑恭处世，力量薄弱而不畏惧强敌，无礼貌而去侮辱强大的邻国，贪婪固执而不善于办理外交，国家可能会灭亡。

简侮大臣，无礼父兄，劳苦百姓，杀戮不辜者，可亡也。

**【译文】**

轻慢侮辱大臣，对待叔伯和兄弟无礼，使百姓辛劳困苦，杀戮无辜人士，国家可能会灭亡。

主多怒而好用兵，简本教而轻战攻者，可亡也。

**【译文】**

君主喜欢发怒而爱好战争，轻视农耕和练兵而对战争掉以轻心，国家可能会灭亡。

木之折也必通蠹[1]，墙之坏也必通隙。然木虽蠹，无疾风不折；墙虽隙，无大雨不坏。

---

①蠹(dù)：蛀蚀。

**【译文】**

树木折断一定因为有了虫蛀，土墙倒塌一定由于有了裂缝。但是树木虽然生了蛀虫，没有大风是不会折断的；土墙虽然出现了裂缝，没有大雨是不会倒塌的。

## 备内

人主之患在于信人。信人，则制于人。

【译文】

君主的祸患在于相信别人。相信别人，就会被别人所控制。

夫妻者[1]，非有骨肉之恩也，爱则亲，不爱则疏。

①夫：发语词，无实际意义。

【译文】

妻子，与丈夫本没有骨肉间的恩情，相爱就亲，不相爱就疏远。

## 南面

人主使人臣虽有智能，不得背法而专制；虽有贤行，不得逾功而先劳；虽有忠信，不得释法而不禁：此之谓明法。

【译文】

君主要使臣子即使有智慧才能，也不能违背法纪而专权；即使有才德的行为，也不能在立功之前而提前得到奖赏；即使有忠信的品德，也不能抛开法制而不受制约：这就叫做彰明法度。

凡功者，其入多，其出少，乃可谓功。

【译文】

凡是计算功劳，一件事情获得的多，付出的少，才可以叫做功劳。

民愚而不知乱，上懦而不能更，是治之失也。人主者，明能知治，严必行之，故虽拂于民，必立其治。

【译文】

老百姓愚昧而不懂得祸乱，君主懦弱而不能改革现状，这是治理国家的失误。做君主的人，他的明智应该懂得如何治理好国家，他的严厉一定能执行法令，所以即使他会违背民众的意愿，他也一定能确立治国的办法。

## 饰邪

古者先王尽力于亲民①，加事于明法。

①先王：指古代实行法治的君主。

【译文】

古代的先王尽力于亲近民众，从事于彰明法度。

法明，则忠臣劝；罚必，则邪臣止。

【译文】

彰明法度，忠臣就能自我勉励；刑罚一定执行，奸臣就停止作恶。

乱弱者亡，人之性也；治强者王①，古之道也。

①王(wàng)：称王，即统治天下。

【译文】

混乱弱小的国家就衰亡，这是人事的常规；社会安定而强盛的国家就称霸天下，这是自古以来的道理。

明于治之数，则国虽小，富；赏罚敬信，民虽寡，强。

**【译文】**

懂得治理国家的法术，那么国家即使小，也可以富足；赏罚谨慎而诚信，民众即使少，国家也可以强盛。

用赏过者失民，用刑过者民不畏。

**【译文】**

使用奖赏错误就会失去民众，使用刑罚太滥民众就不再害怕。

有赏不足以劝，有刑不足以禁，则国虽大，必危。

**【译文】**

有奖赏不能起到鼓励作用，有刑罚不能起到禁止的作用，那么一个国家即使强大，也一定会危险。

小知不可使谋事[1]，小忠不可使主法。

---

①知：同“智”。

**【译文】**

一点小聪明不可以去谋划事情，只对私人效忠的人不能让他掌管法制。

有功者必赏，有罪者必诛。

**【译文】**

有功劳的一定会受到奖赏，有罪行的人一定会受到惩罚。

明法者强，慢法者弱。

**【译文】**

法制严明国家就强盛，法制松弛国家就衰弱。

家有常业，虽饥不饿；国有常法，虽危不亡。

**【译文】**

家庭有固定的产业，虽然遇到荒年也不会挨饿；国家有固定的法制，虽然遇到危难也不会衰亡。

镜执清而无事，美恶从而比焉；衡执正而无事，轻重从而载焉。

**【译文】**

镜子保持清亮而不受干扰，美丑就自行显示出来了；衡器保持平正而不受干扰，轻重就得以衡量出来。

夫摇镜则不得为明，摇衡则不得为正，法之谓也。

**【译文】**

摇动的镜子就不能清楚地照出事物，摇动的衡器就不能准确地衡量轻重，说的就是要遵守法制。

先王以道为常，以法为本。本治者名尊，本乱者名绝。

**【译文】**

先王把道作为治国的常规，把法作为立国的根本。法制严明，君主的名位就尊贵；法制混乱，君主的名位就丧失。

夫悬衡而知平[①],设规而知圆[②],万全之道也。

①衡:秤,衡器。

②规:圆规,画圆的仪器。

**【译文】**

衡器设立起来了就知道轻重是否平衡,圆规设置起来了就知道是否画得圆,这就是万全之策。

明主之道,必明于公私之分,明法制,去私恩。夫令必行,禁必止,人主之公义也[①]。

①公义:指代表国家利益的原则、道理。

**【译文】**

英明君主的治国原则,一定明确公私的区分,彰明法制,抛弃不符合法制的私人恩惠。有令必行,有禁必止,这是君主的公义。

私义行则乱,公义行则治,故公私有分。

**【译文】**

私义实行,国家就乱;公义实行,国家就治;所以一定要明确公私界限。

赏刑明,则民尽死;民尽死,则兵强主尊。刑赏不察,则民无功而求得,有罪而幸免,则兵弱主卑。

**【译文】**

赏罚严明,那么臣民就会尽死力效忠;臣民尽死力效忠,那么国家就会军队强大而君主尊贵。刑赏不明,臣民就会没有功劳而希望获得奖赏,有罪行而侥幸企图免罚,国家就会军队弱小而君主卑下。

公私不可不明,法禁不可不审。

【译文】

公私界限不可不清楚,法律禁令不可不分明。

## 解老

仁者,谓其中心欣然爱人也;其喜人之有福,而恶人之有祸也;生心之所不能已也,非求其报也。

【译文】

仁,是说内心高兴自然而然地爱人;他喜欢别人得到幸福,而不喜欢别人遭到祸患;是出自内心抑制不住的情感,并不是为了求得别人的报答。

夫君子取情而去貌,好质而恶饰。

【译文】

君子只要内在情感而不要外在表现,喜欢内在本质而厌恶外在文饰。

礼繁者,实心衰也。

【译文】

礼仪繁琐的人,内心的真实情感就衰弱。

众人之为礼也,人应则轻欢,不应则责怨。

**【译文】**

一般人施行礼,别人回应就轻易地欢乐,不回应就怨怼责备。

人有祸,则心畏恐;心畏恐,则行端直;行端直,则思虑熟;思虑熟,则得事理[1]。

①事理:指事物内在的法则。

**【译文】**

人有了灾祸,心里就会害怕恐惧;心中害怕恐惧,行为就会端正无邪;行为端正无邪,思虑就成熟;思虑成熟,就能掌握事物的法则。

人有福,则富贵至;富贵至,则衣食美;衣食美,则骄心生;骄心生,则行邪僻而动弃理。

**【译文】**

人有了福,富贵就来了;富贵来了,衣食就美好;衣食美好,人的骄傲之心就会产生;骄傲之心产生,人的行为就邪恶不正且举动违背常理。

所谓方者[1],内外相应也,言行相称也。

①方:方正,指品行端正。

**【译文】**

所谓方,是指人的内心和外表一致,说的和做的相符。

所谓廉者[1],必生死之命也[2],轻恬资财也。

---

①廉：有棱角，有节操。

②必生死之命：冒着生命危险也一定去完成使命，指舍生忘死。

**【译文】**

所谓廉，是指人能舍生忘死，淡泊物质利益。

所谓直者，义必公正，公心不偏党也。

**【译文】**

所谓直，是指人行为一定公正，公正而无偏私。

众人之用神也躁，躁则多费，多费之谓侈。圣人之用神也静，静则少费，少费之谓啬。

**【译文】**

一般的人运用心神很浮躁，浮躁就会耗费多，耗费多就叫做浪费。圣人运用心神很平静，平静就耗费少，耗费少就叫节俭。

知治人者，其思虑静；知事天者，其孔窍虚[①]。

---

①孔窍：指人的耳、眼、鼻、口等器官。

**【译文】**

懂得安排人生的人，他的思虑就平静；知道依自然法则使用人的自然能力的人，他的眼、耳、口、鼻等器官就保持畅通。

战易胜敌，则兼有天下；论必盖世，则民人从。

**【译文】**

战斗容易胜过敌人，那么就可以兼并天下；思想理论一定能称雄于世，民众就会服从。

德也者，人之所以建生也；禄也者，人之所以持生也。

**【译文】**

德，是人所以建立生命的根本；禄，是人所以维持生命的条件。

工人数变业则失其功[①]，作者数摇徙则亡其功。

———

①工人：有技艺的人。数(shuò)：屡次，多次。下“数摇”“数徙”“数挠”之“数”同此。

**【译文】**

有技艺的人屡次变更他的作业就会丧失功效，劳动的人经常变动他手中的活计就会没有成绩。

事大众而数摇之[①]，则少成功；藏大器而数徙之，则多败伤；烹小鲜而数挠之，则贼其泽；治大国而数变法，则民苦之。是以有道之君贵静，不重变法。

———

①事：通“使”，役使。

**【译文】**

役使民众而屡次变更他们的作业，就会减少他们的功效；收藏贵重的物品而经常搬动它，就会造成很多损坏；烹煮小鱼而屡次翻动它，就会伤害它的光泽；治理大国而经常变更法令，就会使老百姓受苦。因此懂得治国之道的君主推崇安静，不重视经常变更法令。

人处疾则贵医，有祸则畏鬼。

【译文】

人在生病的时候就尊重医生，有灾祸的时候就害怕鬼神。

有道之君，外无怨仇于邻敌，而内有德泽于人民。

【译文】

有道的君主，对外在邻国中没有怨仇，但对内对于人民却有恩泽。

人君无道，则内暴虐其民，而外侵欺其邻国。

【译文】

君主无道，对内就会残暴地虐待他的百姓，而对外就会侵略欺骗他的邻国。

祸难生于邪心，邪心诱于可欲。

【译文】

祸患灾难产生于邪恶的心愿，邪恶的心愿又是受可引起欲望的东西的引诱而产生。

可欲之类，进则教良民为奸，退则令善人有祸。

【译文】

可以引起欲望的那类东西，进一步说可使好人为奸，退一步说可以使善人有灾祸。

欲利之心不除,其身之忧也。

**【译文】**

贪图利益的心思不除掉,这是他身上的忧患。

道者,万物之所然也,万理之所稽也[①]。理者,成物之文也[②];道者,万物之所以成也。故曰:"道,理之者也[③]。"

---

①稽:符合,汇合。

②文:纹理,条理。

③道,理之者也:疑此句为《老子》原文,但不见于已知的各种版本的《老子》。这句意为道是能使万物条理化的东西。

**【译文】**

道,是万物所以如此的原因,是万理的总汇合。理,是构成万物的条理;道,是万物所以构成的根据。所以说:"道,是能使万物条理化的东西。"

凡道之情,不制不形,柔弱随时,与理相应。万物得之以死,得之以生;万事得之以败,得之以成。

**【译文】**

道的情实,不制作也不显形,柔弱随时变化,同万物的理相适应。世上万物因得道而死,因得道而生;万物因得道而失败,因得道而成功。

凡兵革者,所以备害也。

**【译文】**

大凡武器盔甲这类东西,是用来防备伤害的。

圣人之游世也，无害人之心，则必无人害；无人害，则不备人。

【译文】

圣人在世上活动，没有害人的心理，那么就一定没有人危害他；没有人危害他，就不用防备人。

爱子者慈于子，重生者慈于身，贵功者慈于事。

【译文】

爱子女的人就会对子女十分怜惜，重视自己生命的人就会对自己的身体特别怜惜，看重事功的人就会对自己的事业很谨慎。

见必行之道则明，其从事亦不疑，不疑之谓勇。

【译文】

看到了一定能实行的道理就明智，做事时就没有疑惑，没有疑惑就叫勇。

万物必有盛衰，万事必有弛张，国家必有文武，官治必有赏罚。

【译文】

万物一定有盛也有衰，万事一定有弛也有张，国家一定有文也有武，官府办事一定有赏也有罚。

智士俭用其财则家富，圣人爱宝其神则精盛，人君重战其卒则民众，民众则国广。

【译文】

智慧之士节省着使用他的资财就可以家庭富裕，圣人珍视他的精神就精力旺盛，君主不轻易打仗他的民众就多，民众多国力就宽裕。

慈于子者不敢绝衣食，慈于身者不敢离法度，慈于方圆者不敢舍规矩。故临兵而慈于士吏则战胜敌，慈于器械则城坚固[1]。故曰："慈，于战则胜，以守则固。"

①器械：这里指防守用的工具和兵器。

**【译文】**

对子女慈爱的人不敢断绝供给子女的衣食，怜惜身体的人不敢背离法令制度，看重方圆的人不敢舍弃规矩。所以临阵而爱惜士兵官吏那么战斗就能取胜，爱惜器械就能固守城池。所以说："慈，于战则胜，以守则固。"

## 喻老

邦以存为常，霸王其可也；身以生为常，富贵其可也。

**【译文】**

国家以生存为根本，保持生存成为霸王也是可能的；身体以有生命为根本，保持生命实现富贵也是可能的。

不以欲自害，则邦不亡，身不死。

**【译文】**

不用贪欲来祸害自己，那么国家就不会灭亡，身体就不会死亡。

制在己曰重，不离位曰静。重则能使轻，静则能使躁。

故曰："重为轻根，静为躁君。"

【译文】

控制在自己手中就称为重，不离开君位叫做静。君权重就能役使权位轻的臣下，君主静就能驱使浮躁的群臣。所以说："重是轻的根本，静是躁的主宰。"

赏罚者，邦之利器也，在君则制臣，在臣则胜君。

【译文】

赏罚是国家的锐利武器，掌握在君主手里就能制服臣子，掌握在臣子手里就会压倒君主。

起事于无形，而要大功于天下，"是谓微明"。

【译文】

在不露形迹中开始行动，设法在天下求得大功，"这就叫做微妙的明智"。

处小弱而重自卑损，谓"弱胜强"也。

【译文】

处在弱小的位置而能注重自己谦卑克制，这就叫做"柔弱胜刚强"。

有形之类，大必起于小；行久之物，族必起于少①。

①族：众多。

【译文】

有形体的东西，大的一定由小的发展而来；经历长久的事物，数量众多一定由数量少发展而来。

千丈之堤，以蝼蚁之穴溃；百尺之室，以突隙之烟焚[1]。

①突隙：烟囱的缝隙。突，指烟囱。

**【译文】**

千丈的长堤，会因为蝼蚁的洞穴而崩溃；百尺的房屋，会因为烟囱的缝隙而焚毁。

慎易以避难，敬细以远大。

**【译文】**

谨慎地对待容易的事以避免困难的事，郑重对待细小的漏洞以远离大的灾祸。

知者不以言谈教，而慧者不以藏书箧[1]。

①箧(qiè)：小箱子。

**【译文】**

有智慧的人不用空言说教，而聪明的人用不着藏书的小箱子。

“其出弥远者，其智弥少。”此言智周乎远，则所遗在近也。

**【译文】**

“走得愈远，知道得愈少。”这是说人们的智虑全都围绕着远事在转，就会丢弃近处的事。

随时以举事，因资而立功，用万物之能而获利其上。

**【译文】**

随着适当的时机办事，依靠客观条件立功，利用万物的特性而在上面获利。

庄王不为小害善，故有大名；不蚤见示[①]，故有大功。故曰：“大器晚成，大音希声[②]。”

①蚤：通“早”。见：同“现”。

②大器晚成，大音希声：属今本《老子·四十一章》。希，通“稀”。

**【译文】**

楚庄王不因小事妨害自己的长处，所以有大名声；不预先表露出自己的才能，因此能建立大功。所以说：“重大的器物最后才制成，宏伟的乐章不轻易发出声响。”

知之难，不在见人，在自见。故曰：“自见之谓明[①]。”

①自见之谓明：此句属今本《老子·三十三章》。

**【译文】**

认识事物的困难，不在于看清别人，而在于看清自己。所以说：“能自己认识自己才叫明察。”

志之难也，不在胜人，在自胜也。故曰：“自胜之谓强[①]。”

①自胜之谓强：此句今本《老子》作：“自胜者强。”

【译文】

一个人立志的困难，不在胜过别人，而在战胜自己。所以说：“能战胜自我就叫强。”

## 说林上

持危之功，不如存亡之德大。

【译文】

扶助那些处于危险中的国家的功德，不如恢复已灭亡的国家的功德大。

常酒者，天子失天下，匹夫失其身。

【译文】

常常喝酒，天子就会失掉天下，一般民众就会丧失性命。

失火而取水于海，海水虽多，火必不灭矣，远水不救近火也。

【译文】

失了火而后从海里取水来救火，海水虽然很多，火一定不会被泼灭，因为远水救不了近火。

## 说林下

千里之马时一，其利缓；驽马日售，其利急。

**【译文】**

千里马很少见，识别这种马获利慢；普通的马天天都有人买卖，识别这种马获利快。

人不能自止于足，而亡其富之涯乎！

**【译文】**

人不能自己在满足的地方停止，那么就没有富足的边际吧！

笑不乐，视不见，必为乱。

**【译文】**

笑得不快乐，看见东西如同没看见，一定会作乱。

直于行者曲于欲。

**【译文】**

行为刚直的人会屈从于个人的欲望。

虏自卖裘而不售，士自誉辩而不信。

**【译文】**

奴隶自己卖皮衣卖不掉，士人自称善于辩说而无人相信。

## 观行

古之人目短于自见，故以镜观面；智短于自知，故以道正己[1]。

---

①道：客观规则。这里指法术。

【译文】

古人的眼睛不能看见自己的面孔,所以要用镜子来照自己的面容;智力缺乏自知之明,所以要用道术来端正自己。

目失镜,则无以正须眉;身失道,则无以知迷惑[1]。

①无以知迷惑:指无法分清是非。

【译文】

眼睛如果失去了镜子,就无法来修整胡须和眉毛;人如果失去了道的指导,就无法分辨出是非。

以有余补不足、以长续短之谓明主。

【译文】

能用多余的补充不足的、用长的来接短的就称得上是英明的君主。

天下有信数三:一曰智有所不能立,二曰力有所不能举,三曰强有所不能胜。

【译文】

天下有三种必然之理:一是智慧总有不能办成的事情,二是力气总有举不起来的东西,三是实力再强也有不能战胜的对手。

势有不可得,事有不可成。

【译文】

形势总有不能具备的,事情总有不能办到的。

因可势，求易道，故用力寡而功名立。

**【译文】**

根据可以成功的形势，找出容易成功的法则，所以用力少而功名可以建立。

时有满虚[1]，事有利害，物有生死。

---

①时有满虚：指月亮有盈有亏。月圆为满，月缺为亏，这里是说自然条件的变化。

**【译文】**

月亮有圆有缺，事情有利有害，事物有生有死。

明主观人，不使人观己。

**【译文】**

英明的君主善于观察人，而不使人来观察自己。

## 安危

人不乐生，则人主不尊；不重死，则令不行也。

**【译文】**

人们不乐于生存，那么君主就不会受到尊重；不把死亡看得很重，那么法令就无法推行。

使天下皆极智能于仪表[1]，尽力于权衡[2]，以动则胜[3]，以静则安[4]。

---

①仪表：标记，标准，比喻国家的法令。

②权衡：称物的衡器，比喻国家的法令。

③动：指战争。

④静：指治理国家。

**【译文】**

使天下的人都能在国家的法制规定内尽情发挥自己的才智，在法律允许的范围内充分施展才干，用来打仗就能取胜，用来治国就能平安。

治世使人乐生于为是，爱身于为非，小人少而君子多。故社稷常立[1]，国家久安。

---

①社稷：土地神和谷神，象征国家。

**【译文】**

治理国家能使人乐于在做合法的事情中生活，爱惜生命而不去做违法的事，这样就坏人少而好人多。所以国家就能够长久存在，永久平安。

安则智廉生，危则争鄙起。

**【译文】**

社会安定那么智士廉士就会产生，社会危乱那么争夺贪鄙就会涌现。

法所以为国也，而轻之，则功不立，名不成。

**【译文】**

法令是用来维系国家的，而民众轻视它，那么君主的功业就不能建立，而名声也无法成就。

闻古扁鹊之治其病也[1]，以刀刺骨；圣人之救危国也，以忠拂耳。刺骨，故小痛在体而长利在身；拂耳，故小逆在心而久福在国。

①扁鹊：古代的名医，姓秦名越人。他的生平事迹和活动年代，传说很多，记载不一。

**【译文】**

听说古代扁鹊给人治病，用刀刺人的骨头；圣明的人治理国家，用忠言来刺激人的听觉。刺人的骨头，因此身体虽有小的疼痛但可获得长远的利益；刺激听觉，因此心里虽然有小的不快但国家却可获得长久的福利。

安危在是非，不在于强弱。

**【译文】**

国家的安危在于能分辨是非，而不在于强弱。

存亡在虚实，不在于众寡。

**【译文】**

国家的存亡在于君主是否握有实权，而不在于臣民的多少。

明主坚内，故不外失。失之近而不亡于远者无有。

**【译文】**

圣明的君主巩固内部，所以他的国家不被外国颠覆。在国内治理上有过失而不被远方的他国灭亡的君主是没有的。

明主之道忠法[①]，其法忠心，故临之而治，去之而思。

①忠：通“衷”，适合。下文“忠心”之“忠”与此同。

【译文】

圣明君主的治国原则是适合于法，这个法又适合民心，所以用这个法治国就能把国家治理好，去掉了它民众就思念。

## 守道

圣王之立法也，其赏足以劝善，其威足以胜暴，其备足以必完法。

【译文】

圣明的君主确立法治，他的赏赐足以鼓励人们做好事，他的威刑足以制服暴乱，他的措施足以保证法制完善。

善之生如春，恶之死如秋，故民劝极力而乐尽情，此之谓上下相得。

【译文】

好的东西就像春天的草木一样蓬勃生长，坏的东西就像秋天的草木一样枯萎死亡，所以民众互相劝勉乐于竭力尽忠，这就叫做君主和臣民相得相宜。

古之善守者，以其所重禁其所轻，以其所难止其所易。

【译文】

古代善于守道的人，用重刑禁止轻罪，用人们所难以违犯的法令制止人们容易犯的罪行。

法分明，则贤不得夺不肖[1]，强不得侵弱，众不得暴寡。

①贤：德才好的人。不肖：与“贤”相对，德才不好的人。

**【译文】**

法令明确清晰，那么有德才的也不能侵犯才德不好的人，强大的不能侵夺弱小的，人数多的不能欺凌人数少的。

## 用人

闻古之善用人者，必循天顺人而明赏罚。

**【译文】**

听说古代善于任用官吏的君主，一定是遵循自然规律、顺应人情而赏罚分明的。

明君使事不相干，故莫讼；使士不兼官，故技长；使人不同功，故莫争。

**【译文】**

英明的君主使官吏的职事不互相侵犯，所以没有争辩发生；使官吏不兼任其他职务，所以各人的本领就有专长；使人不在同一事上立功，所以就没有人争功。

释法术而心治，尧不能正一国[1]；去规矩而妄意度[2]，奚仲不能成一轮[3]；废尺寸而差短长，王尔不能半中[4]。

①尧：我国原始社会末期的部落首领，传说中的圣君。

②意：通“臆”。

③奚仲：人名，传说他善于造车，做过夏代的车正（管车服的官）。

④王尔：人名，传说中的巧匠。

【译文】

放弃法术而凭主观想法办事，尧也不能使一个国家平正；舍弃规矩而胡乱猜测，奚仲连一个车轮也做不成；废弃了尺寸而靠主观来区别长短，王尔也不能做到一半符合标准。

明主立可为之赏，设可避之罚。

【译文】

英明的君主设立臣民通过努力可以得到的奖赏，设立百姓可以避免的惩罚。

明主之表易见，故约立；其教易知，故言用；其法易为，故令行。

【译文】

英明君主的标记使人容易看见，所以就能确立信约；他的教导使人容易明白，所以他的话能被遵用；他的法令容易实行，所以命令能得到执行。

举事无患者，尧不得也。

【译文】

办事不出毛病，尧也不能做到。

君人者不轻爵禄，不易富贵，不可与救危国[1]。

①与：通“以”。

**【译文】**

做君主的人太看重爵禄，太吝惜富贵，就不能够解救危亡的国家。

释仪的而妄发[1]，虽中小不巧；释法制而妄怒，虽杀戮而奸人不恐。

①仪的：射箭的靶子。

**【译文】**

放弃箭靶而胡乱射箭，即使射中了很小的东西也不算巧；放弃法制而随意发怒，即使进行杀戮奸人也不会恐惧。

至治之国，有赏罚而无喜怒，故圣人极；有刑法而死无螫毒[1]，故奸人服。

①螫（shì）：有毒腺的虫子用尾部的毒刺刺人。

**【译文】**

治理得最好的国家，实施赏罚但不凭君主个人的喜怒，所以圣明的人能达到最高的治国境界；施行刑罚但不会因逞私威置人死地，所以奸人服罪。

## 功名

明君之所以立功成名者四：一曰天时[1]，二曰人心，三曰技能，四曰势位。

①天时：指客观的自然条件。

【译文】

英明的君主之所以立功成名的条件有四项：一是天时，二是人心，三是技能，四是势位。

得天时，则不务而自生；得人心，则不趣而自劝[1]；因技能，则不急而自疾；得势位，则不推进而名成。

①趣：通“促”，督促。

【译文】

掌握了天时，不努力庄稼也会自行生长；获得了人心，就算不督促民众也会自我勉励；依靠技能，就算你不着急也会很快成功；有了威势和地位，即使你不追求也会建立功名。

夫有材而无势，虽贤不能制不肖[1]。

①贤：德才好的人。不肖：与“贤”相反，指德才不好的人。

【译文】

只有才能而没有势位，即使是贤德的人也不能制服无德无才的人。

人主之患在莫之应，故曰，一手独拍，虽疾无声。

【译文】

君主的忧患在于没有人响应，所以说，一只手独拍，即使迅疾也不会有响声。

人臣之忧在不得一，故曰：右手画圆，左手画方，不能两成。

**【译文】**

人臣的忧患在于不能专守一职，所以说：右手画圆形，左手画方形，不能同时画成两种图形。

太山之功长立于国家，而日月之名久著于天地。

**【译文】**

对国家能建立起如泰山那样的大功，在天地间就能享有像日月那样长久的名声。

## 大体

不以智累心，不以私累己。

**【译文】**

不以智巧烦扰心境，不以私利拖累自身。

寄治乱于法术，托是非于赏罚，属轻重于权衡[1]。

---

①权衡：秤锤和秤杆，这里指法制。

**【译文】**

把国家治理的效果寄托在法术上，把事物的是非寄托在赏罚上，把物体的轻重寄托在权衡上。

不逆天理[①],不伤情性。

①天理:指自然的法则。

**【译文】**

不违背自然的法则,不伤害人的本性。

不吹毛而求小疵,不洗垢而察难知[①]。

①难知:指难以察知的隐微的东西。

**【译文】**

不吹毛求疵,不洗清污垢去看那些难以发现的东西。

不引绳之外[①],不推绳之内;不急法之外,不缓法之内。

①绳:即木匠用来取直的墨线,比喻准绳、法。

**【译文】**

不偏向到法的外面,也不偏向到法的里面;在法禁以外的事不可严苛,在法禁以内的事不可宽缓。

守成理,因自然。

**【译文】**

坚守不变的道理,顺应客观自然。

祸福生乎道法,而不出乎爱恶;荣辱之责在乎己,而不在乎人。

**【译文】**

祸和福完全由宇宙的普通法则和国家的法制决定，而不出于个人的主观好恶；荣和辱的责任在于自己，而不在于他人。

利莫长于简，福莫久于安。

**【译文】**

利益没有比政令简约更大的，福祉没有比天下太平更久的。

因道全法，君子乐而大奸止。澹然闲静[①]，因天命[②]，持大体。故使人无离法之罪[③]，鱼无失水之祸。

①澹（dàn）然：恬淡安静的样子。

②天命：指自然的定数或法则。

③离：通“罹”，遭受、触犯。

**【译文】**

依照普遍的自然法则全面把握法度，君子安乐而大的犯罪被制止。安适闲静，顺应自然法则，把握事物的整体和根本。所以使人们没有受法制惩治的罪过，鱼儿没有离开水的灾祸。

上不天则下不遍覆，心不地则物不必载[①]。

①必：通“毕”。

**【译文】**

如果上面不能像天那样辽阔那么下面就不能覆盖整个世界，如果心不能像地那样浑厚就不能托载起所有的事物。

太山不立好恶，故能成其高；江海不择小助[1]，故能成其富。

①小助：指为江海增加水量的细流。

**【译文】**

泰山不存有好恶之情，所以能成就它的高大；江海不挑剔奔向它的细流，所以能成就它的博富。

大人寄形于天地而万物备[1]，历心于山海而国家富[2]。

①大人：这里指君主。

②历心于山海：指像太山那样不立好恶、像江海那样不择小助。

**【译文】**

君主像天地那样生活于世间而使万物齐备，心胸像山海那样阔大而使国家富强。

## 内储说上七术

观听不参则诚不闻，听有门户则臣壅塞[1]。

①听有门户：指只听信某一个人的话，如同出入只经一个门户一样。

**【译文】**

君主考察臣下的行为和听取臣下的言论如果不加以参验，就不能知道真实情况；君主如果只偏听一个人的话，那么臣下就可能会蒙蔽君主。

夫日兼烛天下，一物不能当也①；人君兼烛一国人，一人不能拥也②。

①当：同“挡”，遮挡，遮蔽。

②拥：通“壅”，蒙蔽。

**【译文】**

太阳普照全天下，任何一种东西都不能遮蔽它；君主也会光照全国每个人，任何一个人也不能遮挡他的光辉。

鄙谚曰：“莫众而迷。”

**【译文】**

民谚说：“办事不与众人商议，一定会迷惑。”

君子不蔽人之美，不言人之恶。

**【译文】**

君子不掩盖别人的优点，不谈论别人的恶行。

爱多者则法不立，威寡者则下侵上。是以刑罚不必则禁令不行。

**【译文】**

君主有太多的仁爱，法制就难以建立；君主威严不足，就要被臣下侵害。因此刑罚不坚决执行，禁令就无法实施。

夫火形严，故人鲜灼；水形懦，人多溺。

【译文】

火的样子很严酷，所以人很少被烧伤；水的样子很柔软，所以很多人被淹死。

重罚者，人之所恶也；而无弃灰，人之所易也。使人行之所易，而无离所恶[1]，此治之道。

①离：通“罹”，遭到。

【译文】

严重的刑罚，是人们所厌恶的；而不要在大路上倒灰，是人们所容易做到的。让人们做他们容易做到的，而不要遭受他们所厌恶的刑罚，这是治理好百姓的办法。

有威足以服人，而利足以劝之，故能治之。

【译文】

有权威足以制服别人，而有利益足以激励别人，所以就能够管理好别人。

夫小过不生，大罪不至，是人无罪而乱不生也。

【译文】

小的罪过不发生，大的罪过也没有，这样人们就不会犯罪而祸乱也不会产生。

行刑重其轻者，轻者不至，重者不来，是谓以刑去刑也。

【译文】

实行刑罚时对轻罪加以重罚，轻罪不会出现，重罪不会产生，这就叫做用刑罚去掉刑罚。

兵弱于外，政乱于内，此亡国之本也。

【译文】

对外的兵力削弱，国内的政治混乱，这是亡国的根本。

有过不罪，无功受赏，虽亡，不亦可乎？

【译文】

有罪过不受惩罚，没有功劳反而受奖赏，即使灭亡，不也是应该的吗？

凡人之有为也，非名之，则利之也。

【译文】

凡是人的所作所为，不是为了名，就是为了利。

夫治无小而乱无大。

【译文】

治理好国家没有小事而乱不一定起于大事。

赏誉薄而谩者下不用也，赏誉厚而信者下轻死。

【译文】

赏誉轻而又欺骗人的君主，臣下不会为他所用；赏誉厚而又对人守信用的君主，臣下很容易为他卖命。

一听则愚智不纷，责下则人臣不参。

**【译文】**

君主一一听取臣下的意见就不会造成愚智混乱，君主善于督责臣下就能使人臣中的无能者不会混杂其中。

挟智而问，则不智者智；深智一物，众隐皆变[1]。

①变：通“辨”。

**【译文】**

带着自己知道的事去询问，那么自己不知道的事也知道了；深入地了解一件事，许多不清楚的事都可以分辨清楚。

倒言反事以尝所疑则奸情得。

**【译文】**

用说反话来试探自己所怀疑的事，那么就可以了解到奸情。

## 内储说下六微

赏罚者，利器也，君操之以制臣，臣得之以拥主[1]。

①拥：通“壅”，蒙蔽。

**【译文】**

赏罚是锐利的武器，君主掌握它用来控制臣下，臣下获得它用来蒙蔽君主。

君臣之利异,故人臣莫忠,故臣利立而主利灭。

**【译文】**

君主和臣下的利益不同,所以臣下没有人忠于君主,臣下得到了利益,君主就失去了利益。

狡兔尽则良犬烹,敌国灭则谋臣亡。

**【译文】**

狡猾的兔子捕光了那么猎犬就要被烹杀,敌国被消灭了,谋臣就会灭亡。

国害则省其利者,臣害则察其反者。

**【译文】**

国家受害就要察看谁从中得利,臣下受害就要考察利害相反的人。

国君好内则太子危,好外则相室危。

**【译文】**

国君宠爱宫内的姬妾太子就危险,宠信外朝的臣子相国就危险。

敌国有贤者,国之忧也。

**【译文】**

敌国有贤德的人,是我国的忧患。

参伍既用于内[①],观听又行于外,则敌伪得。

---

①参伍:错综比较,加以验证。

**【译文】**

君主既在国内检查、验证，又在国外观察、探听，那么敌人的奸诈就可以识破。

## 外储说左上

夫良药苦于口，而智者劝而饮之，知其入而已己疾也。忠言拂于耳，而明主听之，知其可以致功也。

**【译文】**

好的药入口很苦，但聪明的人却鼓励人喝下去，知道喝下去能治好自己的病。忠言是不顺耳的，而英明的君主愿听取它，知道忠言能够收到好的功效。

人主多无用之辩，而少无易之言，此所以乱也。

**【译文】**

君主赞美没有用处的动听言辞，而轻视说明必然结果的言论，这就是他们国家混乱的原因。

挟夫相为则责望，自为则事行。

**【译文】**

怀着相互依赖的心理就会责备和埋怨，自己依赖自己事情就能办成。

人行事施予，以利之为心，则越人易和；以害之为心，则父子离且怨。

**【译文】**

人们办事和给人好处，如果从对自己有利着想，那么关系疏远的人也容易和好；从对自己有害处着想，那么父子之间也要分离而且埋怨。

利之所在，民归之；名之所彰，士死之。

**【译文】**

利益所在的地方，民众就归向它；名声可以彰显的事情，士人就会拼死去争取。

战士怠于行陈者[1]，则兵弱也；农夫惰于田者，则国贫也。兵弱于敌，国贫于内，而不亡者，未之有也。

---

①陈：同“阵”。

**【译文】**

战士懒于作战，军队就会弱；农夫懒于耕作，国家就会贫穷。军队比敌人弱，国内又贫穷，这样的国家不灭亡的，还从未有过。

孔子曰：“为人君者，犹盂也；民，犹水也。盂方水方，盂圜水圜[1]。”

---

①圜：通“圆”。

**【译文】**

孔子说：“做君主的人好像盂，民众就像水。盂是方的，水就是方的；盂是圆的，水就是圆的。”

法者，见功而与赏[1]，因能而受官。

①见：同“现”。

【译文】

所谓法，就是做出了功劳要给予奖赏，根据才能而授予官职。

小信成则大信立。

【译文】

小事上讲信用则能在大事上建立信用。

信名，则群臣守职，善恶不逾，百事不怠；信事，则不失天时，百姓不逾；信义，则近亲劝勉而远者归之矣。

【译文】

在名位上守信用，就能使群臣忠于职守，政绩的好坏界线清晰，不超越名分，各种事务都不会怠慢；在事情上守信用，就能不违背自然的规律，百姓不会僭越；在道义上守信用，就能使亲近的人勉力工作而远方的人归顺你。

## 外储说左下

孔子曰：“善为吏者树德，不能为吏者树怨。概者[1]，平量者也；吏者，平法者也。治国者，不可失平也。”

①概：古代量粮食时刮平斗斛的短木。

**【译文】**

孔子说："会做官的人树立恩德，不会做官的人树立仇怨。概，是用来量平斗斛的；官吏，是用来使法制公平的。治理国家的人，不能失掉了公平。"

有术之主，信赏以尽能，必罚以禁邪，虽有驳行，必得所利。

**【译文】**

有权术的君主，一定兑现奖赏以使臣下充分发挥自己的才能，坚决落实惩罚以禁止奸邪发生，即使臣下有杂乱行为，一定有可以利用的地方。

明主者，不恃其不我叛也，恃吾不可叛也；不恃其不我欺也，恃吾不可欺也。

**【译文】**

英明的君主，不依靠别人不背叛我，而依赖我的不可背叛；不依靠别人不欺骗我，而依赖我的不可欺骗。

不在所与居，在所与谋也。

**【译文】**

不在于平时和什么人相处，而在于和什么人谋划大事。

夫冠虽贱，头必戴之；屦虽贵，足必履之。

**【译文】**

帽子虽然低贱，一定戴在头上；鞋子虽然贵重，一定踩在脚下。

冠虽穿弊，必戴于头；履虽五采，必践之于地。

【译文】

帽子虽然破旧，一定戴在头上；鞋子虽然色彩华丽，一定踏在地上。

利所禁，禁所利，虽神不行；誉所罪，毁所赏，虽尧不治。

【译文】

让所禁止的得利，让有利的被禁止，即使神也办不好；称赞应受惩罚的，诋毁应受奖赏的，就是尧也不能把国家治理好。

以肉去蚁，蚁愈多；以鱼驱蝇，蝇愈至。

【译文】

拿肉驱除蚂蚁，蚂蚁越来越多；用鱼驱散苍蝇，苍蝇更要聚集。

因能而受禄[1]，录功而与官，则莫敢索官。

①受：通“授”。

【译文】

根据人的才能而授予俸禄，根据记录的功劳而给予官职，那么就没有人敢求官了。

树橘柚者，食之则甘，嗅之则香；树枳棘者，成而刺人。故君子慎所树。

【译文】

栽柑橘柚子树的人，吃起来甜，闻起来香；栽枳棘树的人，等树长大了反而刺人。所以君子栽培人要慎重。

私仇不入公门。

**【译文】**

私家的仇怨不带到公事中来。

私怨不入公门。

**【译文】**

私怨不带到公事中来。

公室卑则忌直言,私行胜则少公功。

**【译文】**

公室衰弱就忌讳直言,谋私的行为盛行就没有人为国立功。

夫直议者不为人所容,无所容则危身。

**【译文】**

说直话的人不被别人所容纳,没有人容纳就会危及你自身。

## 外储说右上

赏之誉之不劝,罚之毁之不畏,四者加焉不变,则其除之。

**【译文】**

奖赏、称赞不能使他受到鼓励,惩罚、谴责不能使他感到畏惧,赏、誉、罚、毁加到身上他都无动于衷,这样的臣子就应当除掉。

君必惠民而已。

【译文】

君主一定要给民众施恩惠罢了。

若君欲夺之，则近贤而远不肖，治其烦乱，缓其刑罚，振贫穷而恤孤寡，行恩惠而给不足，民将归君。

【译文】

如果您想夺回它，就亲近有德才的人而疏远德才不好的人，整顿混乱的局面，放宽刑罚，救济贫穷，抚恤孤寡，施行恩惠，资助不富足的人，民众就会归心于您。

凡奸者，行久而成积，积成而力多，力多而能杀，故明主蚤绝之[1]。

①蚤：通“早”，尽早。

【译文】

凡是奸人，阴谋活动的时间长了，他们的势力就有所积累；积累多了，力量就大；力量大了，就能够谋杀君主，所以英明的君主应该及早消灭他们。

仁义者，与天下共其所有而同其利者也。

【译文】

所谓仁义，就是与天下的人共同享有自己所有的东西，共同享受自己的利益。

夫礼，天子爱天下，诸侯爱境内，大夫爱官职，士爱其家，过其所爱曰侵。

**【译文】**

所谓礼，是指天子爱全天下的人，诸侯爱国境内的人，大夫爱官职所辖范围内的人，士爱他的家人，逾越了界限去爱就是侵犯。

信赏必罚，其足以战。

**【译文】**

有功必加奖赏，有罪必加惩罚，这样就可以打仗了。

不辟亲贵①，法行所爱。

①辟：通“避”。

**【译文】**

刑罚不避开亲近和显贵的人，法治实施到您所宠幸的人。

## 外储说右下

赏罚共则禁令不行。

**【译文】**

君主和大臣共同掌握赏罚大权，法令就不能推行。

治强生于法，弱乱生于阿。

**【译文】**

国家的安定和强大来自依法办事，国家的衰弱和动乱来自不按法办事。

爵禄生于功，诛罚生于罪。

**【译文】**

爵位和俸禄来自所立的功劳，杀戮和惩罚来自所犯的罪行。

欲利而身，先利而君；欲富而家，先富而国。

**【译文】**

你要想自己得到利益，先要让你的君主得到利益；你要想家庭富有，先要让你的国家富有。

善张网者引其纲。

**【译文】**

善于张网捕鱼的人牵引鱼网的纲绳。

吏者，民之本、纲者也，故圣人治吏不治民。

**【译文】**

官吏是民众的本和纲，因此圣明的君主管理官吏而不去管理民众。

圣人不亲细民，明主不躬小事。

**【译文】**

圣人不亲自治理民众，明君不亲自处理小事。

圣人之为法也，所以平不夷、矫不直也。

**【译文】**

圣人制定法律，是用来平整不平、矫正不直的。

因事之理，则不劳而成。

**【译文】**

遵循事物的法则办事，不费劳苦就会成功。

畜积有腐弃之财，则人饥饿；宫中有怨女，则民无妻。

**【译文】**

朝廷的积蓄中有腐败的财物，民众就得挨饿；宫中有年长而不能及时出嫁的女子，民众就娶不到妻子。

上有积财，则民臣必匮乏于下；宫中有怨女，则有老而无妻者。

**【译文】**

君主和官府有积蓄的财富，那么下面的百姓一定会穷尽困绝；宫中有年长而未出嫁的女子，民间就会有年老而没有娶妻的人。

## 难一

焚林而田①，偷取多兽，后必无兽；以诈遇民，偷取一时，后必无复②。

①田：通“畋”，打猎。

②无复：没有第二次。复，重复，第二次。

**【译文】**

焚烧树林来打猎，暂时能够多捕获野兽，而以后却肯定不再有野兽；用欺诈的办法对待民众，暂时能够得到一时的利益，而以后民众肯定不会第二次上当。

## 既知一时之权，又知万世之利。

**【译文】**

既懂得权宜之计，又懂得长远利益。

## 忠，所以爱其下也；信，所以不欺其民也。

**【译文】**

忠诚，是用来关爱他的下属；信用，是用来不欺骗他的民众。

## 夫不可陷之盾与无不陷之矛，不可同世而立。

**【译文】**

不能被刺穿的盾与什么东西都能刺穿的矛，不可能同时存在。

## 见知不悖于前，赏罚不弊于后[1]。

---

①弊：通“蔽”，掩蔽。

**【译文】**

君主事前对群臣的功罪了解得清清楚楚，然后施行赏罚。

## 夫仁义者，忧天下之害，趋一国之患，不避卑辱谓之仁义。

**【译文】**

所谓仁义，忧虑天下的祸害，奔赴国家的患难，不躲避卑下的地位和屈辱的待遇，这就叫做仁义。

忘民不可谓仁义。

**【译文】**

忘记了民众不能够叫做仁义。

## 难二

夫惜草茅者耗禾穗，惠盗贼者伤良民。

**【译文】**

爱惜茅草就会损害庄稼，宽容盗贼就会伤害良民。

夫赏无功，则民偷幸而望于上；不诛过，则民不惩而易为非。此乱之本也。

**【译文】**

赏赐没有功劳的人，民众就存在侥幸心理而希望在君主那里得到意外赏赐；不惩罚有罪的人，民众就不吸取教训而容易为非作歹。这是国家混乱的根源。

夫智者，知祸难之地而辟之者也①，是以身不及于患也。

①辟：通“避”，躲避。

**【译文】**

那些聪明的人，是知道祸难的所在而能够避开它的人，所以自身不至于遭受祸难。

以事遇于法则行，不遇于法则止；功当其言则赏，不当则诛。

【译文】

事情符合法度就实行，不符合法度就禁止；功绩和他陈述的一致就赏，不一致就罚。

君子不听窕言，不受窕货。

【译文】

君子不听虚浮不实的言论，不接受来路不正的财物。

不以小功妨大务，不以私欲害人事。

【译文】

不因小的收益妨害大的农事，不因私人欲望而损害耕织。

好利恶害，夫人之所有也。赏厚而信，人轻敌矣；刑重而必，夫人不北矣。

【译文】

喜好利益嫌恶祸患，这是任何一个人都有的感情。赏赐多而守信用，人们就不怕敌人；刑罚重而一定实行，任何人都不敢败逃了。

喜利畏罪，人莫不然。

【译文】

喜欢利赏害怕犯罪，没有人不是这样。

## 难三

君子尊贤以崇德，举善以观民。

【译文】

君子以尊重贤人来崇尚道德，以提倡好事来给民众做示范。

人情皆喜贵而恶贱。

【译文】

常人的心情都是喜欢尊重而厌恶轻视。

明君见小奸于微，故民无大谋；行小诛于细，故民无大乱。

【译文】

英明的君主能够发现小的奸邪于萌芽状态，所以民众没有背叛君主的大的阴谋；能够对细小的过错进行细致的处罚，所以民众没有大的动乱。

今有功者必赏，赏者不得君①，力之所致也；有罪者必诛，诛者不怨上，罪之所生也。

---

①得：通“德”，感恩戴德。

【译文】

现在有功劳的一定奖赏，受到奖赏的人并不感谢君主的恩德，因为这是他出力得来的；有罪过的一定处罚，受处罚的人也不抱怨君上，因为这是他的罪过造成的。

明君使人无私，以诈而食者禁；力尽于事归利于上者必闻，闻者必赏；污秽为私者必知，知者必诛。

【译文】

英明的君主使民众没有私心，禁止那些靠诈骗吃饭的人；尽力办事把利益归于君主的人，君主一定要了解，了解了一定要赏赐；对于用肮脏手段谋私的人一定要知道，知道了一定要惩罚。

忠臣尽忠于公，民士竭力于家，百官精克于上，侈倍景公，非国之患也。

【译文】

忠臣为公家尽忠，民众为家庭尽力，百官在朝廷上廉洁公正，即使比齐景公再奢侈几倍，也不是国家的祸患。

物众而智寡，寡不胜众，智不足以遍知物，故因物以治物。下众而上寡，寡不胜众者，言君不足以遍知臣也，故因人以知人。是以形体不劳而事治，智虑不用而奸得。

【译文】

事物众多而智力有限，有限不能胜过众多，智力难于普遍了解事物，所以应该利用事物来治理事物。臣下多而君主少，少数敌不过多数，也就是说君主难于普遍地了解群臣，所以要依靠人来了解人。这样君主不需事必躬亲而国家大事得到处理，不需劳心费神而奸邪隐情得以了解。

凡明主之治国也，任其势。

【译文】

大凡英明的君主治理国家，是依靠他们的权势。

法者，编著之图籍，设之于官府，而布之于百姓者也。

**【译文】**

法是编写成文，设置在官府，而颁布于百姓的。

法莫如显，而术不欲见[①]。

①见：同“现”，显现。

**【译文】**

法越公开越好，而术就不要显露出来。

## 难四

过而不悛[①]，亡之本也。

①悛（quān）：悔改。

**【译文】**

有了过错而没有悔过的表示，这是败亡的根源。

倒义，则事之所以败也；逆德，则怨之所以聚也。

**【译文】**

违背义，是事情失败的原因；违背德，是怨恨聚集的原因。

事以微巧成，以疏拙败。

**【译文】**

事情因隐蔽巧妙而成功，因疏忽笨拙而失败。

君明而严，则群臣忠；君懦而暗，则群臣诈。

**【译文】**

君主英明而严厉，群臣就会忠顺；君主懦弱而昏庸，群臣就会欺诈。

## 难势

夫弩弱而矢高者[1]，激于风也；身不肖而令行者，得助于众也。

---

①弩（nǔ）：一种利用机械力发射箭的弓。矢：箭。

**【译文】**

一张不强劲的弩能把箭射得很高，那是风力推动的缘故；自己的品德不好，而命令却能推行，那是得力于众人帮助的缘故。

贤智未足以服众，而势位足以屈贤者也。

**【译文】**

贤能和才智不足以让众人服从，而权势地位却足以使贤人屈服。

势治者则不可乱，而势乱者则不可治也。

**【译文】**

势治了的就不可能再乱，势乱了的就不可能再治。

抱法处势则治，背法去势则乱。

**【译文】**

守住法度、据有势位就能治理国家，背弃法度、抛弃势位就会扰乱国家。

# 定法

术者，因任而授官，循名而责实，操杀生之柄，课群臣之能者也。

**【译文】**

所谓术，就是依据才能授予官职，按照名位去责求实绩，操控生杀大权，考核群臣的能力。

法者，宪令著于官府，刑罚必于民心，赏存乎慎法，而罚加乎奸令者也①。

---

①奸令：触犯禁令，这里指触犯禁令的人。奸，通“干”，触犯。

**【译文】**

所谓法，就是法令由官府明确制定，刑罚在民众心中扎根，奖赏那些严格守法的人，惩罚那些触犯禁令的人。

君无术则弊于上，臣无法则乱于下。

**【译文】**

君主没有术就会在上面受蒙蔽，臣子没有法就会在下面闯乱子。

人主以一国目视，故视莫明焉；以一国耳听，故听莫聪焉。

**【译文】**

君主用一国人的眼睛去看，所以没有比他更明察的；用一国人的耳朵去听，所以没有比他更聪明的。

## 说疑

禁奸之法，太上禁其心[1]，其次禁其言，其次禁其事。

①太上：最重要的，第一位的。

**【译文】**

禁止奸邪的办法，最重要的是禁止奸邪的念头，其次是禁止奸邪的言论，再其次是禁止奸邪的行为。

有道之主，远仁义，去智能，服之以法。是以誉广而名威，民治而国安，知用民之法也。

**【译文】**

有道的君主，疏远仁义，抛弃智能，用法使奸邪的人服从。这样，君主的声誉远播而名声大噪，民众得到治理而国家得到安定，君主懂得了驱使民众的方法。

内宠并后，外宠贰政[1]，枝子配适[2]，大臣拟主，乱之道也。

①政：通"正"，指执政的正卿。

②枝子：庶子。配：匹配，匹敌。

**【译文】**

内廷宠爱的妃子与王后并列，外朝宠爱的重臣和正卿分权，庶子与嫡子匹敌，大臣与君主相似，都是国家祸乱的途径。

## 诡使

圣人之所以为治道者三[1]：一曰利[2]，二曰威[3]，三曰名[4]。夫利者，所以得民也；威者，所以行令也；名者，上下之所同道也。

---

①治道：治理国家的原则。

②利：利禄。

③威：威权，指赏罚。

④名：名号，名誉。

**【译文】**

圣人用来治理国家的原则有三条：一是利禄，二是威权，三是名分。利禄是用来获得民众的，威权是用来发号施令的，名分是用来协调上下关系统一行动的。

道私者乱[1]，道法者治。

---

①道：遵循，由。下文“道法者治”之“道”同此。

**【译文】**

遵循私道治国国家就会动乱，遵循法制治国国家就能安定。

## 六反

圣人之治也，审于法禁，法禁明著，则官治；必于赏罚，赏罚不阿，则民用。

【译文】

圣人治理国家，要详细考察法律禁令，法律禁令明白清楚，那么官吏就会依法治理；坚决地实行赏罚，赏罚公正而不偏私，那么民众就会听从使唤。

民用官治则国富，国富则兵强，而霸王之业成矣。

【译文】

民众听从使唤而官吏依法治理，国家就富足，国家富足，军队就会强大，那么就能成就霸王的事业。

母厚爱处，子多败，推爱也；父薄爱教笞[1]，子多善，用严也。

①笞（chī）：用竹板施行的一种体罚。

【译文】

母亲怀着深厚的爱对待子女，子女大多变坏，这是因为溺爱；父亲怀着比较淡薄的爱，用竹板子抽打管教，子女大多变好，这是使用威严的结果。

法之为道，前苦而长利；仁之为道，偷乐而后穷。

【译文】

按照法的原则，开始艰苦但能得到长远的利益；按照仁的原则，暂时快乐但终究会处于困境。

赏厚，则所欲之得也疾；罚重，则所恶之禁也急[1]。

①恶（wù）：厌恶。

【译文】

赏赐厚，希望获得的东西就会迅速取得；惩罚重，令人厌恶的东西就能很快禁止。

夫当家之爱子，财货足用，货财足用则轻用，轻用则侈泰。亲爱之则不忍，不忍则骄恣。侈泰则家贫，骄恣则行暴。

【译文】

当家人厚爱子女，子女的财物足够使用，财物足够使用就随便滥用，随便滥用就奢侈无度。双亲溺爱孩子就不忍心加以约束，不忍心加以约束就会产生骄横放纵。奢侈无度家里就要变穷，骄横放纵行为就会暴虐。

凡人之生也，财用足则隳于用力，上懦则肆于为非。

【译文】

大凡人的本性，都是财用充足就会懒惰不出力，统治者管治不严就会出现胡作非为。

明主之治国也，适其时事以致财物，论其税赋以均贫富，厚其爵禄以尽贤能，重其刑罚以禁奸邪，使民以力得富，以事致贵，以过受罪，以功致赏，而不念慈惠之赐，此帝王之政也。

【译文】

英明的君主治理国家，适时应事以获取财物，评定赋税使贫富平均负担，用丰厚的爵禄使人们竭尽才能，加重刑罚来禁止奸邪，让民众靠自己的气力得到富裕，因为国家办事有功而获得尊贵，因犯罪而受到惩罚，因立功而获得奖赏，而不考虑仁慈恩惠的赏赐，这才是成就帝王大业的治国之道。

人皆寐，则盲者不知；皆嘿[1]，则喑者不知[2]。

①嘿：同“默”，沉默。

②喑(yīn)：哑。

**【译文】**

人都睡着了，就分不清谁是盲人；人都不说话，就分不清谁是哑巴。

听其言而求其当，任其身而责其功，则无术不肖者穷矣。

**【译文】**

听他们讲话而要求他们言行相符，任用他们做事而责求他们办事的功效，那么无术和无才的人也就原形毕露了。

## 八说

匹夫有私便，人主有公利。

**【译文】**

百姓有个人的私利，君主有国家的公利。

古人亟于德，中世逐于智，当今争于力。

**【译文】**

古代的人在道德上竞争，中世的人在智谋上角逐，现代的人在力量上较量。

法有立而有难，权其难而事成，则立之；事成而有害，权其害而功多，则为之。

【译文】

法制的设立如有困难，估计它虽有困难但能办成事情，那么就设立它；事情的成功如果包含有害的一面，估计它虽有害处但功绩很大，那么就去做。

无难之法，无害之功，天下无有也。

【译文】

不遇到困难的法制，没有害处的事功，天下是没有的。

圣人不求无害之言，而务无易之事。

【译文】

圣人不去追求没有毛病的空话，而是致力于那些不可改变的事情。

谨于听治，富强之法也。

【译文】

谨慎地处理政事，是使国家富强的办法。

法明则内无变乱之患，计得则外无死虏之祸[1]。

---

①死虏之祸：指外来侵略的祸患。死虏，死伤和被俘虏。

【译文】

法令显明那么国内就不会有发生事变动乱的祸患，计谋得当那么国外就不会有外来侵略的祸患。

仁者，慈惠而轻财者也；暴者，心毅而易诛者也。

【译文】

仁爱的人，是慈祥宽厚而轻视钱财的人；残暴的人，是内心残忍而轻易处罚别人的人。

仁人在位，下肆而轻犯禁法，偷幸而望于上；暴人在位，则法令妄而臣主乖，民怨而乱心生。

【译文】

仁爱的人处在君位上，臣民就会放肆而轻易违法犯禁，以侥幸的心情希望得到君主的赏赐；残暴的人处在君位上，就会滥用法令随意处罚人，臣下和君主就会离心离德，民众就会怨恨而产生叛乱的想法。

## 八经

凡治天下，必因人情。

【译文】

大凡要治理好天下，必须依据人情。

人情者，有好恶[①]，故赏罚可用；赏罚可用，则禁令可立而治道具矣。

---

①好恶：喜好和厌恶。

【译文】

人情有喜好和厌恶，所以奖赏和刑罚就可以使用；奖赏和刑罚能够使用，法令就可以建立起来，治理国家的办法因而就完备了。

废置无度则权渎[1]，赏罚下共则威分。

①度：标准。渎（dú）：轻慢，不敬。

【译文】

废除和建立法制如果没有一定的标准，君主的权柄就会受到轻慢；和臣下共同掌握赏罚大权，君主的威势就分散了。

赏莫如厚，使民利之；誉莫如美，使民荣之；诛莫如重，使民畏之；毁莫如恶，使民耻之。

【译文】

奖赏不如优厚一些，让民众觉得有利；赞誉不如美好一些，让民众感到荣耀；惩罚不如加重一些，让民众感到畏惧；贬斥不如严厉一些，让民众感到羞耻。

力不敌众，智不尽物。

【译文】

一个人的力量不能胜过众人的力量，一个人的智慧不能认识万事万物。

与其用一人，不如用一国，故智力敌而群物胜。

【译文】

君主与其靠一人的智慧和力量，不如用一国人的智慧和力量，这样就能敌得过众人的智慧和力量而胜过万物了。

下君尽己之能，中君尽人之力，上君尽人之智。

【译文】

智慧低下的君主只是用尽自己的能力，中等智慧的君主会尽量发挥别人的力量，上等智慧的君主则能充分发挥别人的智慧。

结智者事发而验，结能者功见而谋成败[1]。

①见：同“现”。

【译文】

对出谋划策的人，等事情发生后，来验证他们的计谋正确与否；对贡献能力的人，等功效出来后，再来判断他们所办事情的成败。

成败有征，赏罚随之。

【译文】

验证了成败，随之进行奖赏或惩罚。

言会众端，必揆之以地[1]，谋之以天，验之以物，参之以人。

①揆（kuí）：度量，揣度。

【译文】

对于臣下言论，要会合各方面的情况，一定要根据地利加以衡量，参照天时加以思考，运用物理加以验证，根据人情加以分析。

一用以务近习，重言以惧远使。

【译文】

君主要用专一任用的办法，使近臣专心尽职；君主要反复强调禁令，使出使远方的臣子感到畏惧。

任事者毋重，使其宠必在爵；处官者毋私，使其利必在禄；故民尊爵而重禄。

**【译文】**

委任政事的人权力不能太大，使他们得到的宠幸只表现在爵位上；当官的人不能谋取私利，使他们的利益只表现在俸禄上；这样臣民就会尊重爵位而看重俸禄。

明主之道，赏必出乎公利，名必在乎为上。

**【译文】**

英明君主的治国原则，受奖赏的一定是对国家有功的人，受赞誉的一定是为君主效劳的人。

罚，所以禁也；民畏所以禁，则国治矣。

**【译文】**

刑罚是用来禁止奸邪的；臣民害怕刑罚，国家就治理好了。

## 五蠹

圣人不期修古，不法常可，论世之事，因为之备。

**【译文】**

圣人不羡慕远古时代，不效法永恒不变的常规，而是研究当代的实际情况，从而采取相应的措施。

饥岁之春，幼弟不饷；穰岁之秋[①]，疏客必食。

①穰(ráng)岁：丰年。

【译文】

荒年的春天，对自己幼小的弟弟也没有食物供给；丰年的秋天，对来往很少的远方客人也一定招待吃喝。

圣人议多少、论薄厚为之政。故罚薄不为慈，诛严不为戾，称俗而行也。

【译文】

圣人研究社会财富的多少，考虑权势的轻重，然后制定相应的政治措施。所以惩罚轻不是仁慈，诛杀严不是凶暴，是适应社会情况而行事。

事因于世，而备适于事。

【译文】

政事随着时代的变化而变化，措施必须适应已经变化了的政事。

世异则事异。……事异则备变。

【译文】

时代不同了，事情就会随之变化。……事情变了，措施就要跟着改变。

上古竞于道德，中世逐于智谋，当今争于气力。

【译文】

上古时在道德上竞争，中世时在智谋上角逐，当今则在力量上较量。

夫古今异俗，新故异备。如欲以宽缓之政，治急世之民，犹无辔策而御骍马[①]，此不知之患也[②]。

①辔(pèi)：缰绳。策：马鞭子。骍(hàn)马：烈马。

②知：同“智”。

**【译文】**

古今的社会情况不同，新旧时代的政治措施也不一样。假如想用宽容和缓的政策去治理处在急剧变动时代的民众，就好像没有缰绳和鞭子而去驾驭烈马一样，这是不明智所带来的祸害。

夫垂泣不欲刑者，仁也；然而不可不刑者，法也。先王胜其法，不听其泣，则仁之不可以为治亦明矣。

**【译文】**

流着眼泪而不想用刑，这是君主的仁慈；然而却不能不用刑，这是国家的法制。先王把依法办事放在首位，而不听从仁慈的心肠办事，那么不能用仁慈来治国，道理也就很清楚了。

民者固服于势，寡能怀于义。

**【译文】**

民众本来就屈服于权势，很少能被仁义所感化的。

贵仁者寡，能义者难也。

**【译文】**

看重仁的人很少，能够做到义是很难的。

父母之爱不足以教子，必待州部之严刑者，民固骄于爱、听于威矣。

**【译文】**

父母的慈爱不足以教育好子女，必须等待官吏执行严厉的刑罚，是因为人们总是受到慈爱就骄横、见到权威就服从。

十仞之城[①]，楼季弗能逾者[②]，峭也；千仞之山，跛牂易牧者[③]，夷也。

---

①仞(rèn)：古代的高度计算单位，八尺为一仞。

②楼季：战国初期魏文侯的弟弟，善于攀登跳跃。

③牂(zāng)：母羊。

**【译文】**

十仞高的城墙，即使是善于攀登的楼季也不能越过，因为它太陡峭了；千仞高的大山，就是跛脚的母羊也容易放牧，因为它的坡度平缓。

布帛寻常[①]，庸人不释；铄金百溢[②]，盗跖不掇[③]。

---

①帛：丝织品的总称。寻常：古代长度计算单位，八尺为一寻，两寻为一常。

②铄(shuò)：熔化。溢：通“镒”，黄金的重量单位。一镒为二十两，一说为二十四两。

③跖(zhí)：春秋末期的著名强盗，被称为盗跖。掇(duō)：拾取。

**【译文】**

一丈左右的布帛，一般人见了也舍不得放手；成百上千两黄金正在熔化,即使是盗跖也不敢去拿。

赏莫如厚而信,使民利之;罚莫如重而必,使民畏之;法莫如一而固,使民知之。

**【译文】**

奖赏不妨优厚而坚决兑现,使民众觉得有利可图;惩罚不妨严厉且坚决执行,使民众感到畏惧;法令不妨统一而固定,使民众都知道。

主施赏不迁,行诛无赦,誉辅其赏,毁随其罚,则贤、不肖俱尽其力矣。

**【译文】**

君主施行奖赏而不随意改变,执行惩罚不会有赦免,给予奖赏的同时辅以荣誉,实施惩罚的同时加以恶名,这样贤能的人和不贤能的人都会尽力去干事。

人主说贤能之行,而忘兵弱地荒之祸,则私行立而公利灭矣。

**【译文】**

君主喜欢所谓"贤""能"的品行,而忘记兵力削弱、土地荒芜的祸害,那么谋求私利的行为就会得逞,国家利益就会不存在。

儒以文乱法[1],侠以武犯禁[2]。

---

①文:文学,指诗书礼乐之类。

②侠:游侠,即带剑者,指行凶逞勇的侠客。

【译文】

儒家利用文学扰乱法治，游侠依靠武力违犯禁令。

行仁义者非所誉，誉之则害功；文学者非所用，用之则乱法。

【译文】

对推行仁义的人不应该称赞，称赞他们就会危害耕战；对搞文学的人不应该任用，任用他们就会扰乱法治。

今为众人法，而以上智之所难知，则民无从识之矣。

【译文】

现在把智慧极高的人所难以理解的微妙之言，作为民众的行为规范，民众就无从懂得它。

糟糠不饱者不务粱肉①，短褐不完者不待文绣②。

①粱肉：泛指精美的饭食。粱，品种好的小米。

②短褐：粗布短衣。褐，粗布衣服。文绣：有刺绣的华丽服装。

【译文】

连糟糠都吃不饱的人不会去追求精美的饭食，连粗布衣服都穿得破破烂烂的人不会去渴望有刺绣的华丽服装。

夫治世之事，急者不得，则缓者非所务也。

【译文】

治理国家的事情，如果紧急的还没有办好，缓慢的就不要急着去办。

布衣相与交，无富厚以相利，无威势以相惧也，故求不欺之士。

**【译文】**

平民相互结交，没有丰厚的财物互相利用，也没有什么权势互相威胁，所以才寻求不搞欺骗的人。

明主之道，一法而不求智，固术而不慕信，故法不败，而群官无奸诈矣。

**【译文】**

英明君主的治国原则，是专一地用法而不追求用智，坚定地用术而不崇尚诚信，这样法治就不会败坏，群臣也就不会有奸诈的行为了。

今境内之民皆言治，藏商、管之法者家有之[①]，而国愈贫，言耕者众，执耒者寡也；境内皆言兵，藏孙、吴之书者家有之[②]，而兵愈弱，言战者多，被甲者少也[③]。

---

①商、管：指商鞅和管仲。商鞅是战国时卫国人，曾帮助秦孝公变法，法家的代表人物。管仲是春秋时期齐桓公的相。

②孙、吴：指孙武和吴起。孙武是春秋时期齐国人，吴起是战国时期卫国人，他们都是著名的军事家，都著有兵书。

③被甲：指当兵。被，通“披”。

**【译文】**

现在国内的民众都在议论治理国家的问题，收藏商鞅、管仲法家著述的人几乎每家都有，可是国家却越来越贫穷，这是因为空谈农耕的人很多，而实际种地的人很少；国内的民众都在议论军事问题，收藏孙子、吴起兵书的人几乎每家都有，可是国家的兵力却越来越软弱，这是因为空谈战争的人很多，而实际上战场的人很少。

明主用其力，不听其言；赏其功，必禁无用。故民尽死力以从其上。

**【译文】**

英明的君主使用民众的气力，而不听他们空谈；奖励民众的功劳，而坚决禁止无用的行为。所以民众都竭尽全力来服从君主。

事智者众，则法败；用力者寡，则国贫：此世之所以乱也。

**【译文】**

从事智辩活动的人多了，法治就会败坏；为国出力的人少了，国家就会贫穷：这就是社会之所以混乱的原因。

明主之国，无书简之文①，以法为教；无先王之语，以吏为师；无私剑之捍②，以斩首为勇。

---

①书简：即书籍。古代把字写在竹简上，所以称“书简”。

②捍：通“悍”，强悍。

**【译文】**

英明君主的国家，不用文献典籍而以法令为教材；禁绝先王的言论，而以官吏为老师；制止游侠刺客的凶暴举止，而鼓励杀敌立功的勇敢行为。

从者①，合众弱以攻一强也；而衡者，事一强以攻众弱也：皆非所以持国也。

---

①从:同“纵”。

**【译文】**

合纵,就是联合众多弱小的国家去攻打一个强国;而连横,就是事奉一个强国去攻打许多弱小的国家:这都不是保全国家的办法。

## 治强不可责于外,内政之有也。

**【译文】**

国家的安定强大不能求助于外交活动,只有从搞好内政中取得。

## 鄙谚曰:“长袖善舞,多钱善贾。”此言多资之易为工也[1]。

---

①工:通“功”。

**【译文】**

民间的谚语说:“袖子长便可跳舞,本钱多好做买卖。”这是说条件好的事情容易成功。

## 治强易为谋,弱乱难为计。

**【译文】**

国家安定强大,就容易谋划;国家贫弱混乱,就难以想办法。

## 民之政计[1],皆就安利如辟危穷[2]。

---

①政:通“正”。

②辟:通“避”。

【译文】

民众通常的打算，都是追求安全和利益而避开危险和困苦。

## 显学

无参验而必之者，愚也；弗能必而据之者，诬也。

【译文】

不用事实加以检验就对事物作出绝对判断，那是愚蠢；不能判定正确与否就引为依据，那是欺骗。

言无定术，行无常议。

【译文】

言论没有固定的宗旨，行为没有一定的准则。

夫冰炭不同器而久，寒暑不兼时而至，杂反之学不两立而治。

【译文】

冰和炭不能长久地放在同一个容器里，寒天和暑天不能同时到来，杂乱矛盾的学说不能同时并存而用来治理国家。

侈而堕者贫[1]，而力而俭者富。

---

①堕：通“惰”。

【译文】

奢侈懒惰的人贫穷，勤劳节俭的人富裕。

国平则养儒侠，难至则用介士。所养者非所用，所用者非所养，此所以乱也。

**【译文】**

国家太平的时候供养儒生和侠客，危难到来时却要用战士去打仗。所供养的人不是所要用的人，所要用的人不是所供养的人，这就是发生祸乱的原因。

是而不用，非而不息，乱亡之道也。

**【译文】**

正确的不运用，错误的不禁止，这是国家发生祸乱以致灭亡的道路。

夫视锻锡而察青黄[①]，区冶不能以必剑[②]；水击鹄雁[③]，陆断驹马，则臧获不疑钝利[④]。

①锻锡：古人锻炼金属时掺的锡。青黄：锻炼金属时的火色。

②区（ōu）冶：人名，即欧冶子，春秋末期越国人，铸剑名工。

③鹄（hú）：水鸟名。俗称天鹅。

④臧获：古代对奴婢的贱称。

**【译文】**

仅看锻炼时掺锡多少和烧色如何，就是区冶也不能判定剑的好坏；用剑到水上去砍杀鹄和雁，到陆地上去劈斩大小马匹，就是奴仆也不会弄错剑的利钝。

发齿吻形容，伯乐不能以必马[①]；授车就驾，而观其末涂[②]，则臧获不疑驽良。

①伯乐：人名，春秋末期晋国人，善于相马。

②涂：通“途”。

**【译文】**

只是掰开马口看牙齿，审视马的外表，就是伯乐也无法判定马的优劣；把马套在车上奔跑，一直看着它跑到路途的终点，就是奴仆也不会搞错马的好坏。

观容服，听辞言，仲尼不能以必士；试之官职，课其功伐，则庸人不疑于愚智。

**【译文】**

只看容貌和服饰，只听言谈和辩辞，就是孔子也不能据此判定一个士人的能力大小；通过担任官职来试用他，考查他的功绩，那么，就是一个平庸的人也能分得清他是愚笨还是聪明。

宰相必起于州部[①]，猛将必发于卒伍[②]。

①州部：古代一种基层行政单位。

②卒伍：指军队的基层单位。

**【译文】**

宰相必定是从下层官吏中提拔上来的，猛将必定是从士兵队伍中挑选出来的。

磐石千里[①]，不可谓富；象人百万[②]，不可谓强。

---

①磐(pán)石：大石，这里指石头地。

②象人：俑，古代殉葬时用木头、陶泥做的假人。

**【译文】**

不能种庄稼的石头地，即使有一千里，也不能说是富有；用木头或陶泥做的俑人，纵然有一百万个，也不能说是强大。

力多则人朝，力寡则朝于人，故明君务力。

**【译文】**

力量强大，别人就来朝拜，力量弱小，就要朝见别人，所以英明的君主致力于增强自己的力量。

夫严家无悍虏，而慈母有败子。吾以此知威势之可以禁暴，而德厚之不足以止乱也。

**【译文】**

在管教严厉的家庭中没有凶悍的奴仆，而在慈母溺爱下却有败家子。我由此知道威严的权势可以禁止暴行，而深厚的恩德却不能制止祸乱。

夫圣人之治国，不恃人之为吾善也，而用其不得为非也。

**【译文】**

圣明的君主治理国家，不是依靠人们自觉地替自己做好事，而是要使他们不得为非作歹。

为治者用众而舍寡，故不务德而务法。

【译文】

治理国家的人要采用对多数人有效的方法而放弃只对少数人有效的措施，所以不应致力于德治而应致力于法治。

夫必恃自直之箭，百世无矢；恃自圜之木[1]，千世无轮矣。

①圜：通“圆”。

【译文】

假如一定要用自然生长得直的竹杆做箭杆，那就一百代也没有箭了；假如一定要用自然生长得圆的木材做车轮，那就一千代也没有车轮了。

有术之君，不随适然之善，而行必然之道。

【译文】

掌握了统治方法的君主，不追求少数人的偶然行善，而要推行必然实行的治国之道。

民智之不可用，犹婴儿之心也。

【译文】

民众的智力不可采用，就像婴儿的心理一样。

举士而求贤智，为政而期适民，皆乱之端，未可与为治也。

【译文】

君主选拔人才而想寻求贤能有智慧的人，处理政事而希望迎合民众，这都是祸乱的根源，是不可以用来治国的。

## 忠孝

废常上贤则乱，舍法任智则危。

**【译文】**

废掉固定的原则而尊崇贤人，国家就混乱；舍弃法度而任用智者，君主就危险。

父之所以欲有贤子者，家贫则富之，父苦则乐之；君之所以欲有贤臣者，国乱则治之，主卑则尊之。

**【译文】**

父亲之所以希望有孝子，是因为家里贫穷时他能使家业富裕起来，父亲痛苦时他能让父亲高兴起来；君主之所以希望有贤能的臣子，是因为国家混乱时他能把国家治理好，君主地位下降时他能使君主地位提高。

治也者，治常者也；道也者，道常者也[①]。

①道：通“导”，指引，引导。

**【译文】**

所谓治，是指治理一般民众的通常情况而言；所谓道，是指引导一般民众的通常情况而言。

王者独行谓之王，是以三王不务离合而正[①]，五霸不待从横而察[②]，治内以裁外而已矣。

①三王：指夏、商、周三代开国君主，即夏禹、商汤和周文王。

②五霸：指春秋时期先后称霸的齐桓公、晋文公、楚庄王、吴王阖闾（hé lǘ）、越王勾践。从横：即纵横，合纵连横。从，同“纵”。

【译文】

做君王的能独断专行才能称得上是王，因此三王不致力于合纵连横而使天下走上正道，五霸不搞合纵连横而能明察天下，他们不过是先治理好内政然后来控制天下罢了。

## 人主

明主者，推功而爵禄，称能而官事，所举者必有贤，所用者必有能，贤能之士进，则私门之请止矣。

【译文】

英明的君主，按照功劳授予爵位和俸禄，根据能力来安排官职任以政事，所选拔的人一定要品德好，所任用的人一定要能力强，品德好能力强的人得到任用，那么私家的请托就停止了。

## 饬令

饬令，则法不迁；法平，则吏无奸。

【译文】

整顿、贯彻法令，法就不会随意改变；法令公正，官吏就不会有奸邪的行为。

任功，则民少言；任善，则民多言。

**【译文】**

任用有功劳的人，民众就少说空话；任用善谈“仁义”之言的人，民众就崇尚空谈。

利出一空者[1]，其国无敌；利出二空者，其兵半用；利出十空者，民不守。

---

①空：通“孔”，引申为来源。下文“二空”“十空”之“空”同此。

**【译文】**

利禄出于君主一个人，这个国家就无敌；利禄出于两个人，军队就只有一半听君主使用；利禄出于十个人，民众就不守护自己的君主。

行刑，重其轻者，轻者不至，重者不来，此谓以刑去刑。

**【译文】**

执行刑罚，对轻罪用重刑，这样轻罪就不敢犯，重罪更不敢犯，这就叫做用刑罚去掉刑罚。

## 心度

圣人之治民，度于本，不从其欲[1]，期于利民而已。

---

①从：同“纵”，放纵。

**【译文】**

圣人治理民众，把法度作为衡量事情的根本，不放纵他的欲望，只期望有利于民众罢了。

刑胜而民静，赏繁而奸生。

【译文】

刑罚严峻，民众就安宁；奖赏太滥，奸邪行为就滋生。

治民者，刑胜，治之首也；赏繁，乱之本也。

【译文】

治理民众，刑罚严峻，是治理国家的首要事务；奖赏太滥，是国家混乱的本源。

夫民之性，喜其乱而不亲其法。故明主之治国也，明赏，则民劝功；严刑，则民亲法。

【译文】

民众的本性，喜欢无法无天而不喜欢刑罚。所以圣明的君主治理国家，实施明白恰当的奖赏，这样，民众就会被鼓励去建立功业；实行严厉的刑罚，这样，民众就接受法制。

治民者，禁奸于未萌；而用兵者，服战于民心。

【译文】

治理民众，要在奸邪行为尚未萌发时就加以禁止；用兵打仗，要使民众的心理适应战争。

禁先其本者治，兵战其心者胜。

【译文】

在奸邪的本源出现之前加以禁止，这样国家就能治理好；用兵打仗，能使民众的心理适应战争就会胜利。

圣人之治民也，先治者强，先战者胜。

**【译文】**

圣人治理民众，抢先治理奸邪就强大，抢先做好战斗准备就能取胜。

夫国事务先而一民心，专举公而私不从，赏告而奸不生，明法而治不烦。

**【译文】**

管理国家大事要致力于“抢先”的原则来统一民心；专门推崇公家的利益，使私欲不会放纵；奖励告发奸邪的人，使奸邪行为不会发生；明确法度，使国家的治理不会烦乱。

夫民之性，恶劳而乐佚[1]。

①佚：安逸。

**【译文】**

民众的本性，是好逸恶劳的。

治民无常，唯法为治。

**【译文】**

治理民众没有一成不变的常规，只有法治才能治理好国家。

法与时转则治，治与世宜则有功。

**【译文】**

法律能随着时代而变化，国家就能治理好；治国措施能适应社会情况，就会有功效。

时移而治不易者乱,能众而禁不变者削。

【译文】

时代变化了,治理措施不改变的国家就要混乱;玩弄智巧的人多了,禁令不能随着改变的国家就会削弱。

## 制分

夫国治则民安,事乱则邦危。

【译文】

国家得到治理,民众就会安宁;政事混乱,国家就危险。

法重者得人情,禁轻者失事实。

【译文】

法制严厉符合人之常情,法禁松弛则不符合事情的实际。

民者好利禄而恶刑罚。

【译文】

民众喜好的是利禄,厌恶的是刑罚。

治乱之理,宜务分刑赏为急。

【译文】

决定国家是治还是乱的道理,应把致力于区分刑、赏的界限作为最迫切的任务。

夫至治之国,善以止奸为务。

**【译文】**

那种治理得最好的国家，善于把禁止奸邪作为首要的任务。

去微奸之道奈何[①]？其务令之相规其情者也[②]。

①微奸：不易察觉的奸邪行为。

②规：通“窥”。

**【译文】**

去掉那些不易察觉的奸邪行为的方法又是什么呢？那就是务必使民众互相窥探彼此的情况。

夫治法之至明者，任数不任人。

**【译文】**

最高明的治国原则，是依靠法术而不依靠个人。

# 晁错新书

《晁错新书》，西汉晁错撰。晁错，也作“朝错”，颍川（今河南禹州）人。汉文帝时历任太子舍人、太子家令等职，深受太子（即汉景帝）器重，号为“智囊”。汉景帝时先后任内史、御史大夫，力主削藩。吴楚等七国以“清君侧”为名发动叛乱，景帝听信袁盎之言，将其处死。其生平事迹见《史记》《汉书》本传。

晁错的著作，《汉书·艺文志》法家类著录“《晁错》三十一篇”，《隋书·经籍志》法家类《韩子》下注云：“梁有《朝氏新书》三卷，汉御史大夫错撰，亡”，《旧唐书》著录三卷，《新唐书》著录七卷，宋以来史志书目均不见记载，疑亡于唐宋之际。唐马总《意林》著录《晁错新书》三卷，录文四条，清人严可均、马国翰均有辑本。

本书选文据中华书局《新编诸子集成续编·意林校释》。

号令不时，命曰伤天；焚林斩木不时，命曰伤地；断狱立刑不当，命曰伤人。

**【译文】**

号令不符合时节，就叫做伤天；烧毁树林、砍伐林木不合时节，就叫伤地；处理案件、设立刑罚不妥当，就叫伤人。

# 政论

《政论》，一名《正论》，东汉崔寔撰。崔寔（？—约170），字子真，一名台，字元始，涿郡安平（今河北安平）人。曾任地方郡守，又入朝任尚书等职，对东汉后期的百姓疾苦、官场积弊都深有体悟。

在《政论》中，崔寔主张“重赏深罚”“明著法术”以改革政治，同时提醒统治者要任用贤能。他的思想集中反映了身处王朝末期的士人对时局的深刻反思与批判。此书后来散佚，部分篇章保存在《后汉书》《群书治要》《意林》等文献中，今有清人辑本。

本书选文据中华书局三全本《政论·昌言》。

## 阙题一

凡天下之所以不治者，常由世主承平日久[1]，俗渐弊而不寤[2]，政寖衰而不改[3]，习乱安危，逸不自睹。

---

①世主：在位的君主。世，当世，当今。

②渐弊：逐渐败坏。寤：通“悟”，醒悟。

③寖衰：渐渐衰朽。寖，同“浸”，由浸泡、浸透引申为渐渐、逐步。

**【译文】**

凡天下所以不能治理，常因在位的君主享太平日久，风俗渐渐败坏而不醒悟，政事渐渐腐朽而不改革，习惯了混乱和危难，安处其中而不见自己的处境。

夫风俗者国之脉诊也，年谷如其肌肤，肌肤虽和而脉诊不和，诚未足为休[1]。

---

①休：美，善。

**【译文】**

风俗是国家的脉象，年成只是表面的肌肤，肌肤虽康和而脉象不顺，实在不足以算好。

圣人执权[1]，遭时定制，步骤之差[2]，各有云施，不强人以不能，背所急而慕所闻也。

---

①执：掌握。权：权变，应变。

②步骤：步是缓步、慢行，骤是奔跑、急行。步骤一缓一急，比喻处理事情的先后缓急。差（cī）：次第，次序。

**【译文】**

圣人掌握灵活应变，随时势制定法度，事情的轻重缓急，都各有所措施，不强迫人去做不能做到的，放弃当务之急却去向往那些传闻的事。

常患贤佞难别①，是非倒纷②，始相去如毫氂③，而祸福差以千里，故圣君明主其犹慎之。

①贤佞：贤能与奸邪。佞，这里指奸邪。

②倒纷：颠倒纷乱。

③毫氂（lí）：喻极细微。氂，同“厘”，微小。

**【译文】**

令人常担心的是贤能与奸邪难以分辨，是非颠倒混淆，初看似乎只差毫厘，最终的祸福却相差千里，所以圣明的君主对此应当特别慎重。

## 阙题二

圣人能与世推移①，而俗士苦不知变②，以为结绳之约可复理乱秦之绪③，干戚之舞足以解平城之围④。

①与世推移：随时世的变化而变化，即应变趋时。推移，移动，变化。

②俗士：指见识短浅的人。

③结绳之约：结绳打结。约，结子。这里以“结绳之约”代表上古制度。绪：头绪。

④干戚之舞：相传舜时苗民不服，舜不主张征伐，而是实行教化，以盾、斧作道具跳舞，于是苗民归顺，见《韩非子·五蠹》。干，盾牌。戚，斧头。手执盾牌斧头跳舞，表示不用武力。解平城之围：汉高祖七年（前200），汉高祖刘邦曾被匈奴围困于平城，后来用了陈平的计谋才得解围，见《史记·高祖本纪》《汉书·高帝纪下》等。平城，地名。在今山西大同西北。

**【译文】**

圣人能应变趋时，见识短浅的人因不知应变而困扰，以为遵行结绳记事就能理顺乱秦的头绪，效法舜拿着盾牌和斧子舞蹈就能解平城之围。

为国之道，有似理身，平则致养，疾则攻焉。

**【译文】**

治国的方法，如同养生，身体康和则致力保养，有病则治疗。

## 阙题三

先王之御世也①，必明法度以闭民欲，崇堤防以御水害②。法度替而民散乱③，堤防堕而水泛溢④。

---

①御世：治理天下。

②崇：高大，这里作动词用，意思是增高。

③替：废弃。

④堕（huī）：毁坏。

**【译文】**

先王治理天下，一定会严明法度来限制百姓的欲望，如同增高堤防来防御水患。法度废弃那么百姓就乱了套，就像堤防毁损那么水便漫溢。

国以民为根，民以谷为命。命尽则根拔，根拔则本颠，此最国家之毒忧[1]，可为热心者也[2]。

①毒：通“笃”，深厚。

②热心：焦心。

**【译义】**

国家以百姓为根，百姓以粮食为生。百姓不能生存，国家的根就被拔掉，根被拔掉，国家这个树干就倒下了，这是最令国家深忧，令人为之焦虑的事。

善堙川者必杜其源[1]，善防奸者必绝其萌。

①堙(yīn)：填塞。杜：封堵。

**【译文】**

善于填河的人，必定堵塞河流的源头；善于防奸的人，必定铲除奸佞的萌芽。

## 阙题六

夫民，善之则畜[1]，恶之则雠[2]，雠满天下，可不惧哉！是以有国有家者甚畏其民[3]，既畏其怨，又畏其罚，故养之如伤病，爱之如赤子，兢兢业业，惧以终始。

①畜：爱悦，喜爱。

②雠：同“仇”，这里指仇视、怨恨。

③有国有家者：指诸侯和大夫。此指君主。诸侯有国，大夫有家。国，诸侯的封地叫做“国”。家，卿大夫的封地叫做“家”。

**【译文】**

老百姓，对他们好就爱戴你，对他们坏就仇恨你，等到仇恨满天下，岂不可怕么！所以拥有国家的人很怕他的百姓，既怕他们怨恨自己，又怕他们惩罚自己，因此养百姓如养伤病，爱百姓如爱婴儿，小心翼翼，始终怀着戒惧。

## 阙题七

昔明王之统黎元[①]，盖济其欲而为之节度者也[②]。凡人情之所通好，则恕己而足之[③]。

①黎元：即黔首、百姓。

②济：成全，满足。节度：节制，调节。

③恕己：站在自身的立场上替别人着想。

**【译文】**

从前贤明的君王统治百姓，既满足百姓的欲望而又为他们节制欲望。大凡人的性情所共同喜好的，就由自己想到别人而满足他们。

人非食不活，衣食足，然后可教以礼义，威以刑罚。

**【译文】**

人没有食物不能活，衣食足备，然后可用礼义教化他们，用刑罚威慑他们。

父母者，性所爱也[①]；妻子者，性所亲也。

---

①性：天性。

**【译文】**

父母，是天性所爱的人；妻小，是天性所亲的人。

## 阙题九

小人之情，安土重迁，宁就饥馁[1]，无适乐土之虑。

---

①馁：饿。

**【译文】**

小民的本性，都安于乡土难以搬迁，宁可忍饥受饿，也不打算搬迁到安乐的地方。

# 世要论

《世要论》，三国魏桓范撰。桓范，字元则，沛国（今安徽濉溪）人。历任羽林左监、中领军尚书、征虏将军、东中郎将、持节都督青徐诸军事、兖州刺史。正始中拜大司农，司马懿发动政变时，桓范劝曹爽等奉帝往许昌，征外兵勤王，曹爽等不听，遂与曹爽等一同被下狱处死。其生平事迹略见《三国志·魏书·曹爽传》及裴注。

《三国志·魏书·曹爽传》裴注引《魏略》称桓范“尝抄撮《汉书》中诸杂事，自以意斟酌之，名曰《世要论》”，《隋书·经籍志》著录为十二卷，今已佚。清人严可均、马国翰、王仁俊均有辑本。

本书选文据《全上古三代秦汉三国六朝文》。

## 臣不易

位必使当其德，禄必使当其功，官必使当其能。

**【译文】**

职位一定要和德行相称，爵禄一定要和功劳相匹，官职一定要和能力相配。

凡国无常治，亦无常乱；欲治者治，不欲治者乱。

**【译文】**

一个国家不会有固定不变的安定，也不会有固定不变的动乱；想要使它安定的人才能使它安定，不想让它安定的人则会使它动乱。

善治国者，不尤斯民[1]，而罪诸己；不责诸下，而求诸身。

---

①尤：归咎，怨恨。

**【译文】**

善于治理国家的人，不归罪于百姓，而是归咎于自己；不责备下属，而是反求于自身。

## 政务

若君正于上，则吏不敢邪于下；吏正于下，则民不敢僻于野。

**【译文】**

如果君主在上为人正直，做事正派，官吏在下就不敢为奸邪之事；如果官吏在下做事正派，百姓在乡野就不敢邪僻作乱。

凡政之务，务在节事[1]。事节于上，则民有余力于下；下有余力，则无争讼之有乎民[2]。

①节事：谓行事有节制，使合乎准则。

②争讼：因争论而诉讼。

**【译文】**

政府的事务，重在行事有节制。上面行事有节制，下面的百姓就有余力做想做的事；百姓有余力做事，就没有诉讼的事件了。

## 节欲

历观有家有国，其得之也，莫不阶于俭约[1]；其失之也，莫不由于奢侈。俭者节欲，奢者放情[2]；放情者危，节欲者安。

①阶：凭借，依靠。俭约：勤俭节约。

②放情：纵情。

**【译文】**

纵观历史上创建了家国的人，他们能够得到家国，没有不是依靠勤俭节约的；而他们失去家国，没有不是因为奢侈的。俭约的人节制欲望，奢侈的人放任纵情；放任纵情的人容易遭遇危险，节制欲望的人能够确保平安。

## 兵要

圣人之用兵也，将以利物，不以害物也；将以救亡，非以危存也。故不得已而用之耳。

【译文】

圣人用兵，为的是有益于万物，而不是损害万物的；为的是用来挽救国家的危亡，而不是用来制造危难的。所以在不得已的情况下才用兵。

## 谏争

国之将兴，贵在谏臣；家之将盛，贵在谏子。

【译文】

一个国家要兴盛，贵在有敢于进谏的臣子；一个家族要兴旺，贵在有敢于进言的子女。

## 阙题

学不勤则不知道，耕不力则不得谷。

【译文】

学习不勤奋就不了解道义，耕种不尽力就得不到谷米。

# 阮子政论

《阮子政论》，三国魏阮武撰。阮武，字文业，陈留（今河南开封）人。官至清河太守，与杜恕友善。其生平事迹略见《三国志·魏书·杜恕传》及裴注。

《阮子政论》，也作《阮子》《正论》，《隋书·经籍志》法家类崔寔《正论》下注云："《阮子正论》五卷，魏清河太守阮武撰，亡。"《旧唐书·经籍志》复著录《阮子正论》五卷，《新唐书·艺文志》著录《阮子政论》五卷。今已佚，唐马总《意林》录文五条，清人严可均、马国翰亦有辑本。

本书选文据中华书局《新编诸子集成续编·意林校释》。

渔人张网于渊，以制吞舟之鱼①；明主张法于天下，以制强梁之人②。

---

①吞舟之鱼：能吞舟的大鱼。

②强梁之人：刚强横暴的人。

**【译文】**

渔人在深潭撒网，用以制服能吞舟的大鱼；圣明的君主向天下公布法律，用以制服刚强横暴的人。

君子暇豫则思义①，小人暇豫则思邪。

---

①暇豫：悠闲，安逸。也指闲暇的时间。

**【译文】**

君子闲暇时就思虑正义之事，小人闲暇时就考虑不正当的事。

高鸟相木而集①，智士择土而翔②。

---

①相木：选择树木。集：本指群鸟居于树上。此指栖息。

②翔：此指游历。

**【译文】**

高飞的鸟选择良木来栖息，明智之士选择好的地方去游历。

# 名家

# 邓析子

今本《邓析子》，相传为春秋末叶郑国人邓析所撰。邓析（前545—前501），曾任郑国大夫，精通刑律，善于调处诉讼之事。

古本《邓析》被《汉书·艺文志》列为名家篇籍之首，其学说有“两可之说”和“无厚”之谈，可惜散佚已久。今本《邓析子》三十六则文字，分为“无厚篇”和“转辞篇”，篇名酷似名家，但纂集的文字大都实不副名，多为法家思想。总而言之，这是一部以君主为本位而替君主御民治国出谋划策的书。其政治主张多为法、术、势张目，强调“循名责实，察法立威”，以“君”为至尊而凭“法”借“势”，是典型的战国时期的法家思想，所以《四库全书总目提要》将今本《邓析子》判归于法家，认为“其旨同于申、韩”。

本书选文据中华书局三全本《公孙龙子（外三种）》。

## 无厚篇

夫明于形者，分不过于事；察于动者，用不失于利。

**【译文】**

明了实际情形，做事就不会越出分际；洞察事物变化，行动就不会失其所宜。

治世，位不可越，职不可乱，百官有司，各务其刑。

**【译文】**

治理国家，位分不可僭越，职守不可淆乱，众多官吏须各致力于自己的责任。

所美观其所终，所恶计其所穷。

**【译文】**

对所赞赏的人，观察其是否能自始至终；对所贬斥的人，估量其可能堕坏的最大程度。

喜不以赏，怒不以罚。

**【译文】**

不因为喜好而褒奖，不因为恼怒而惩罚。

夫负重者患涂远[1]，据贵者忧民离。负重涂远者，身疲而无功；在上离民者，虽劳而不治。故智者量涂而后负，明君视民而出政。

---

①涂：同“途”，路途，道路。

【译文】

身负重物的人应担忧路途遥远，占据高位的人应忧虑百姓离散。负重涉远的人，往往累坏了身体而不见功效；居上位而背离百姓的人，即使再辛劳也难以使国家治理好。所以，聪慧的人会估算路途远近以确定所负的轻重，贤明的君主懂得体察民情以颁布政令。

因势而发誉，则行等而名殊；人齐而得时，则力敌而功倍。其所以然者，乘势之在外。

【译文】

顺应时势而显示其所长，相同的作为会获得殊异的名声；与人齐心而不失时机，用同等的气力会赢得加倍的功绩。之所以会这样，是因为一个人利用了自身之外的力量。

推辩说非所听也①，虚言非所应也②，无益之辞非所举也③。

---

①推：宜作“惟”，或为形近而误。惟，发语词。

②应：受，接受。

③举：通“与”，赞许。

【译文】

讨巧的辩说不是人们所要听闻的，虚妄的言辞不是人们所能接受的，没有益处的议论不是人们所能赞许的。

虑不先定，不可以应卒①；兵不闲习②，不可以当敌。

①应卒（cù）：应对突发事件。卒，同"猝"，突然。这里指突发事件。

②闲习：熟习，熟练演习。闲，通"娴"，熟习。习，教习，训练。

**【译文】**

谋略不预先确定，就不能应对突发事件；士卒不熟练操演，就不能抵挡来犯之敌。

## 临难不惧，知天命也；贫穷无慑[①]，达时序也[②]。

①慑：畏惧，害怕。

②达时序：明白时运的头绪。序，通"绪"，头绪。

**【译文】**

遭遇危难而不畏惧，是因为知晓天命；身处贫穷而不怯懦，是因为明白时运。

## 同舟渡海，中流遇风，救患若一，所忧同也。

**【译文】**

乘同一艘船渡海，中途遭遇暴风，人们救解灾祸心齐得如同一人，是因为大家有着共同的忧患。

## 事有远而亲，近而疏，就而不用，去而反求。凡此四行，明主大忧也。

**【译文】**

任用官吏的事有这四种情形：本当疏远的反倒对其亲近，本当亲近的反倒对其疏远，本当任职的反倒不为所用，本当打发走的反倒要去招请。所有这四种做法，都是一个贤明君主的大患啊。

水浊则无掉尾之鱼①，政苛则无逸乐之士②。

①掉尾之鱼：从容戏水之鱼。掉尾，摇尾，摆尾。

②逸乐之士：闲适游乐之人。逸，闲适，安逸。

**【译文】**

水浑浊就不会有从容戏水之鱼，政制苛刻就不会有闲适游乐之人。

令烦则民诈，政扰则民不安。

**【译文】**

法令烦琐庶民就会变得狡诈，政局混乱百姓就不得安宁。

夫舟浮于水，车转于陆，此势自然者也。

**【译文】**

船航行于水上，车运转于陆路，这是情势所至、自然而然的事。

夫自见则明，借人见则暗也；自闻则聪，借人闻则聋也。

**【译文】**

自己亲眼看就看得分明，借助别人看就看得晦暗；自己亲耳听就听得真切，借助别人听就听得不清。

为君者，当若冬日之阳，夏日之阴，万物自归，莫之使也。

**【译文】**

做君主的人，应当像冬天的阳光、夏日的阴凉，这样百姓自会归顺你，用不着驱使他们这么做。

远而亲者，志相应也；近而疏者，志不合也。就而不用者，策不得也；去而反求者，无违行也；近而不御者，心相乖也；远而相思者，合其谋也。

**【译文】**

本来疏远而终究亲近的，是由于志趣相合；本来亲近而终究疏远的，是由于志趣不相合。主动亲近的人却不任用，是由于谋略不适宜；离别而去的人反倒要招请回来，是由于那离去的人并没有邪僻不正的行为。近在身边的人不予举用，是由于心志不相一致；远在异地的人反倒思念不已，是由于谋虑正相投契。

## 转辞篇

与智者言依于博，与博者言依于辩，与辩者言依于要，与贵者言依于势，与富者言依于豪，与贫者言依于利，与贱者言依于谦，与勇者言依于敢，与愚者言依于说。

**【译文】**

与聪慧者说话要凭借你的学识渊博，与博学者说话要凭借你的善于论辩，与雄辩者说话要凭借你能要言不烦，与尊贵者说话要凭借你能不卑不亢，与富有者说话要凭借你能落落大方，与贫穷者说话要凭借你能施惠让利，与卑贱者说话要凭借你能谦和平易，与刚勇者说话要凭借你能无所畏惧，与愚钝者说话要凭借你能答难解疑。

不困在早图[①]，不穷在早豫。

---

①图：考虑，谋划。

**【译文】**

要想不陷于困境，就须得早有谋划；要想不落于穷途，就须得预先准备。

非所宜言勿言，以避其患。非所宜为勿为，以避其危。非所宜取勿取，以避其咎。非所宜争勿争，以避其声。

**【译文】**

不是所当说的不说，以避免招来祸患。不是所当做的不做，以避免引来危险。不是所当取的不取，以避免留下罪愆。不是所当争的不争，以避免坏了名声。

一言而非，驷马不能追；一言而急，驷马不能及。

**【译文】**

一句话说得不对，即使是四匹马拉的车也难以追回；一句话仓促失当，即使是四匹马拉的车也无法赶上。

恶言不出口，苟语不留耳①。

---

①苟语：随便说的话，妄言。

**【译文】**

口不吐恶语，耳不听妄言。

夫任臣之法：暗则不任也①，慧则不从也②，仁则不亲也，勇则不近也，信则不信也③。

①暗：愚昧，昏乱。这里指不明事理。

②慧：狡黠（xiá），聪明而狡猾。

③信则不信：任意而为的人不予信任。前一“信”，任意，听凭；这里指听凭自己意愿而不以“奉法宣令”为职守。后一“信”，信任，信用。

**【译文】**

任用官吏的原则在于：不明事理的不予任用，狡黠刁诈的不予听从，讲求仁惠的不予亲信，持勇逞强的不予接近，任意而为的不予信任。

善素朴、任惔荡而无失[1]，未有修焉，此德之永也。

①惔（dàn）荡：淡泊坦荡。

**【译文】**

喜好素朴、一任淡泊坦荡而不失真情之自然，不去矫饰造作，这才能保持德性的长久。

言有信而不为信，言有善而不为善者，不可不察也。

**【译文】**

说得信誓旦旦却并不做可信的事情，说得天花乱坠却并不诉诸切实的善行，对于这样的人不可不留心观察。

心欲安静，虑欲深远。心安静则神策生[1]，虑深远则计谋成。心不欲躁，虑不欲浅。心躁则精神滑[2]，虑浅则百事倾[3]。

①神策：神奇的策略。

②滑：乱，惑乱，迷乱。

③倾：坏，倾败，败坏。

【译文】

心神要安静，思虑要深远。心神安静才会产生神奇的策略，思虑深远才能使计谋得以成功。心神不可浮躁，思虑不可浅陋。心浮气躁，精神就会迷乱；思虑浅陋，百事就会倾败。

畏俭则福生①，骄奢而祸起。

---

①畏：谨慎。俭：节俭。

【译文】

谨慎、节俭就会带来福祉，骄纵、奢侈就会引起祸患。

视昭昭①，知冥冥②，推未运，睹未然。

---

①昭昭：显著，明白。

②冥冥：幽深，幽晦。

【译文】

看到显露的事象，就能知晓深藏的原委，推测于事物运作之前，就能预见到未来的结果。

夫人情，发言欲胜，举事欲成。

【译文】

人之常情在于，说话总想胜过别人，做事总想得到成功。

明者不以其短疾人之长，不以其拙病人之工。

**【译文】**

明智的人不因为自己有所短就妒忌别人的所长，不因为自己拙笨就怨恨别人的工巧。

言有善者，明而赏之；言有非者，显而罚之。

**【译文】**

言论有可褒扬的地方，就公之于众并予以奖赏；言论有可指责的地方，也公之于众并予以处罚。

忠怠于宦成，病加于少瘳[①]，祸生于懈慢，孝衰于妻子。察此四者，慎终如始也。

---

①瘳（chōu）：病愈。

**【译文】**

忠心懈怠于仕途成功时，病情加重于稍有好转时，祸患发生于警觉松弛时，孝行衰减于娶妻生子时。留意到这四者，一个人为人处事就应当谨慎地坚持到最后，一直像开始时那样。

快情恣欲[①]，必多侈侮[②]。

---

①快：放肆，放纵。恣：放纵，放肆。

②侈侮：大辱。侈，大。

**【译文】**

毫无节制地放纵情欲，必定会招致大耻大辱。

尊贵无以高人[①]，聪明无以笼人[②]，资给无以先人[③]，刚勇无以胜人[④]。

---

①高人：傲视他人。高，高傲，骄傲。

②笼：笼罩，遮掩。

③资给：天资聪敏，言语便捷。先人：先于人行动。

④胜人：这里指盛气凌人。

**【译文】**

不要因为高贵就傲视他人，不要因为聪明就掩抑他人，不要因为伶牙俐齿就先声夺人，不要因为刚强勇猛就盛气凌人。

夫谋莫难于必听，事莫难以必成；成必合于数，听必合于情。

**【译文】**

谋划最难莫过于使人必得听从，做事最难莫过于使其必得成功；做事想要成功须得合于道术，谋略想被听从须得合于情理。

# 惠子

惠子，名施，与庄子为同时代人。惠施的生平事略不载于正史，《史记》终篇未称其名。据庄子说，“惠施多方，其书五车”，可惜他的著述到汉代就所存无几了。

《汉书·艺文志》所著录的《惠子》仅有一篇。惠子的“辩说”风采散见于《庄子》《荀子》《韩非子》等古籍，其中，《庄子·天下》所辑录的惠施“历物之意”十个论题，最能表达惠子假物取譬、“遍为万物说”的构思意趣。这十个论题可概括为“合同异”或“两可说”，是说凡事物从其相同之处去看固然“可”，从其相“异”之处去看也未尝不“可”，即“两可”。

惠施与庄子是学术史上难得一见的诤友，乃是因为惠施“两可说”与庄子“齐物论”之间有着足够大的通而不同的张力。惠子的思想在中国思想史和学术史上都具有十分重要的影响和意义。

本书选文据中华书局三全本《公孙龙子(外三种)》。

# 历物

## 天与地卑[①],山与泽平[②]。

①卑:通“比”,亲比,贴近。其所在句“天与地卑”意为:天与地相亲比、相比邻。“天与地卑”,《荀子·不苟》中为“天地比”。

②平:这里当以“均等”会其义。其所在句“山与泽平”意为:山、泽(与天的距离)是相平的。“山与泽平”,《荀子·不苟》中为“山渊平”。唐人杨倞注《荀子》一书,其注所引“山渊平,天地比”一语如下:“或曰:天无实形,地之上空虚者尽皆天也,是天地长亲比相随,无天高地下之殊也。在高山则天亦高,在深泉则天亦下,故曰天地比。地去天远近皆相似,是山泽平也。”这个被引述的“或曰”,对“天与地卑,山与泽平”剖释得很透彻,后世学人凡所解与此多少相左者,可以断言,其亦将多少与惠施之学无缘。

**【译解】**

唐人杨倞注《荀子·不苟》所援引之“或曰”,当可视为对“天与地卑,山与泽平”的不易之论。“天”与“地”、“山”与“泽”在常人看来高下悬殊,其异别不言而喻。正是在这常人习焉不察、误而不疑之处,惠施试图让人们从他提示的全然陌生的视角看过去,对既经认定的观念作别一种思考。用语的陌生化看似一种措辞技巧,隐于其中的却是看得出世界、人生另一番真趣的眼光。这里要分外强调的是:“卑”(“比”)天地、“平”山泽不过是惠施“合同异”之指归的一个例说——山与泽一高一下两者相“异”,但高下相“异”的山泽在吻接天地而使天地处处亲比无间这一点上又完全相“同”,“同”“异”由此相“合”于一体。

## 日方中方睨①，物方生方死②。

①睨：偏斜；其在“日方中方睨”句中相对于“中”或“正中”而言。在中国古人的意识中，日月行天，日动而地静；由日有自朝而夕之动，遂有其“方中方睨”之说。单就语句而言，“日方中方睨”之意为：日当其行至正中时已正在偏斜。

②死：这里非指常识中的一次性的生命或生机的结束；它所对应的“生”在动态行进中，因而这“死”也是一个非静态的过程。因此，其所在句“物方生方死”意即：物正生之时也是正死之时；“生”是生机的展露，也是生机的耗去，亦即“死”的进行。

**【译解】**

这论题是在说，万物处在不舍刹那的时间之流中每一刻都在变化，不会有瞬息的停顿。在古人的观念中，地是静止的，“日”是不停地在大地上空依一定的方向移动的。依惠施的看法，不停地移动着的“日”在它刚刚处于天的“正中”的那一刻就已经在偏斜（睨），这正与偏或“中”与“睨”在太阳看似正中的一刹那同时存在于移动着的“日”。同样，“物”有“生”必有“死”，它的“生”的开始也是它的“死”的开始，“生”历经着一个过程，“死”也历经着一个过程，而且这是顷刻不离的同一个过程；物“生”着的时候物也“死”着，“生”“死”在同一有生之物上如影随形。一旦“生”的过程结束，“死”的过程也就结束了，物“生”的每一刹那就是“死”的每一刹那，刹那的相续对于物说来是“生”的相续，也是“死”的相续，这叫“方生方死”。“中”与“睨”（斜）对于“日”相“异”而又相依，“生”与“死”对于“物”相异而又相即，这是“同”“异”相“合”或所谓“合同异”的又一示例。

## 泛爱万物[①],天地一体也[②]。

①泛爱:普泛地爱。与墨子"兼爱"略通,但"兼爱"只及于人伦,而惠施所说"泛爱"及于万物。

②一体:和谐融洽,宛如一个整体。此处"天地一体"之"一体",可略比之于《仪礼·丧服》所谓"父子,一体也;夫妇,一体也;昆弟,一体也"之"一体"。

**【译解】**

"泛爱万物,天地一体也"这个论题,申示的是"合同异"之辩的价值内涵:既然"大一"与"小一"之间的天地万物都既相"异"又相"同",那么,从相对的"同"处看,天地原只是"一体"、一个不可割裂的整体,人处在这样的"一体"世界中,就应该同类相惜、同体相爱而"泛爱万物"。"泛爱"是"合同异"之说的主题,是惠施所有"苛察缴绕"之辞的命意所在、谜底所在。这由"天地一体"而说"泛爱万物",看似诸多论题因果必至的一个结论,实际上作为价值祈求赋有对于所有其他论题说来的前导性。它虽然只是在最后才被道破,却自始就默寓于各论题的具体演述中。

# 尹文子

尹文（约前360—前280），战国中叶齐国人。曾游于稷下。《汉书·艺文志》著录《尹文子》一篇，注称："说齐宣王，先公孙龙。"

《尹文子》分《大道》上、下两篇：上篇论述形名理论，重在"道"与"器"、"形"与"名"、"名"与"分"、"道治"与"法治"的理论辨析；下篇谈论"治世之术"，可以看作是形名理论的实际运用。开篇即提出"仁、义、礼、乐、名、法、刑、赏"为自古以来治理国家的八种方术，接着又以"国之存亡"的"六征"对在位的君主们作了规戒，同时引述老子语以强调名、法、权、术及刑罚得当对天下国家治理的必要，对"圣人之治"与"圣法之治"的差异进行了辨察。《尹文子》继承老子自然之道的思想，糅合法家、儒家，自道以至名，由名而至法，上承老子，下启荀子、韩非。其中的"形""名"论思想，受到中国逻辑思想史研究者的重视。

本书选文据中华书局三全本《公孙龙子（外三种）》。

# 大道上

道不足以治则用法。

**【译文】**

难以依道治理国家时就会采用法。

有形者必有名,有名者未必有形。

**【译文】**

有形之物一定可予命名,有名可称者却未必有形可见。

善名命善,恶名命恶。故善有善名,恶有恶名。

**【译文】**

以褒义的名称呼善的人或事物,以贬义的名称呼恶的人或事物。因此,善人、善行、善事有善名,恶人、恶行、恶事有恶名。

天下万事,不可备能①。责其备能于一人②,则贤圣其犹病诸③。

---

①备能:皆能,无所不能。备,皆,尽。

②责:要求,期望。

③贤圣其犹病诸:怕是贤者、圣人也会有所不足呢。其,这里作推测语助词,有大概、也许、恐怕之意。病,疵病,缺陷,不足。

**【译文】**

天下万千件事,一人难以事事皆能。责求一个人无所不能,怕是贤者、圣人也不足以胜任呢。

有理而无益于治者，君子弗言；有能而无益于事者，君子弗为。君子非乐有言，有益于治，不得不言；君子非乐有为，有益于事，不得不为。

**【译文】**

对于那些不无道理却无益于国家治理的话，君子不说；对于那些可以显示才能却于世无补的事，君子不做。君子并非乐意言说，但那些有益于国家治理的话，他不能不说；君子并非乐意有为，但那些对于世人有益的事，他不能不做。

为善使人不能得从，此独善也；为巧使人不能得从，此独巧也。未尽善巧之理。为善与众行之，为巧与众能之，此善之善者，巧之巧者也。

**【译文】**

做善事而不能使他人得以追随，这是独自一人的善；习巧技而不能使他人得以跟从，这是独自一人的巧。独自一人的善和巧不能全然体现善和巧的当有之理。做善事而能使众人同其所行，习巧技而能使众人同其所能，这才是善中之善，巧中之巧。

今世之人，行欲独贤，事欲独能，辩欲出群，勇欲绝众。独贤之行，不足以成化。独能之事，不足以周务。出群之辩，不可为户说。绝众之勇，不可与征阵。凡此四者，乱之所由生。

**【译文】**

当今的人，行为总想要独显其贤，任事总想要独逞其能，辩说总想要出类拔萃，勇武总想要超群绝伦。独显其贤的行为，不足以成就教化。独逞其能的任事，不足以完成功业。出类拔萃的辩说，难以使家喻户晓。超群绝伦的勇武，不可使其参与征战。所有这四者，都是祸乱滋生的缘由。

能鄙不相遗，则能鄙齐功；贤愚不相弃，则贤愚等虑。

**【译文】**

有能者与无能者不相遗弃，就能齐心协力而各有其成功；贤明者与愚昧者不相抛舍，就能平等相待而各尽其思虑。

物不竞，非无心；由名定，故无所措其心[①]。私不行，非无欲；由分明，故无所措其欲。

①无所措其心：其争竞之心无从引出。措，安放，投放。

**【译文】**

人不争竞，并不是无心于争；由于“名”确定了，所以其争心无从引出。私念不得肆行，并不是没有了欲求；由于“分”明确了，所以其贪欲无从发动。

物奢则仁、智相屈，分定则贪、鄙不争。

**【译文】**

人有了奢求，即使是仁者、智者也会相互贬抑；而分一旦认定，即使是贪财者、悭吝者也不再会相争。

智不能得夸愚，好不能得嗤丑。

**【译文】**

聪智者不可炫耀于愚钝者，美貌者不可嘲笑那丑陋者。

上之所以率下,乃治乱之所由也。

**【译文】**

居上位者的所作所为为下面的人做怎样的表率,这是国家治乱的缘由所在。

俗苟沴[1],必为法以矫之;物苟溢[2],必立制以检之。

①俗苟沴(lì):习俗如果有害了。沴,相伤,相害。

②溢:过度,过分。

**【译文】**

习俗如果有害,一定要颁布法令来加以矫正;物用如果奢侈,必须要定出制度来予以约束。

礼义成君子,君子未必须礼义;名利治小人,小人不可无名利。

**【译文】**

礼义可以成全君子,但君子不一定有赖于礼义;名利是用来治理小人的,对于小人来说不可以没有名利。

君不可与臣业,臣不可侵君事[1];上下不相侵与,谓之名正。名正而法顺也。

①侵:越权,越分。

**【译文】**

君主不可以参与臣子的事务,臣子不可以问津君主的所谋;上下互不越权干预，这才称得上名正。名正了，律法制度才得以有条理地施行。

守职分使不乱，慎所任而无私，饥饱一心，毁誉同虑[①]，赏亦不忘，罚亦不怨，此居下之节[②]，可以为臣矣。

①毁誉同虑：对贬斥和赞誉以同等心态对待。虑，考虑，思虑。

②居下之节：臣子的节操。居下，指处在君主之下的臣子。节，节操。

**【译文】**

恪守职分而有条不紊，谨慎负责而去除私欲，无论饥饱都心志不变，被贬被褒都思虑如一，得到褒奖不忘乎所以，遭受处罚不心生怨恨，这是一个处于下位的人的节操，能这样，就可以做好一个臣子。

己是而举世非之，则不知己之是；己非而举世是之，亦不知己所非。

**【译文】**

自己做得正确的，普天下的人却不认可，于是自己不知该怎么断定自己是正确的；自己做得错误的，普天下的人却都认可，于是自己也就无从知道自己是错误的了。

国乱有三事：年饥民散[①]，无食以聚之，则乱；治国无法，则乱；有法而不能用，则乱。有食以聚民，有法而能行，国不治，未之有也。

①年饥：年成荒歉。

【译文】

国家混乱有三种情形：年成荒歉，百姓离散，没有粮食使他们得以聚合，国家就会乱；治理国家没有法令、制度为凭借，国家就会乱；有法令、制度而不能切实施行，国家也会乱。有粮食使百姓得以聚合，有法令、制度而能切实施行，如此而国家不能得到治理，那是从未有过的事。

## 大道下

人喜闻己之美也，善能扬之；恶闻己之过也，善能饰之。

【译文】

人们都喜欢听褒美自己的话，并喜好这些褒美自己的话能传扬开去；人们都厌恶听指责自己过错的话，喜欢这些过错能被掩饰起来。

为人上者，必慎所令。

【译文】

处在人之上地位的人，一定要慎重斟酌自己所要发布的命令。

由爵禄而后富，则人必争尽力于其君矣；由刑罚而后贫，则人咸畏罪而从善矣。

【译文】

让人们经由爵位、俸禄的途径然后才可富裕，那么人们一定会争着为他们的君主竭尽其力；让人们由于刑罚的惩治而后变得贫穷，那么人们就都会惧怕犯罪而依从善道。

## 逸文

凡数,十、百、千、万、亿,亿、万、千、百、十,皆起于一。

**【译文】**

凡是数,十、百、千、万、亿,亿、万、千、百、十,都从一开始。

专用聪明,则功不成;专用晦昧,则事必悖[①]。一明一晦,众之所载[②]。

①悖:混乱,谬误。

②载:通"戴",尊奉,拥戴。

**【译文】**

一味任用天赋超常的人,功业反倒无成;一味任用天赋低下的人,事情一定败乱。两种人兼用,才能为众人所拥戴。

# 公孙龙子

《公孙龙子》，战国时期赵人公孙龙撰。《汉书·艺文志》著录十四篇，今仅存《迹府》《白马论》《坚白论》《通变论》《指物论》《名实论》六篇。

作为名家学派的代表，公孙龙因提出“白马非马”与“离坚白”两个学说而著名。他认为，一枚“坚白石”，其“坚”“白”“石”是各自分离而独立存在的，不能同时被感知，手触摸只能感知其“坚”，眼睛看只能感知其“白”，由此证明“坚”“白”互相分离，并不存在于“石”的本体中。他的思想对古代逻辑思维的发展有一定贡献，但他把“同”与“异”的矛盾绝对化，最终陷入了诡辩，汉代扬雄就曾评价公孙龙为“诡辞数万以为法”。

本书选文据中华书局三全本《公孙龙子（外三种）》。

## 名实论

其正者，正其所实也；正其所实者，正其名也。

**【译文】**

这正，在于矫正那事物使其体现该类事物的实质；矫正事物使其体现该类事物的实质，即是所谓正名。

审其名实①，慎其所谓。

①审：考察，详察。

**【译文】**

详察名实关系，慎重地对待事物的称谓。

# 人物志

《人物志》，三国魏刘劭撰。刘劭，字孔才，广平邯郸（今河北邯郸）人。刘劭博览群书，精通儒家经典，深得时人赏识，所撰《人物志》是我国古代第一部关于人物品鉴、选拔的专门性著作，对于如何看待人才、发现人才、使用人才做了全面的论述。

“观人察质，必先察其平淡，而后求其聪明”，“人材各有所宜，非独大小之谓也”，其分析透辟，为后世所称赞。唐李德裕曾言：“余尝览《人物志》，观其索隐精微，研几玄妙，实天下奇才。”全书兼采儒、道、法、名各家思想，开魏晋名理玄谈之风气。书中关于人物品鉴的思想，至今仍有借鉴价值。

本书选文据中华书局三全本《人物志》。

# 原序

夫圣贤之所美，莫美乎聪明[①]；聪明之所贵[②]，莫贵乎知人[③]。知人诚智[④]，则众材得其序[⑤]，而庶绩之业兴矣[⑥]。

---

①聪明：明察事理。

②贵：重要。

③知人：辨识人才。

④诚：如果。

⑤材：同“才”，指人才。序：顺序，次序。

⑥庶绩：各种事业。

**【译文】**

圣人贤者认为人的资质中，没有比明察事理更好的。在明察事理中，没有比能够辨识人才更重要的。如果能够用聪明智慧来辨识人才，那么众多的人才就能够排列出上下高低的次序，各种事业就会兴旺了。

# 九征

凡人之质量，中和最贵矣[①]。中和之质，必平淡无味，故能调成五材[②]，变化应节[③]。

---

①中和：中庸之道的主要内涵。儒家认为能“致中和”，则天地万物均能各得其所，达于和谐境界。

②五材：人的忠、义、仁、信、勇五种品德。

③应节：迎合节拍，此处指适应社会的需要。

**【译文】**

人的资质和能力中，中和是最珍贵的。中和这种素质，必然是平淡无味的。因其淳厚淡泊所以能够调和出仁、智、忠、信、勇五种品德，并不断变化以适应社会需要。

观人察质，必先察其平淡，而后求其聪明。

**【译文】**

观察一个人考察他的素质，必然先要考察他是否有平淡的素质，然后才寻求他的聪明。

明白之士，达动之机而暗于玄虑；玄虑之人，识静之原而困于速捷。

**【译文】**

反应机敏的人，能够抓住行动的机会却不能做到深思熟虑；深思熟虑的人，能够静思事物的源头却不善于快速敏捷地行动。

诚仁必有温柔之色，诚勇必有矜奋之色[1]，诚智必有明达之色。

———

①矜奋：武勇果敢。

**【译文】**

真正的仁爱必然显现出温柔的神色，真正的勇敢必然显现出武勇果敢的神色，真正的智慧必然显现出明澈通达的神色。

其为人也，质素平澹[1]，中睿外朗[2]，筋劲植固，声清色怿[3]，仪正容直，则九征皆至，则纯粹之德也。

---

①澹（dàn）：恬淡，淡泊。

②睿：通达，明智。

③怿（yì）：高兴。

**【译文】**

一个人，内质纯洁平和淡泊，内心聪慧外表清朗，筋腱挺拔强固，声音清纯神色喜悦，仪表端正容貌庄重，这样九征全都具备了，道德就精纯完美了。

兼德而至，谓之中庸。中庸也者，圣人之目也。具体而微，谓之德行。德行也者，大雅之称也。

**【译文】**

兼具各种品德而达到极高的程度，就叫做中庸。中庸，是对圣人的称呼。总体上各种品德都已具备而发展程度还不高，称之为德行。德行，是对大雅之人的称呼。

## 体别

夫学，所以成材也。

**【译文】**

学习，是使人能够成材的途径。

## 材理

夫建事立义，莫不须理而定。

【译文】

办成一件事情确立一种观点，全都需要道理的支持才能确定。

理多品，则难通；人材异，则情诡[①]。

---

①诡：差异，不同。

【译文】

道理的种类很多，就很难讲通；人才各有不同，则性情就有差别。

天地气化[①]，盈虚损益，道之理也[②]。

---

①气化：中国古代哲学术语，指阴阳之气化生万物。

②道：世间万物发展变化的规律。

【译文】

天地阴阳之气所化成的万物，有消长盈亏的变化，这是世间万物发展变化规律的道理。

善接论者，度所长而论之[①]。历之不动，则不说也。傍无听达，则不难也。

---

①度：推测。

【译文】

善于和别人交谈的，会忖度对方的长处而与之谈论。自己的意见不能说动对方，就暂时不说。旁边没有通达的人听，就不提出非难了。

善喻者，以一言明数事；不善喻者，百言不明一意。百言不明一意，则不听也。

【译文】

善于开导别人的人，能用很少的语言说明很多的事情；不善于开导别人的人，说很多话也说不明白一个意思。说很多话也说不明白一个意思，别人就不会听了。

善攻强者，下其盛锐。

【译文】

善于战胜强大对手的人，先使对手的盛锐之气减低。

凡人心有所思，则耳且不能听。

【译文】

大凡人在思考问题的时候，往往不能同时听到别人在说什么。

## 材能

人材各有所宜，非独大小之谓也。

【译文】

人才各有其适宜担当的职位，不能只用大小高低去概括。

人材不同，能各有异。

【译文】

人才各有不同，才能也各有其异。

能出于材，材不同量。材能既殊，任政亦异。

**【译文】**

人的能力出于才智，才智又有大小的不同。人的才能既然有大小的不同，其所承担的国家的政事也有所差异。

凡偏材之人，皆一味之美。故长于办一官，而短于为一国。

**【译文】**

大凡偏才的人，全都是只有一种特长。所以偏才在一个具体职位上能够发挥其长处，而放在治理国家的重任上则会显出其短处。

国体之人，能言能行，故为众材之隽也[①]。

---

①隽(jùn)：通“俊”，才德超群的人。

**【译文】**

兼备多种才能的国家栋梁之才，能言能行，所以是众多人才中的杰出人物。

臣以自任为能[①]，君以用人为能。臣以能言为能，君以能听为能。臣以能行为能，君以能赏罚为能。所能不同，故能君众材也[②]。

---

①自任：用自己的能力去建功立业，取得官爵。

②君：统辖，主宰。

**【译文】**

臣子以用自己的能力去建功立业为长处，君主以任用贤才发挥他们的能力为长处。臣子以能介绍自己的才能为长处，君主以能听臣下之言为长处。臣子以能实践自己所说为长处，君主以能对人才功过进行赏罚为长处。臣子与君主的长处不同，所以君主能统辖驾驭众多的人才。

## 英雄

夫草之精秀者为英①，兽之特群者为雄②。故人之文武茂异③，取名于此。是故聪明秀出谓之英④，胆力过人谓之雄，此其大体之别名也。

①精秀：完美优异。

②特：杰出，异常。

③茂异：出众。

④秀出：美好特出。

**【译文】**

花草中完美优异的称为英，野兽中异常出众的称为雄。所以文武才干出众的人，从此中取名为英雄。所以特别聪明的人称为英，胆力过人的人称为雄，这是大体上名称的区别。

夫聪明者英之分也，不得雄之胆，则说不行①；胆力者雄之分也，不得英之智，则事不立。是故英以其聪谋始，以其明见机②，待雄之胆行之；雄以其力服众，以其勇排难，待英之智成之。然后乃能各济其所长也③。

①说：主张，学说。

②见机：同“见几”，识机微，从事物细微的变化中预见其先兆。

③济：发挥。

【译文】

聪明是英才所具有的素质成分，但得不到雄才的胆力，则他的理论和主张就不能付诸实践；胆力是雄才所具有的素质成分，但得不到英才的智慧，事情就办不成。所以英才以其聪明谋划开始，以其明智识机微预世事，还需要有雄才的胆力去实践；雄才用他的力量征服众人，用他的勇气排除困难，还要有英才的智谋才能成功。这样才能够各自发挥他们的长处。

## 八观

凡事不度[①]，必有其故。

---

①不度：不合常规，此指失常。

【译文】

凡是失常的表现和举动，都是有其内在缘故的。

大权，似奸而有功；大智，似愚而内明；博爱，似虚而实厚；正言，似讦而情忠。

【译文】

掌握朝政的权臣，表面看好像奸诈，而实际上是有功之臣。有大智慧的人，表面看上去愚钝而内心清楚。广施仁爱的人，表面看起来虚浮而实际上厚重。直言相劝的人，表面上看好像是指责实际上是忠诚。

听言信貌，或失其真。

【译文】

仅仅听信一个人的言论，相信事物的表面现象，可能会失去真实的东西。

人道之极，莫过爱敬[①]。

①爱敬：指父子之爱和君臣之敬。

【译文】

为人之道的顶点，不能超过爱和敬。

人情莫不欲处前，故恶人之自伐[①]。自伐，皆欲胜之类也。是故自伐其善，则莫不恶也。

①自伐：自我夸耀。

【译文】

人之常情没有不想处在别人前面的，所以对别人的自我夸耀，会感到厌恶。自我夸耀，都是想超过别人。所以一个人夸耀自己的长处，没有人不对他产生厌恶。

人情皆欲求胜，故悦人之谦。谦所以下之，下有推与之意，是故人无贤愚，接之以谦，则无不色怿[①]。

①怿（yì）：高兴。

【译文】

人之常情都想胜过别人，所以都喜欢别人的谦逊。谦逊所持的态度就是居人之下，居人之下有推让他人之意，所以人无论贤良还是愚钝，如果用谦逊的态度对待他，则没有人不表现出高兴的样子。

君子接物，犯而不校[①]。不校，则无不敬下，所以避其害也。

①校：计较。

**【译文】**

君子待人接物，虽受到冒犯而不去计较他的态度。不计较，就不会不敬而下之，所以会避免别人的妒害。

夫仁者，德之基也；义者，德之节也；礼者，德之文也[①]；信者，德之固也；智者，德之帅也[②]。

①文：纹饰，纹理。

②帅：起主导作用的人或事物。

**【译文】**

仁，是道德的根基；义，是道德的调节器；礼，是使道德更美丽的纹饰；信，是道德所持守和坚持的东西；智，是道德中起主导作用的部分。

## 七缪

爱善疾恶，人情所常。

**【译文】**

热爱美善疾恨丑恶，这是人的常情。

精欲深微[①],质欲懿重[②],志欲弘大,心欲嗛小[③]。

---

①精:精神。

②质:素质。懿重:美好厚重。

③嗛(qiān)小:谦虚谨慎。嗛,通“谦”。

**【译文】**

精神要深邃微妙,素质要美好厚重,志向要恢弘远大,心态要谦虚谨慎。

人材不同,成有早晚。

**【译文】**

人的才能各不相同,成才有早有晚。

夫人情莫不趣名利[①],避损害。

---

①趣:趋向。

**【译文】**

人之常情没有人不追逐名利、躲避损害的。

夫人所处异势,势有申压[①]。富贵遂达,势之申也;贫贱穷匮,势之压也。

---

①申:伸张,伸展。

**【译文】**

人所处的情势是不同的,情势有伸张有压抑。富有显贵成功发达,这是情势的伸张；贫下低贱穷困匮乏，这是情势的压抑。

## 释争

善以不伐为大①，贤以自矜为损②。

①伐：自夸。

②自矜：抬高自己，自我夸耀。

**【译文】**

具有美好善良品性的人以不自我夸耀为崇高，怀有贤良美德的人因为骄傲自满招致损害。

君子知屈之可以为伸，故含辱而不辞；知卑让之可以胜敌，故下之而不疑。及其终极，乃转祸而为福，屈仇而为友。

**【译文】**

君子知道弯屈可以达到伸展的目的，所以忍含屈辱而不推辞；知道卑词谦让可以胜过对手，所以毫不迟疑地选择处在下边的位置。然而等到最终的结果，乃是转祸为福，使仇人屈服化为朋友。

君子之求胜也，以推让为利锐，以自修为棚橹①。

①棚橹：防御武器。棚，棚阁，即敌楼。橹，很大的盾牌。

**【译文】**

君子求胜的方法，是把推辞谦让作为利刃锐器，把自我修养作为防御的城楼和盾牌。

不伐者，伐之也；不争者，争之也；让敌者，胜之也；下众者，上之也。

**【译文】**

不自夸，却受到夸赞；不争名夺利，却收到争的效果；谦让对手，却能够战胜他；处在众人之下，最终却在众人之上。

# 士纬

《士纬》，又名《士纬新书》，三国吴姚信撰。姚信，字元直，一作德祐，武康（今浙江德清）人。曾任吴国太常卿。

《隋书·经籍志》名家类《人物志》条下注有《士纬新书》十卷，《旧唐书·经籍志》《新唐书·艺文志》亦有著录，宋代史志已不见载，或佚于唐宋之际。清人马国翰辑录《士纬》佚文一卷，并称"其书推尊孟子，亦识仁义为中正之途。而论清高之士，则以老、庄为上，君平、子贡为下，拟其非伦。此所以不能醇乎儒术也"。从《意林》所存条目看，其言兼采儒、道、法、名各家学说。

本书选文据中华书局《新编诸子集成续编·意林校释》。

经渐车之水①,历绕轮之沙②,跐迹高下不可论③。

①渐(jiān)车之水:指河水将车浸湿。典出《诗经·卫风·氓》:"淇水汤汤,渐车帷裳。"渐,浸。

②绕轮之沙:指沙土将车轮埋住。

③跐迹:脚迹,行迹。比喻人生经历。

**【译文】**

渡过能淹没车子的河水,走过能埋住车轮的沙地,行迹的差别不可并论。